Ökonomie der Werbung

Ralf Nöcker

Ökonomie der Werbung

Grundlagen – Wirkungsweise – Geschäftsmodelle

3. Auflage

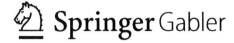

Springer Gabler

Ralf Nöcker
Gesamtverband Kommunikationsagenturen
GWA e. V.
Berlin, Deutschland

ISBN 978-3-658-33691-2 ISBN 978-3-658-33692-9 (eBook)
https://doi.org/10.1007/978-3-658-33692-9

Die Deutsche Nationalbibliothek verzeichnet diese Publikation in der Deutschen Nationalbibliografie; detaillierte bibliografische Daten sind im Internet über http://dnb.d-nb.de abrufbar.

Planung/Lektorat: Angela Meffert
Springer Gabler ist ein Imprint der eingetragenen Gesellschaft Springer Fachmedien Wiesbaden GmbH und ist ein Teil von Springer Nature.
Die Anschrift der Gesellschaft ist: Abraham-Lincoln-Str. 46, 65189 Wiesbaden, Germany

Vorwort zur 3. Auflage

Angesichts der Regalmeter, die bereits mit Büchern zum Wirtschaftsgeschehen vollgestellt sind, muss der Autor eines neuen Buches sich schon rechtfertigen, will er hier noch eines hinzufügen. Häufig führen Autoren in diesem Falle eine Lücke im bestehenden Angebot an, und oft erweist sich diese Lücke als entweder ausgesprochen schmal, etwas konstruiert oder aber sie blieb aus guten Gründen bisher unausgefüllt. Ich war von der Entdeckung dieser Angebotslücke, die das vorliegende Buch schließen soll, selbst einigermaßen überrascht. Es fehlt tatsächlich nicht nur in Deutschland eine Abhandlung, die sich der Werbung systematisch aus der ökonomischen Perspektive annimmt. Angesichts der Omnipräsenz von Werbung, der großen Bedeutung, die sie im Wirtschaftsleben hat, und auch angesichts der Forschungsbeiträge, die sich mittlerweile diesem Thema gewidmet haben, erstaunt dieser Befund doch sehr. Denn für Werbung werden Jahr für Jahr Milliarden Euro ausgegeben. Und diese Investitionen entscheiden nicht selten, ob ein Produkt ein Erfolg wird oder nicht.

Die Frage, ob es für das Fehlen eines solchen Buches möglicherweise doch gute Gründe gibt, hat sich mittlerweile – die vorliegende ist bereits die dritte Auflage – einigermaßen erübrigt. Ich glaube das ohnehin nicht. Denn erstens bringt dieser Blick neue Erkenntnisse über die Werbung und zweitens rechtfertigt der Gegenstand eine eigenständige Ökonomie, so wie es etwa auch für die Medien gilt. Denn Werbung und Medien ist gemein, dass diese es mit bestimmten Produkten und deren besonderen Eigenschaften zu tun haben, für die spezielle Gesetze und Mechanismen gelten, denen hier auf die Spur gegangen werden soll. Und auch die auf diesem Markt tätigen Dienstleister und ihre Geschäftsmodelle verdienen eine eigenständige Analyse, die es bisher praktisch nicht gibt und daher hier einen gewissen Schwerpunkt bildet. Die Agenturen sollen im Fokus stehen, nicht so sehr die Werbung aus Sicht der Marketingabteilungen in Unternehmen. Hier sei auf die einschlägigen Marketing-Lehrbücher verwiesen.

Das Buch verfolgt dabei eine einfache Systematik – vom Allgemeinen zum Besonderen. Es beginnt mit einem Blick in die Realität und auf den Werbemarkt mit seinen Mitspielern. Anschließend widmet es sich den theoretischen Grundlagen und beleuchtet die Frage, warum so etwas wie Werbung in der klassischen ökonomischen Theorie nicht existiert. Beim moderneren Instrumentarium der Industrie- und der neuen Institutionenökonomik, das sich vor allem in wesentlichen Annahmen von der klassischen Theorie unterscheidet, wird der Frage nachgegangen, warum es Werbung gibt und welche Funktionen sie hat. Eine Übersicht über die Ergebnisse empirischer Studien zeigt, welchen Einfluss Werbung auf Größen wie den Umsatz, den Gewinn, Marktanteile, Produktqualität und andere Faktoren hat. Es wird hier auch um die zentrale Frage gehen, ob Werbung wettbewerbsverstärkend wirkt (wie die Anhänger einer Denkrichtung behaupten) oder den Wettbewerb behindert (wie andere glauben).

Im vierten Schritt begibt sich das Buch auf die Ebene der einzelnen Unternehmen und widmet sich einer betriebswirtschaftlichen Analyse der Agenturen und deren Geschäftsmodelle. Zunächst wird die Frage geklärt, warum es überhaupt so etwas wie Werbeagenturen gibt, was die Grundlagen von Wettbewerbsvorteilen von Agenturen nicht zuletzt auch gegenüber den Werbeabteilungen von Unternehmen sein können und wie die Wettbewerbsverhältnisse auf dem Agenturmarkt selbst ausgestaltet sind. Anschließend werden die Geschäftsmodelle einzelner Agenturtypen betrachtet. Beantwortet wird dabei die Frage nach dem Nutzenversprechen von Agenturen, nach der Ausgestaltung von deren Wertschöpfungsketten und – auch nicht ganz unwichtig – die Frage nach den Erlösmodellen. Abgerundet wird das Werk durch einen Ausblick in die Zukunft der Agenturen, so sind beispielsweise für die Werbebranche weitreichende Veränderungen zu erwarten, die wahrscheinlich völlig neue Erklärungsansätze erfordern.

Dieses Buch richtet sich zum einen an Studierende sowohl des Fachs Marketing als auch kommunikationswissenschaftlicher und anderer geisteswissenschaftlicher Studiengänge. Aber auch die Praktiker in Agenturen und Unternehmen dürfen sich angesprochen fühlen.

Ich danke den zahlreichen Gesprächspartnern, die mich bei der Recherche zu diesem Buch unterstützt haben und meinen Kollegen beim GWA. Für ihre Geduld, Unterstützung und das hoffentlich nicht allzu mühsame Korrekturlesen danke ich meiner Frau Franziska.

Berlin
im Februar 2021

Dr. Ralf Nöcker

Inhaltsverzeichnis

1 Der Werbemarkt heute 1
1.1 Zum Begriff Werbung 1
1.2 Die Rahmenbedingungen 2
1.2.1 Wirtschaftliche Rahmenbedingungen 2
1.2.2 Politische Rahmenbedingungen 5
1.2.3 Gesellschaftliche Rahmenbedingungen 7
1.2.4 Technische Rahmenbedingungen 9
1.2.5 Das Medienumfeld 13
1.3 Agenturen als Wirtschaftsfaktoren 16
1.4 Werbung im Marketing-Mix der Unternehmen 18
1.5 Werbung als Gegenstand von Entscheidungen 19
1.6 Zusammenfassung 21
Literatur 22

2 Ökonomische Theorie und Werbung 25
2.1 Klassische ökonomische Theorie: Eine Welt ohne Werbung 25
2.2 Industrieökonomik: Warum gibt es Werbung? 28
2.2.1 Das industrieökonomische Paradigma 28
2.2.2 Persuasive View 30
2.2.3 Informative View 32
2.2.4 Complementary View 35
2.3 Werbung und Marktstruktur 39
2.3.1 Werbung im Monopol 40
2.3.2 Werbung im Oligopol 43
2.4 Zusammenfassung 46
Literatur 47

3 Empirie: Effektivität von Werbung 49
3.1 Messprobleme 50
3.2 Werbewirkung auf gesamtwirtschaftlicher Ebene 52
3.2.1 Werbung und Wirtschaftswachstum 52
3.2.2 Werbung und Konjunktur 57
3.3 Werbewirkung auf Branchenebene 61
3.3.1 Werbung und Umsatz 61
3.3.2 Werbung und Marktanteile/Markenloyalität 62
3.3.3 Werbung und Gewinn 63
3.3.4 Werbung und Produktqualität 65
3.3.5 Werbung und Preis 67
3.3.6 Werbung als Markteintrittsbarriere 69
3.4 Werbewirkung auf einzelwirtschaftlicher Ebene 71
3.5 Zusammenfassung 79
Literatur 80

4 Ökonomische Analyse der Agenturen 83
4.1 Zum Begriff „Werbeagentur“ 83
4.2 Der Wert der Idee 84
4.3 Agenturen und Transaktionskostentheorie 88
4.3.1 Der Transaktionskostenansatz 89
4.3.2 Warum gibt es Agenturen? 91
4.3.3 Werbung – selbst machen oder zukaufen? 93
4.4 Warum gibt es Agenturen: Ressourcenansatz 98
4.4.1 Eigenschaften strategischer Ressourcen 99
4.4.2 Arten von Ressourcen 101
4.4.3 Strategische Ressourcen in Agenturen 102
4.5 Warum gibt es Network-Agenturen? 112
4.5.1 Der eklektische Erklärungsansatz 113
4.5.2 Eigentumsvorteile internationaler Agenturen 114
4.5.3 Standortvorteile internationaler Agenturen 118
4.5.4 Internalization Advantages internationaler Agenturen 120
4.6 Strategieforschung: Agenturen im Wettbewerb 124
4.6.1 Das Modell der fünf Wettbewerbskräfte 124
4.6.2 Wettbewerber in der Branche 126
4.6.3 Potenzielle neue Konkurrenten 129
4.6.4 Verhandlungsmacht der Lieferanten 133
4.6.5 Verhandlungsmacht der Abnehmer 134
4.6.6 Ersatzprodukte 136
4.7 Zusammenfassung 137
Literatur 138

5 Etablierte Geschäftsmodelle von Agenturen 141
5.1 Kreativagenturen 142
5.2 Networks 143
5.3 B-to-B-Agenturen 144
5.4 Branchenspezialisten 146
5.5 Spezialisten für bestimmte Kommunikationsdisziplinen 147
5.6 Wertschöpfungskette 152
5.7 Ertragsmodelle 154
5.7.1 Wie werden Agenturen honoriert? 154
5.7.2 Die Kostensituation von Agenturen 156
5.7.3 Wie weisen Agenturen ihren Erfolg aus? 157
5.8 Zusammenfassung 160
Literatur 160

6 Zukunft der Werbung und der Agenturen 161
6.1 Was verändert sich? 161
6.2 Agenturmodelle der Zukunft? 166
6.2.1 Modell Eins: Kreative Berater 166
6.2.2 Modell zwei: Kreative Generalunternehmer 167
6.2.3 Modell drei: Kreative Datenverwalter 169
6.3 Zusammenfassung 170
Literatur 170

7 Fazit: Die Zukunft der Forschung 173
7.1 Werbewirkung: Neuro-Economics 174
7.2 Werbewirkung/Agenturstruktur: Netzwerk-Theorie 175
Literatur 177

Die führenden deutschen Agenturen 179

Links 187

Weitere nützliche Quellen 189

Stichwortverzeichnis 191

Abbildungsverzeichnis

Abb. 1.1 Beschwerden beim Deutschen Werberat 9
Abb. 2.1 Der Preismechanismus 26
Abb. 2.2 Das „Structure-Conduct-Performance"-Paradigma 29
Abb. 2.3 Informationsquellen bei Kaufentscheidungen 34
Abb. 2.4 Klassische Anzeige für den VW Käfer 39
Abb. 2.5 Marktformen 40
Abb. 2.6 Preis-Absatz-Funktion eines Monopolisten 42
Abb. 3.1 Korrelation zwischen Konsumneigung und Anteil Werbeausgaben am BIP 54
Abb. 3.2 Bruttowerbeaufwand und Einzelhandelsaufwand 1991 bis 2008 57
Abb. 3.3 Werbeinvestitionen und Bruttoinlandsprodukt im Zeitablauf 59
Abb. 3.4 Erfolgsgrößen im online-marketing 71
Abb. 3.5 Häufigkeit der Suchabfrage für den Begriff „Quitte" 72
Abb. 3.6 Spontane Werbeerinnerung bei den 18- bis 30-Jährigen 74
Abb. 3.7 Bewertung der Sparkassen-Kampagne im Vergleich (Mai-August 2011) 74
Abb. 3.8 Entwicklung Download-Zahlen der Mobile-Apps der Sparkasse 75
Abb. 3.9 Kennzahlen im Marketing 75
Abb. 3.10 Kreativität und Marketingziele 79
Abb. 4.1 Wo Studierende am liebsten arbeiten würden 109
Abb. 4.2 Standortstruktur einer internationalen Agentur (BBDO) 120
Abb. 4.3 Die fünf Wettbewerbskräfte 125
Abb. 5.1 Wertschöpfungskette einer traditionellen Agentur 153
Abb. 5.2 Honorierung von Agenturleistungen 154
Abb. 5.3 Veränderung einzelner Kostenarten zwischen 2019 und 2020 156
Abb. 6.1 Das Social-Media-Universum 162

Tabellenverzeichnis

Tab. 1.1 Werbeausgaben im internationalen Vergleich 5
Tab. 1.2 Nutzungsdauer von Medien 1980 bis 2020 (in min./Tag). 12
Tab. 1.3 Reichweite oder Dauer? 12
Tab. 1.4 Netto-Werbeeinahmen erfassbarer Werbeträger in Deutschland. 14
Tab. 1.5 Marktanteile der Werbemedien (in %, gerundet) 15
Tab. 1.6 Struktur des deutschen Agenturmarktes 17
Tab. 1.7 Die Top 20 inhabergeführten Agenturen Deutschlands. 17
Tab. 2.1 Die „Customer Journey 36
Tab. 3.1 Durchschnittliche Preise für Brillen (in US-Dollar) 68
Tab. 4.1 Agentur oder Inhouse-Lösung?. 95
Tab. 4.2 Die kreativsten deutschen Agenturen im Jahr 2019 105
Tab. 4.3 Die Top-20-Werbemetropolen der Welt. 118
Tab. 4.4 Die fünfzehn wichtigsten Auftraggeber für Werbung in Deutschland (Umsatz in tausend Euro). 135
Tab. 5.1 Umsatz der größten Werbeholdings 2020 144
Tab. 5.2 Die Top-10 Digitalagenturen Deutschlands 2020 148
Tab. 5.3 Die größten deutschen Mediaagenturen 2019. 152
Tab. 5.4 Typische Varianten im Verhältnis Billings/Gross Income 158

1 Der Werbemarkt heute

1.1 Zum Begriff Werbung

Jede Auseinandersetzung, mit welchem Thema auch immer, sollte auf der Grundlage einer Begriffsdefinition erfolgen. Das ist im vorliegenden Falle schwierig, was in diesem Abschnitt gezeigt werden soll. Was also verstehen Praxis und Wissenschaft unter dem Begriff „Werbung"? Bis zum Anfang des zwanzigsten Jahrhunderts hieß das ganze „Reklame", erst später wurde aus der Reklame Werbung und der Begriff Reklame stand, folgt man Meyers großem Taschenlexikon in zwanzig Bänden, nur noch für „übertriebene, aufdringliche Werbeaussagen". Ein Blick in die Literatur zeigt, dass sich die Wissenschaft mehr oder weniger auf folgende Definition von Werbung geeinigt hat:

„Werbung ist eine absichtliche und zwangfreie Form der Kommunikation, mit der gezielt versucht wird, Einstellungen von Personen zu beeinflussen" (Kloss, 2012, S. 6).

In Gablers Wirtschaftslexikon heißt es:

> „Werbung ist die Beeinflussung (‚Meinungsbeeinflussung_) von verhaltensrelevanten Einstellungen mittels spezifischer Kommunikationsmittel, die über Kommunikationsmedien verbreitet werden. Werbung zählt zu den Instrumenten der Kommunikationspolitik im Marketing-Mix. Durch die kostenintensive Belegung von Werbeträgermedien ist es das auffälligste und bedeutendste Instrument der Marketingkommunikation." (Schulz, 2020)

Das klingt zunächst alles gut, ist aber auf den zweiten Blick kritisch zu betrachten. Gerade an der hier postulierten Zielsetzung von Werbung dürfen Zweifel angemeldet werden. Denn, dass Werbung immer Einstellungen ändert, ist unter Ökonomen umstritten. Wie wir noch sehen werden, kann Werbung auch vorrangig informierenden Charakter haben oder als komplementäres Gut zu den Produkten, die beworben werden, verstanden werden. Zudem ist der eigentliche Zweck von Werbung ökonomischer Natur (sonst wäre das vorliegende Buch einigermaßen sinnlos). Die Einstellungsänderung soll

R. Nöcker, *Ökonomie der Werbung*, https://doi.org/10.1007/978-3-658-33692-9_1

letztlich zum Kauf des beworbenen Produkts und damit mehr Umsatz und idealerweise auch zu mehr Gewinn des Unternehmens führen.

Früher war zudem relativ klar, was unter den Begriff „Werbung" alles zu subsumieren ist. Zeitungsanzeigen, Werbespots in Radio, Kino und Fernsehen – das war es schon im Großen und Ganzen. Heute stellt sich die Situation völlig anders dar. Viele neue Kommunikationsmöglichkeiten haben sich ergeben, wie später zu zeigen sein wird. Daher ist der Begriff „Werbung" ein wenig aus der Mode gekommen, gerade die auf diesem Felde tätigen Dienstleister sprechen lieber von „Marketing-Kommunikation", ohne aber damit unbedingt immer auch Instrumente wie PR und Sponsoring zu meinen. Dabei wäre das nach akademischer Lesart richtiger. Denn in den einschlägigen Definitionen in Lehrbüchern wird Werbung als ein Teil des Kommunikations-Mixes im Marketing gesehen, neben anderen Teilen wie eben PR, Verkaufsförderung, Sponsoring etc. Auch in der Wissenschaft ist immer häufiger von Marketing-Kommunikation die Rede (vgl. beispielsweise Tropp (2011), der bedeutendste Agenturverband, der GWA, nennt sich „Gesamtverband Kommunikations- (und nicht Werbe-)agenturen". Von Werbung sprechen viele nur noch, wenn sie „klassische" Marketing-Kommunikation meinen, also Absenderwerbung in klassischen Werbemedien wie Rundfunk, Fernsehen und Printmedien.

Wenn wir im Folgenden von Werbung sprechen, umfasst das in der Regel neben der klassischen Werbung auch die Formen der digitalen Kommunikation, also im Netz und auf mobilen Endgeräten. Andere Disziplinen wie PR, Sponsoring, Verkaufsförderung und Direkt- beziehungsweise klassische Dialogwerbung zählen wir nicht zur Werbung.

Abschließend noch eine Definition von Werbung aus dem Jahr 1922, die in aller Kürze auf den Punkt kommt: „Werbung ist Nachricht. Nachricht in willenbewegender Form." Schöner kann man es nicht formulieren. Oder vielleicht doch? Etwas altertümlich und mit sehr traditionellem Rollenverständnis äußerte sich dereinst Dr. Heinrich A. Münchmeyer (1908–1990), eine Größe der deutschen Wirtschaft, zur Abgrenzung des Werbebegriffs von zwei benachbarten Begriffen: „Es besteht ein Unterschied zwischen den Begriffen Werbung, Reklame und Public Relations: Lernt ein junger Mann ein Mädchen kennen und erzählt ihr, was für ein großartiger Kerl er ist, so ist das Reklame. Sagt er ihr, wie reizend sie aussieht, so ist das Werbung. Wenn sie sich aber für ihn entscheidet, weil sie von anderen gehört hat, er sei ein feiner Kerl, so ist das Public Relation." Die Authentizität des Zitats ist übrigens umstritten.

1.2 Die Rahmenbedingungen

1.2.1 Wirtschaftliche Rahmenbedingungen

Werbung ist ein Element der Marktwirtschaft. Aber nicht nur. Auch im Kommunismus gab und gibt es Werbung. Sie erfüllt dort aber mitunter einen anderen Zweck. Im sozialistischen Kuba etwa findet man zwar immer noch kaum Werbung für Produkte, dafür aber umso mehr für die Partei und die Revolution. In der DDR gab es zwar Produktwerbung, diese hatte jedoch weniger die Steigerung des Absatzes im Blick (denn dazu hätte es abzusetzende Produkte in ausreichender Menge bedurft) als vielmehr auch die ideologische Erziehung der Bürger (vgl. Nöcker, 2017, S. 22 ff.; Kloss, 2012, S. 43 f.). Betrachtet man aber die Geschichte, so sind es vor allem die modernen Marktwirtschaften, in denen Werbung eine tragende Rolle spielt. Ein typisches Merkmal dieser Marktwirtschaften ist das hohe Maß an Marktsättigung. Massenproduktion und im Wettbewerb der Unternehmen immer weiter optimierte Produktionsverfahren und Innovationen haben dazu geführt, dass heute nahezu sämtliche Märkte kaum noch oder überhaupt kein Wachstum aufweisen und dass ein harter Verdrängungswettbewerb herrscht.

Für das Marketing und die strategische Unternehmensführung hat dies weitreichende Konsequenzen. In Phasen des Marktwachstums kann ein einzelnes Unternehmen wachsen, indem es am allgemeinen Aufwärtstrend partizipiert. Wenn Märkte jedoch stagnieren, kann ein einzelnes Unternehmen nur wachsen, wenn es Marktanteile gewinnt, die sie den Wettbewerbern abnimmt. Das führt zu hoher Wettbewerbsintensität (vgl. hierzu auch die Ausführungen im Abschn. 4.6.2). Zugleich ist für Märkte, wie wir sie heute überwiegend vorfinden, typisch, dass es an echten Produktunterschieden fehlt (vgl. hierzu beispielsweise Kloss, 2012, S. 22 ff.). Man überlege sich kurz, in welchen Branchen sich Produkte allein durch ihre Eigenschaften noch wirklich voneinander unterscheiden. Viele sind es nicht. Und selbst da, wo man ein Beispiel zu finden glaubt, liegt man oft falsch. Denn häufig ist das Produkt nicht aus sich heraus unterscheidbar, sondern wegen seiner Marke. Natürlich gibt es einige ruhmreiche Ausnahmen, aber wenn man sieht, mit welcher Penetranz die immer gleichen Beispiele für echte Produktdifferenzierung in Vorträgen und Diskussionen zu exzellentem Marketing und herausragender Marketing-Kommunikation genannt werden, wird einem schon mulmig. Branchen wie die Tabakindustrie, der Finanzsektor und die Automobilbranche sind im Wesentlichen und zunehmend durch austauschbare Produkte gekennzeichnet. Das heißt, dass ein Wettbewerb auf Produkt- oder Leistungsebene immer weniger stattfinden kann und sich immer mehr auf das Feld der Kommunikation verlagert. Die Aufmerksamkeit des Konsumenten wird damit zur Leitwährung. Und diese Aufmerksamkeit ist angesichts des medialen Überangebots ein wahrhaft knappes Gut. Auch Marken haben es angesichts dessen immer schwerer, sich durchzusetzen. Eine Untersuchung der Havas Media Group hat 2020 ergeben, dass aus Sicht der Konsumenten 77 % der Marken schlicht überflüssig sind. Ein schwerer Schlag für das Marketing! Und es kommt noch härter: 58 % der Marken-Contents sind für Konsumenten laut Ergebnissen der Studie nicht relevant.

Andererseits: Im typischen Falle austauschbarer Produkte gilt also der schöne Satz von Professor Kloss, den wir hier gerne zitieren: „Bei austauschbaren Produkten begründet allein die Werbung den Unterschied zwischen den Marken“ (Kloss, 2012, S. 24). Dass man mit Differenzierung über Kommunikation und Marke auch wirtschaftlichen Erfolg hat, zeigen zahlreiche Studien. Unternehmen, die stetig in ihre Marken und die entsprechende Kommunikation investieren, sind nachweislich erfolgreicher als andere. Blickt man beispielsweise auf die Entwicklung der Aktienkurse der fünf größten Werbung treibenden Unternehmen – Unilever, Procter & Gamble, Nestlé, Coca-Cola und Ford – wird deutlich, dass die Entwicklungen ihrer Aktienkurse den Standard & Poor's-Aktienindex im Zeitraum zwischen 1990 und 2001 deutlich schlagen. Während der Wert der Top 400 Unternehmen des S&P-Indexes um 219 % zulegte, gewannen die Aktien der genannten fünf Unternehmen um 437 % an Wert (vgl. Boston Consulting Group, 2002, S. 5). Wir werden auf derartige Zusammenhänge später intensiver eingehen.

Wer vor diesem Hintergrund aus ökonomischer Perspektive über Werbung nachdenkt, stößt aber schnell auf recht paradoxe Zustände. Werbung wird also offenbar immer wichtiger, ihr Stellenwert in den Unternehmen scheint aber gleichzeitig tendenziell nicht zuzunehmen. Werbung hat in Deutschland ohnehin einen vergleichsweise schweren Stand. Der Anteil der Werbeinvestitionen am Bruttoinlandsprodukt beträgt hierzulande laut Online-Plattform WARC gerade einmal 1,02 % (vgl. ZAW, 2020, S. 9). Das ist auch im internationalen Vergleich relativ wenig. Allerdings ist das nicht unbedingt ein Indiz für eine grundsätzlich geringe Bedeutung von Werbung in Deutschland. Ein relativ geringer Anteil der Werbeausgaben am BIP ist vielmehr typisch für Länder mit einem hohen Exportanteil. Es erfolgt also ein großer Teil der Wertschöpfung für die Exportgüter im Lande, die Werbung für die exportierten Güter findet aber im Zielland statt.

Zugleich reagieren die Werbeausgaben hierzulande stark auf Konjunkturschwankungen. Sobald es mit der Wirtschaft etwas bergab geht, sinken die Investitionen in Werbung (vgl. dazu ausführlich Abschn. 3.3). Auch das ist nicht unbedingt ein Indiz für das Vertrauen der Unternehmen in die Kraft der Werbung. Die Gründe für den schweren Stand der Werbung in den Unternehmen werden noch zu erörtern sein. Zwei Punkte seien aber zumindest schon einmal erwähnt. Erstens: Das Marketing (und damit der wichtigste Auftraggeber für Werbung) hat in den Unternehmen ebenfalls einen schweren Stand. Zweitens: Der Nachweis für den Erfolg von Werbung lässt sich schwer erbringen. Ohne den Ausweis eines „Return on Investment" ist es immer schwieriger, in den vom Controlling geprägten Unternehmen Investitionen zu tätigen.

Trotz dieser Gemengelage ist Werbung in Deutschland ein bedeutender Wirtschaftsfaktor. Die Brutto-Investitionen in Werbung inklusive der Honorare und Gehälter, der Produktionskosten für Werbemittel sowie die Verbreitungskosten der Medien betrugen im Jahr 2016 immerhin 25,96 Mrd. EUR und lagen damit um 2,0 % höher als im Vorjahr. Zudem ist die Werbewirtschaft ein bedeutender Arbeitgeber.

Tab. 1.1 zeigt, wie viel Geld in einigen der wichtigsten Werbemärkten ausgegeben und in welche Medien je nach Land bevorzugt investiert wird.

Auf die ökonomische Bedeutung der Werbung und deren Effekte sowohl auf Ebene der Einzel- als auch auf Ebene der Gesamtwirtschaft werden wir ausführlich eingehen. Zunächst seien aber weitere wichtige Rahmenbedingungen beschrieben, in denen Werbung und andere Formen der Marketing-Kommunikation stattfinden.

Tab. 1.1 Werbeausgaben im internationalen Vergleich. (Quelle: WARC, zitiert in ZAW, 2020, S. 26)

		Zeitungen	Zeitschriften	TV	Radio	Kino	Out of Home	Online
	Mrd. $	Werbeträger-Anteile in %						
USA	209,1	4,1	3,0	31,0	6,5	0,4	3,6	51,4
China	88,4	1,1	0,3	22,6	4,2	0,4	12,5	58,8
Japan	39,1	9,6	3,7	37,0	2,8	0,0	15,4	31,5
GB	29,4	5,8	2,0	21,4	3,0	1,2	5,5	61,1
Deutschland	24,3	20,9	9,0	24,2	4,2	0,4	6,2	34,9
Frankreich	17,2	7,9	6,8	25,1	5,2	0,7	9,5	44,8
Brasilien	14,1	3,8	1,8	52,5	2,5	0,2	5,2	34,0
Australien	12,6	7,4	2,3	22,6	7,7	0,9	6,1	53,1
Südkorea	12,4	14,4	3,4	28,8	1,6	1,7	9,8	40,3
Kanada	11,3	9,4	1,9	24,0	10,9	0,0	5,5	48,3
Italien	10,0	7,1	4,7	45,1	5,1	0,3	2,9	34,9
Russland	9,5	1,4	2,1	34,5	3,1	0,2	7,9	50,8
Indien	8,7	29,9	3,3	37,8	3,6	1,1	5,3	18,9
Spanien	7,0	9,5	3,8	35,9	8,1	0,6	5,7	36,3
Hongkong	5,4	25,7	3,8	33,1	4,3	0,0	11,5	21,6
Mexiko	5,3	2,9	1,5	50,0	6,7	1,0	7,0	30,5
Portugal	5,2	5,0	2,9	69,5	3,3	0,5	4,2	14,6
Österreich	4,9	36,3	7,9	27,3	5,4	0,3	6,6	16,2
Schweiz	4,9	13,0	8,0	16,2	3,0	0,7	9,6	49,5
Niederlande	4,6	10,2	6,6	21,5	6,2	0,2	4,8	50,6

1.2.2 Politische Rahmenbedingungen

Werbung wird von der Politik allenfalls geduldet, nicht geschätzt oder gar geliebt.[1] Den nachweisbaren positiven Effekten der Marketing-Kommunikation auf die wirtschaftliche Entwicklung stellt die Politik gerne die angeblich vorhandenen negativen Effekte von Werbung bei der Förderung des Konsums ungesunder oder in anderer Weise schädlicher Produkte gegenüber. Die Werbung für Tabakprodukte, aber auch für alkoholhaltige Getränke steht dabei schon seit längerem im Visier der Politik. Vor allem aus Brüssel gibt es immer wieder Vorstöße für neue Werbeverbote, in der Vergangenheit

[1] Ausnahmen sind natürlich Kampagnen in eigener Sache, die dem Wahlerfolg genutzt haben.

häufig erfolgreich. Die Tabakwerbung ist in den vergangenen Jahren stark reglementiert worden, gleiches gilt für Alkoholwerbung. Doch die Brüsseler Bürokratie fahndet nach immer neuen Betätigungsfeldern. Alles, was den Konsumenten potenziell schaden könnte, wird in den Blick genommen – von Süßwaren über Automobile bis hin zu Kinderspielzeug. Erklärtes Ziel ist der Verbraucherschutz. Das dabei zugrunde gelegte Bild des Verbrauchers unterscheidet sich relativ deutlich vom Bild des mündigen Bürgers. Die gesetzlichen Regelungen sind dabei einem steten Wandel unterworfen, es werden andauernd neue Regeln erdacht und umgesetzt. Einige der Gesetzesvorhaben sind dabei durchaus sinnvoll, in der Masse und in der Art, wie mit einzelnen Regelungen ohne Rücksicht auf Folgen etwa für die Medienvielfalt in das Wirtschaftsgeschehen eingegriffen wird, sind zumindest zu hinterfragen. Eine umfassende Übersicht über die Vorstöße in Sachen Werberegulierung, die auf nationaler und europäischer Ebene geplant oder umgesetzt werden, würde den Rahmen dieses Kapitels (wenn nicht sogar dieses Buches) deutlich sprengen (eine umfassende Übersicht findet sich im Jahrbuch des ZAW; vgl. ZAW, 2020, S. 34–59). Daher wollen wir uns mit einigen Beispielen begnügen:

- EU-Richtlinie über unlautere Geschäftspraktiken: Die Richtlinie, 2005 erlassen und 2007 in nationales Recht umgesetzt, dient dem Verbraucherschutz und soll entsprechende Regelungen der Einzelstaaten europaweit harmonisieren. Sie enthält eine „schwarze Liste“ mit unlauteren Geschäftspraktiken. Zu den genannten Praktiken gehören beispielsweise direkte Kaufaufforderungen an Kinder. Zudem ist geregelt, dass Werbung als solche eindeutig gekennzeichnet sein muss.
- EU-Verordnung über nährwert- und gesundheitsbezogene Angaben bei Lebensmitteln („Claims-Verordnung“): In Kraft seit Januar 2007, regelt die Verordnung, dass gesundheitsbezogene Aussagen in Lebensmittelwerbung nur noch gemacht werden dürfen, wenn sie zuvor in einem recht aufwendigen Verfahren genehmigt worden sind. Damit soll der Verbraucher vor irreführender Werbung geschützt werden. Da es sich hier um eine Verordnung handelt, muss sie nicht in nationales Recht umgesetzt werden, sondern gilt gleich in der gesamten EU.
- EU-Richtlinie zu audiovisuellen Mediendiensten: Seit Dezember 2007 in Kraft, seit 2010 in nationales Recht umgesetzt. Die Richtlinie betrifft ausdrücklich alle audiovisuellen Mediendienste, also beispielsweise auch Online-Fernsehen. Sie schreibt u. a. vor, dass Programme nur einmal alle dreißig Minuten von Werbung unterbrochen werden dürfen, dass es sich dabei um einen Werbeblock und nicht um einzelne Spots handeln sollte und dass die Werbezeit 12 min je Stunde nicht überschreiten darf.
- Datenschutznovelle II auf Bundesebene, nach der beispielsweise Daten aus öffentlichen Verzeichnissen für Werbung und Dialogmarketing genutzt werden dürfen.
- „ePrivacy“-Verordnung der EU, wonach dem Internetnutzer weitgehende Rechte zur Zustimmung zur Erhebung nutzungsbedingter Daten eingeräumt werden. Die Verordnung ist innerhalb der EU umstritten, bis heute (Anfang, 2021) gibt es in zentralen Fragen keine Einigung unter den EU-Mitgliedsstaaten. Dagegen gilt die

Datenschutz-Grundverordnung seit 2018. Sie regelt in erster Linie die Verwendung personenbezogener Daten.
- Auch das Gesetz gegen den unlauteren Wettbewerb enthält für die Werbung relevante Regelungen. Beispielsweise wird zur Telefonwerbung geregelt, dass Rufnummern des Anrufers im Falle von Werbeanrufen nicht unterdrückt werden dürfen.

Die Wirkung von Werbeverboten hinsichtlich der mit ihnen verfolgten Ziele ist stark umstritten. Zahlreiche Studien konnten den Nachweis erbringen, dass beispielsweise ein Werbeverbot für Tabak gerade nicht dazu führt, dass weniger geraucht wird (Vgl. hierzu etwa verschiedene Beiträge in Luik und Waterson, 1996 und die Übersichten beim ZAW auf www.zaw.de). Werbung befördert, so die Aussage vieler Studien, nicht den Einstieg in den Konsum eines Produkts, sondern verschiebt lediglich Marktanteile der Anbieter. Andere Faktoren – hier vor allem das familiäre Umfeld – prägen das Konsumverhalten junger Menschen wesentlich stärker als Marketing-Kommunikation. Im Übrigen ist die Forderung nach Werbeverboten für zugelassene Produkte nicht konsequent. Was am Markt verkauft werden darf, sollte auch beworben werden dürfen.

Wegen der Bedeutungszunahme der Marketing-Kommunikation im Internet gewinnen die Themen Datenschutz und Urheberrecht ebenfalls zunehmend an Bedeutung. Auch hier gibt es Bestrebungen in Brüssel, bestehende nationale Regelungen zu verschärfen. So sollen Internetnutzer jeweils erst ihr Einverständnis geben, wenn ein Online-Anbieter sogenannte „Cookies“ auf dem Rechner platziert.

Die Werbewirtschaft versucht, die Flut möglicher Reglementierungen durch Selbstkontrolle und -regulierung einzudämmen. Seit nunmehr vierzig Jahren haben Konsumenten beispielsweise die Möglichkeit, sich beim Deutschen Werberat über in ihren Augen unzumutbare Werbung zu beschweren. Der Werberat ist angegliedert an den ZAW, wird also von der Branchenvertretung selbst betrieben und nicht etwa von einer staatlichen Stelle. Gleiches gilt für den DDOW (Deutscher Datenschutzrat Online-Werbung), der eine Selbstregulierungsinstanz der Werbewirtschaft beim Thema Datenschutz beziehungsweise nutzungsorientierter Online-Kommunikation darstellt.

Daneben gibt es Gesetzesänderungen, die indirekt auf Werbung wirken. Beispielsweise hat die Abschaffung von Rabattgesetz und Zugabe-Verordnung in einigen Branchen zu einer tendenziellen Bedeutungszunahme der Preispolitik zu Lasten der Kommunikationspolitik im Marketing der Unternehmen geführt. Marketing-Budgets fließen seitdem in einigen Branchen häufiger als früher in Preissenkungen als in Werbeinvestitionen.

1.2.3 Gesellschaftliche Rahmenbedingungen

Betrachtet man die gesellschaftliche Akzeptanz von Werbung, entsteht ein diffuses und widersprüchliches Bild. Befragt man beispielsweise Menschen in Deutschland, was sie denn von Werbung halten, bekommt man eher ablehnende Kommentare zu hören. Werbung störe, manipuliere und sei mithin als optische und akustische Umweltverschmutzung zu bezeichnen. Befragt man die gleichen Personen nach konkreten Kampagnen oder Spots, reagieren sie nicht selten euphorisch (vgl. Zurstiege, 2005, S. 27).

Auch Ängste schwingen mit, wenn über Werbung diskutiert wird. Die vor mehr als sechzig Jahren vom Amerikaner Vance Packard aufgestellten (und mittlerweile weitestgehend widerlegten) Thesen, nach denen Werbung mehr oder weniger eine Form der Gehirnwäsche darstelle, die uns dazu bringe, unbewusst Kaufentscheidungen zu fällen, die wir so bewusst nie getroffen hätten, halten sich hartnäckig. Diese Haltung führt dazu, dass Werbung häufig die Schuld an unerwünschten gesellschaftlichen Phänomenen wie Fettleibigkeit, Trunksucht und Tabakkonsum zugesprochen wird.

Werbung wurde zudem von einigen Interessengruppen eine die Gesellschaft prägende Rolle zugesprochen. Gerade NGOs wie „Pinkstinks" kritisieren beispielsweise, dass Werbung Geschlechter-Stereotype zementiere. Die Forderung an die Politik, derartige Werbung per Gesetz zu reglementieren, ist jedoch bisher auf Ablehnung gestoßen. Das liegt sicher auch zumindest teilweise an der gut funktionierenden Selbstregulierung der Werbewirtschaft. In der Selbstkontroll-Instanz des „Werberats" befinden Experten über Beschwerden, die Bürger zu aus ihrer Sicht fragwürdigen Kampagnen und Werbemotiven einreichen können. Die entsprechenden Kampagnen werden geprüft, anschließend häufig korrigiert oder vom Markt genommen oder, sollte das nicht geschehen, im Extremfall vom Werberat öffentlich gerügt. Abb. 1.1 zeigt die Nutzung des Werberats und die betroffenen Themenfelder auf.

Dazu kommen seit einigen Jahren Ängste in Bezug auf den Datenschutz. Viele Menschen befürchten, von der Werbewirtschaft online ausgehorcht und mit personalisierter Werbung gelockt zu werden.

Auch in der Soziologie hat die Werbekritik eine lange Tradition (vgl. hierzu die Überblicksdarstellung bei Zurstiege, 2005, S. 113 ff. und die dort angegebene Literatur). Die Soziologen Max Horkheimer und Theodor W. Adorno sehen in der Werbung ähnliche Mechanismen am Werk wie in der Propaganda totalitärer Staaten: „Das blinde und rapid sich ausbreitende Wiederholen designierter Worte verbindet die Reklame mit der totalitären Parole". In einer von großen Konzernen beherrschten Wirtschaft verfestige die „Reklame" die Bindung der Konsumenten an die einzelnen Hersteller. Herbert Marcuse, ebenfalls in der links-orientierten Tradition der Frankfurter Schule stehend, macht die Werbung dafür verantwortlich, dass sie falsche Bedürfnisse erzeuge.

Werbung wird also gerne als störend empfunden und gebrandmarkt, die positiven Effekte werden dagegen ebenso gerne ignoriert. So verdanken wir die Medienvielfalt in erster Linie der Werbung, ist doch ein Großteil der Medien zumindest teilweise werbefinanziert. Zudem sorgt Werbung, wie noch zu zeigen sein wird, für erhebliche Effizienzgewinne im Wirtschaftsbetrieb. Sogar die Werbekritiker Horkheimer und Adorno haben eingeräumt, dass in einer Wettbewerbsgesellschaft Werbung hilft, den Käufer zu orientieren und „dem leistungsfähigeren unbekannten Lieferanten, seine Ware an den richtigen Mann zu bringen" (Horkheimer & Adorno, 1989, S. 171). Es ist angesichts der

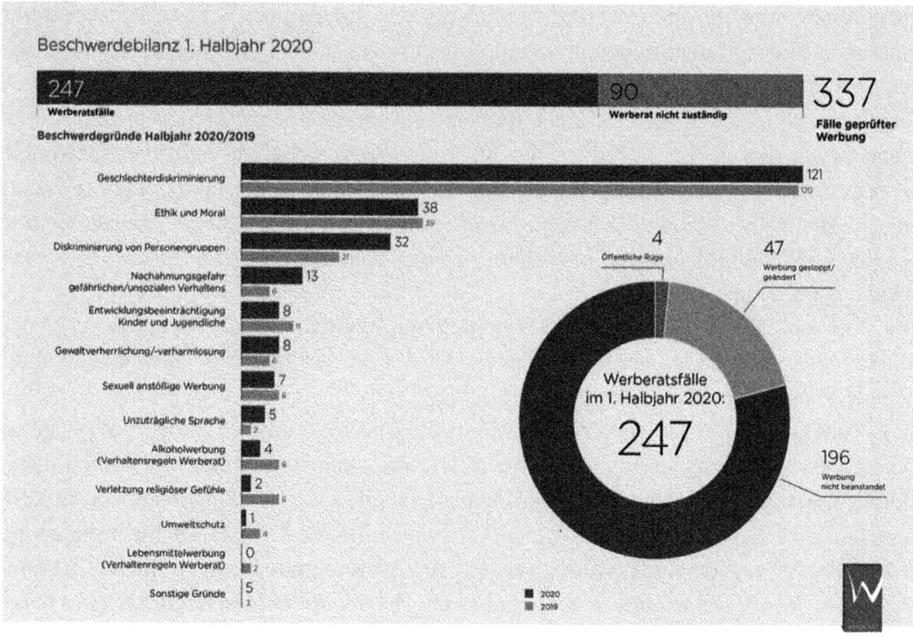

Abb. 1.1 Beschwerden beim Deutschen Werberat. (Quelle: https://www.werberat.de/, abgerufen am 25.11.20)

Informationsüberflutung, der wir täglich ausgesetzt sind, allerdings zu hinterfragen, ob solche Effizienzgewinne heute tatsächlich noch zu erzielen sind. Dazu später mehr.

1.2.4 Technische Rahmenbedingungen

Immer schon hatte der technische Fortschritt insbesondere auf Seite der Medien großen Einfluss auf die Branche. Jede Entwicklung auf dem Gebiet der Medien hatte unmittelbare Auswirkungen auf die Werbung. Als es möglich wurde, Zeitungen zu drucken, folgten die Werbeanzeigen in Zeitungen auf dem Fuße. Dies setzte sich fort in der Entwicklung von Kino, Fernsehen, Zeitschriften und so weiter. Kaum war die Leuchtstoffröhre erfunden, wurde sie auch schon für Lichtwerbung genutzt. Mit der Erfindung des Fernsehens war es plötzlich möglich, Konsumenten zuhause zu erreichen und Werbebotschaften in entsprechenden thematischen Umfeldern zu platzieren.

So rasant und so radikal wie in den vergangenen Jahren vollzog sich der durch technische Innovationen verursachte Wandel in der Mediennutzung und damit auch in der Marketingkommunikation allerdings noch nie. Nicht nur die technischen Innovationen der jüngsten Zeit und die damit verbesserten Möglichkeiten, auf Medien zuzugreifen, sondern auch der Preisverfall bei den Endgeräten hat im Medienbereich und damit in der Marketingkommunikation für nie gekannte Dynamik gesorgt (vgl. van Eimeren & Ridder, 2011, S. 1). Insbesondere die digitale Kommunikation zieht neue Regeln im Spiel zwischen Werbung treibenden Unternehmen, Agenturen und Konsumenten nach sich. Dies ist übrigens aus Sicht der Werbewirtschaft nicht nur von Vorteil. Es zeigt sich, dass die Verunsicherung der Werbung treibenden Unternehmen in Bezug auf die Mediaplanung unter den neuen Bedingungen deren Bereitschaft bremst, Geld in Marketing-Kommunikation zu investieren. Dieses Phänomen scheint gerade im Mittelstand zu beobachten zu sein.

Dabei ist Online-Werbung, also Werbung im Internet, als ein Feld der digitalen Marketing-Kommunikation einem rasanten Wandel unterworfen. Social Media, Mobile, Location-based Services – alles ist im Fluss.

Es zeigte sich in der Historie der digitalen Markenkommunikation, dass eher an „klassischer" Werbung orientierte Formate wie die Bannerwerbung, die ja im Prinzip lediglich bewährte Kommunikationsprinzipien in einer neuen Umgebung umsetzt, in dem Maße an Bedeutung abgenommen hat, wie Formate wie das Suchwortmarketing gewonnen haben, das auf völlig neuen Prinzipien beruht. Der schlichte Transfer klassischer Werbekonzepte in die digitale Welt, der für die Anfangszeit bis circa 2010 typisch war, verliert immer weiter an Bedeutung.

Die Digitalisierung der Kommunikation bedeutet nicht einfach das Hinzuaddieren eines weiteren Werbemediums. Sie verändert vielmehr die Rahmenbedingungen von Marketing und Marketingkommunikation grundlegend. Neuere Endgeräte wie beispielsweise Smartphones oder Tablet-Computer sorgen dafür, dass in der Marketing-Kommunikation völlig neue Wege gegangen werden können. Auch traditionelle Werbeträger wie Plakat- beziehungsweise Außenwerbung sind von diesen Veränderungen nicht ausgenommen. Der besondere Vorteil mobiler digitaler Endgeräte ist, dass sie jederzeit und überall verfügbar sind. Damit ist der Nutzer stets ansprechbar. Verbunden mit Ortserkennungssystemen wie GPS können er und sein Aufenthaltsort identifiziert und entsprechend personalisierte Botschaften an ihn gerichtet werden. Beispiele für Ansätze, die von digitalen Kanälen profitieren, sind (vgl. hierzu ausführlich GWA, 2016, S. 196 ff.):

- **Augmented Reality**: Wörtlich „Erweiterung der Realität", beschreibt Augmented Reality im Zusammenhang mit Marketingkommunikation in erster Linie Techniken, die mit Hilfe von Computern und mobilen Endgeräten meist visuelle Zusatzinformationen vermitteln. Jemand schaut beispielsweise durch die Kamera seines Smartphones und erhält Informationen zu seiner Umgebung, etwa über aktuelle Preisangebote der Läden, die ihm ins Visier geraten.
- **Location-based Services**: Wörtlich „Ortsbezogene Angebote", beschreibt im Zusammenhang mit Marketing-Kommunikation die Aussendung von Marketing-Botschaften unter Berücksichtigung des aktuellen Aufenthaltsortes des Nutzers. Der jeweils aktuelle Aufenthaltsort etwa eines Handynutzers wird mittels

Ortserkennungssystemen wie GPS automatisch ermittelt. Beispiele für solche Angebote sind die Internetseiten Foursquare oder Google Places.

- **Behavioural Targeting**: Hier geht es um die zielgerichtete Auslieferung von Werbebotschaften. Grundlage hierfür ist die Analyse des Nutzungsverhaltens von Online-Angeboten. Wer beispielsweise die Reiseseiten der Online-Ausgabe des Wall Street Journal besucht hat, bekommt mit höherer Wahrscheinlichkeit eine Anzeige der Fluggesellschaft American Airlines zu sehen als andere Internetnutzer. Die Vorteile dieser Art von Werbung liegen auf der Hand: Der Streuverlust ist deutlich geringer, damit ist die Werbung deutlich effektiver und effizienter. Aus Kundensicht ist von Vorteil, dass die Relevanz der Werbung zunimmt. Man erhält also keine Werbung für Rasenmäher, wenn man nicht auch im Netz Interesse an Gartenthemen gezeigt hat. Kritik bezieht sich vor allem auf die Datenschutz-Aspekte. Denn um solche Werbung ausliefern zu können, müssen die Werbung treibenden die Internetnutzung mithilfe der Platzierung sogenannter „Cookies" auf dem Rechner des Nutzers ermitteln (beziehungsweise „ausspionieren"). Dieser Gedanke behagt nicht jedem.
- **Suchmaschinen-Marketing**: Wird eingesetzt, um Internetnutzer auf die eigene Webpräsenz zu bewegen. Man unterscheidet hier zwischen Suchmaschinenwerbung (Search Engine Advertising, SEA) und Suchmaschinenoptimierung (Search Engine Optimization, SEO). Mit SEO versuchen Werbung treibende, bei bestimmten für sie relevanten Suchanfragen möglichst hoch in einer Trefferliste zu landen. SEA ist davon unabhängig der Versuch, bei bestimmten für das Unternehmen relevanten Suchanfragen mit eigenen Anzeigen neben der Ergebnis- beziehungsweise Trefferliste aufzutauchen. Letzteres funktioniert nach dem Prinzip des Keyword-Advertising, das heißt, das Werbung treibende Unternehmen „kauft" bestimmte Suchworte. Ein Automobilhersteller könnte beispielsweise das Wort „Cabrio" buchen, um immer dann, wenn jemand das Wort in die Suchmaschine eingibt, mit seiner Anzeige neben der Trefferliste aufzutauchen.

Neu ist auch die Art und Weise, wie die Werbung an den Adressaten gelangt. Beim sogenannten „Programmatic Advertising" erscheint auf der Seite, die der Internet-Nutzer gerade besucht, Werbung, die in einem Millisekunden dauernden Auktionsverfahren automatisch dort platziert wurde. Der Werbeplatz wurde also nicht manuell von einem Unternehmen beziehungsweise einer Media-Agentur gekauft, sondern in einem automatisierten Verfahren versteigert, und das in Echtzeit und mit Bezug auf Nutzungsdaten. Einer Studie zufolge wurden im Jahr 2020 bereits 48 % der digitalen Werbeplätze bereits auf diese Weise eingekauft. Ein anderes Beispiel ist das als „Native Advertising" bezeichnete Einbinden von Werbung in Websites, die auf den ersten Blick als solche nicht zu erkennen ist. Statt sich also beispielsweise als Werbebanner zu erkennen zu geben, ist die Werbung in das Design des redaktionellen Angebots eingebunden – früher hätte man dergleichen als Schleichwerbung bezeichnet. Auch diese beiden Beispiele mögen illustrieren, wie sich die Werbelandschaft im Zuge der Digitalisierung verändert hat.

Tab. 1.2 Nutzungsdauer von Medien 1980 bis 2020 (in min./Tag). (Quelle: Kupferschmitt & Müller, (2020): ARD/ZDF Langzeitstudie Massenkommunikation)

	1985	1990	1995	2000	2005	2015	2020
Fernsehen	121	135	158	185	220	208	164
Hörfunk	154	170	162	206	221	173	136
Tageszeitung	33	28	30	30	28	23	15
Internet	–	–	–	13	44	107	225
CD/LP/MC/MP3/Streaming	14	14	14	36	45	24	45
Bücher	17	18	15	18	25	19	21
Zeitschriften	10	11	11	10	12	6	15
Video/DVD/Streaming	2	4	3	4	5	6	49

2020 wurden Zeitschriften und Zeitungskonsum zusammen erfasst. Für beide Medien **zusammen** wurden also 15 min gemessen.

Tab. 1.3 Reichweite oder Dauer? (Quelle: Andree & Thomson, 2020, S. 44)

Anbieter	Verweildauer (Stunden/Monat)	Zahl der Nutzer	Netto-Reichweite (in %)	Verweildauer je Nutzer (min./Tag)
YouTube	585.008.567	55.091.146	94,2	21
Apple	330.277.856	26.015.221	44,5	25
Facebook	317.945.151	54.347.469	93,0	12
WhatsApp	309.197.454	49.598.785	84,8	12
Google	225.013.845	58.125.268	99,4	8
Amazon	162.345.991	55.707.064	95,3	6
eBay	85.115.062	51.218.216	87,6	3
Instagram	67.337.446	42.365.417	72,5	3
Web.de	62.042.446	39.848.920	68,2	3
Spotify	55.562.841	22.282.606	38,1	5

Werte aus Q4/2019; Gesamtbevölkerung > 14 Jahre; Alle Geräte Desktop, Smartphone, Tablet

Doch nicht nur das Angebot an werberelevanten Medien hat sich wegen technischer Innovationen in den vergangenen Jahren verändert. Auch die Nutzung der Medien ist einem deutlichen Wandel unterworfen. Tab. 1.2 zeigt, wie viel Zeit Personen, die älter als 14 Jahre sind, in Deutschland mit der Nutzung verschiedener Medien verbracht haben.

Es zeigt sich also, dass auch durch die bessere Verfügbarkeit von Medien wegen technischer Neuerungen die Zeit, die die Deutschen für Medienkonsum investieren, stetig zugenommen hat. 1970 waren es gerade einmal 221 min, heute wird allein im Netz mehr Zeit verbracht. Tab. 1.3 zeigt daran anschließend, wie sich die Nutzungsdauer und Reichweite bei den derzeit attraktivsten Angeboten im Netz verhalten.

Auch dies sind natürlich für Agenturen und deren Auftraggeber hoch relevante Informationen. Und auch hier gibt es ständig neue Entwicklungen. Die Social-Media-App „Clubhouse“, die heute (Anfang, 2021) aus dem Nichts zu großer Popularität gerade in der Werbebranche gelangte, taucht in dieser Tabelle noch nicht auf. In der nächsten Auflage ist sie dann vielleicht dabei – oder schon wieder verschwunden.

1.2.5 Das Medienumfeld

Werbung erreicht den Konsumenten zu einem großen Teil über Medien. Nicht nur technische Entwicklungen, auch Veränderungen in der Struktur der Medien haben deshalb großen Einfluss auf die Marketing-Kommunikation. Teils – wenn nicht sogar in der Regel – entstehen Medien sogar in erster Linie als Werbeträger und erst in zweiter Linie als Informations- oder Unterhaltungsmittel. Die Entwicklung der Geschäftsmodelle von Medienanbietern ist daher aus Sicht der Werbewirtschaft von großer Bedeutung. Umgekehrt beeinflusst das Ausmaß, in dem geworben wird, die Geschäftsmodelle der Medien. Es handelt sich hier also um einen zweiseitigen Markt mit starken Interdependenzen (vgl. dazu ausführlich Beck, 2011). Medien wollen, dass ihre Angebote von Kunden nachgefragt werden, sie sind aber darüber hinaus darauf angewiesen, dass die begleitend zu den eigentlichen Inhalten angebotenen Werbeplätze von (Media-) Agenturen nachgefragt werden. Sie sehen sich also einem doppelten Absatzmarkt gegenüber.

Einen besonderen Schub erhielt die Werbebranche beispielsweise durch Einführung des Privatfernsehens in den achtziger Jahren des vergangenen Jahrhunderts. Welche Wirkung dieser Schritt allein auf die schiere Masse an Fernsehwerbung hatte, zeigt ein Vergleich der Zahl der durchschnittlich gesendeten Fernsehspots zwischen 1990 und 2008. Während zu Beginn der neunziger Jahre des vergangenen Jahrhunderts im Schnitt 838 Fernsehspots am Tag gesendet wurden, waren es im Jahr 2008 durchschnittlich 9706 Spots – eine Zunahme um 1058 % (vgl. Aegis Media, 2010, S. 5). Aus sechs Stunden wurden in diesem Zeitraum 67 h Fernsehwerbung am Tag. Dieses Beispiel zeigt besonders anschaulich, inwieweit das Medienumfeld auch unmittelbaren Einfluss auf die Geschäftsmodelle der Agenturen haben kann.

Der Boom, der durch das Privatfernsehen ausgelöst wurde, führte beispielsweise zu einer Abtrennung des Media-Geschäfts aus den Wertschöpfungsketten der Agenturen. Die so entstandenen Mediaagenturen spezialisierten sich auf Beratung bei der Wahl der Werbemedien und vor allem auf den Einkauf von Medialeistung (vgl. hierzu den Exkurs in Abschn. 5.5). Ganz andere Folgen zeitigt die zunehmende Digitalisierung der Medienangebote. Vielen Medien fällt es schwer oder ist es unmöglich, ihr Geschäftsmodell im Internet aufrecht zu halten. Ein gravierendes Beispiel sind die Zeitungen, die sich vormals zu einem erheblichen Teil über Werbung und hier insbesondere über Rubriken-Anzeigen (Immobilien, Stellenmarkt) finanziert haben. Dieses Geschäft ist im Printbereich faktisch zum Erliegen gekommen, sorgt zugleich online aber bei weitem

Tab. 1.4 Netto-Werbeeinahmen erfassbarer Werbeträger in Deutschland. (Quelle: ZAW, 2020, S. 15)

Werbeträger	2019 (in Mio. Euro)	Veränderung zum Vorjahr (in %)
Fernsehen/Bewegtbild	5.180,10	+0,8
lineares Fernsehen	4.400,10	−3,0
In-Stream-Video	780,00	+30,0
Print	8.381,15	−5,4
Tageszeitungen	2.083,40	−6,5
Fachzeitschriften	1.609,0	−4,5
Anzeigenblätter	1.561,0	−9,4
Publikumszeitschriften	840,0	−8,2
Verzeichnis-Medien	443,75	−11,6
Wochen-/Sonntagszeitungen	114,90	-
Internet	8.989,93	+8,9
Davon Search	4.117,0	+8,6
Davon Display Ads	3.613,0	+10,3
Davon In-Stream-Video	780,0	+30,0
Davon Classifieds	1.199,93	+5,1
Davon In-Stream-Audio	60,0	+33,3
Außenwerbung	1.226,07	+5,3
Davon digital	259,76	+39,3
Radio/Audio	844,0	+1,2
Lineares Radio	784,0	−0,7
In-Stream-Audio	60,0	+33,3
Kino	90,30	+15,0,
Postalische Direktwerbung	2.875,50	−3,0
Gesamt	25.017,95	+0,2

nicht für die gleichen Erlöse. Zudem haben es die Zeitungsverlage hier mit neuen Konkurrenten zu tun – zum Beispiel mit Plattformen wie etwa Immobilienscout 24.

Betrachtet man die Werbeeinnahmen der Medien in Deutschland, so wird deutlich, dass die klassischen Medien, also Fernsehen und Tageszeitungen, immer noch den größten Teil der Werbeeinnahmen erzielen (siehe Tab. 1.4).

Trotz aller Begeisterung für die neuen Werbemöglichkeiten im Internet ist also festzustellen, dass hinsichtlich der Verteilung der Werbeinvestitionen auf die verschiedenen Medien immer noch ein gewisser Schwerpunkt bei den sogenannten „klassischen" Medien liegt. Es ist jedoch mit hoher Wahrscheinlichkeit zu erwarten, dass die Veränderungsdynamik hier deutlich steigen wird. Seit Jahren legen die

Tab. 1.5 Marktanteile der Werbemedien (in %, gerundet). (Quelle: ZAW, 2020, S. 16)

Werbeträger	2012	2013	2014	2015	2019
Fernsehen	26	27	28	29	20,7
Tageszeitungen*	21	19	18	17	–
Anzeigenblätter*	13	13	12	12	–
Online und Mobile	7	8	9	9	35,9
Außenwerbung	6	6	6	7	4,9
Publikumszeitschriften*	8	8	8	7	–
Fachzeitschriften*	6	6	6	6	–
Verzeichnis-Medien*	7	7	6	6	–
Hörfunk	5	5	5	5	3,4
Wochen-/Sonntagszeitungen*	1	1	1	1	–
Filmtheater	1	1	1	1	0,4
Zeitungssupplements	1	1	1	1	–
Print	–	–	–	–	33,5
Postalische Direktwerbung**	–	–	–	–	11,5

*2019 zusammengefasst unter „Print"/**Erst seit 2019 erfasst.

Netto-Werbeeinnahmen der Online-Medien zum Teil dreistellig zu. Zudem ist Marketing-Kommunikation gerade im digitalen Umfeld weit mehr als „Werbung". Neue Angebote wie Suchmaschinen sind durchaus sehr relevant für die Marketing-Kommunikation. Betrachtet man die Steigerungsraten der Online-Werbung in den vergangenen Jahren, wird deutlich, welche Dynamik hier am Werk ist. 2005 wuchsen die Netto-Werbeeinnahmen des Online-Bereichs um 61 % gegenüber dem Vorjahr, 2006 um plus 163 %, 2007 um plus 194 %. Auch in der Krise 2009 legten die Netto-Werbeeinnahmen online noch zu, wenn auch nur noch um zehn Prozent (vgl. ZAW, 2012, S. 21, Tab. 1.5).

Und auch im Netz verschiebt sich die Bedeutung verschiedener Angebote, neben den bestehenden Internetseiten kommen ständig neue und anders geartete hinzu. Neben den Seiten der einschlägigen Medien, wie Tageszeitungen und Zeitschriften, haben sich ganz andere Angebote gesellt, die als Umfeld für Marketing-Kommunikation attraktiv sein können. Die Dynamik ist enorm – was gestern noch en vogue war, hat heute das Aktivitätsniveau einer Geisterstadt. Beispiele für Kurzfrist-Bedeutung sind Seiten wie „Second-Life" oder auch „My Space", die entweder wegen mangelnder Relevanz oder wegen des Auftretens besserer Konkurrenten erheblich an Nutzern einbüßten. Andere Angebote, wie „Facebook", haben im gleichen Zeitraum erheblich an Nutzern hinzugewinnen können. Doch schon lauern neue Plattformen, die um die Gunst des Online-Publikums buhlen, wie beispielsweise „TikTok", „Pinterest", YouTube oder „Snapchat". Es bleibt spannend zu beobachten, welche Seiten sich durchsetzen und welche nicht.

Je nach Charakter der Online-Seite werden völlig unterschiedliche Anforderungen an die Marketing-Kommunikation gestellt. Die als Social Media bezeichneten Plattformen, wie Xing oder vor allem Facebook spielen zwar auch in der Marketing-Kommunikation von Unternehmen eine Rolle, es ist aber noch nicht genau klar, welche. Es spricht vieles dafür, dass etwa Facebook vor allem als Kanal genutzt werden kann, „Customer Insights" zu gewinnen, also Einsichten in das Konsum- und Kommunikationsverhalten potenzieller Kunden. Daneben können diese Sozialen Medien genutzt werden, um bestehende Kunden zu betreuen, sind also geeignete Instrumente zum Customer Relationship Management. Inwieweit Social Media auch als Kanal zum Transport von Markenbotschaften genutzt werden kann und sollte, muss sich erst noch erweisen.

1.3 Agenturen als Wirtschaftsfaktoren

Nicht nur die Werbung in ihrer Funktion als Teil der Marketingkommunikation bewegt Märkte. Die Werbebranche selbst stellt einen relevanten Wirtschaftsfaktor dar, unter anderem als Arbeitgeber und als Abnehmer von Dienstleistungen. Laut Berechnungen des Zentralverbands der Deutschen Werbewirtschaft (ZAW) arbeiten in Deutschland mehr als 900,000 Menschen in der Werbewirtschaft. Der Verband fasst hierunter allerdings auch die Werbeberufe auf Unternehmensseite. In Werbeagenturen und benachbarten Berufsbildern der Werbegestaltung sind laut Destatis rund 193,000 Menschen beschäftigt.

Der Werbemarkt zeichnet sich durch eine große Unübersichtlichkeit aus. Es gibt keine gesicherten Zahlen darüber, wie viele Agenturen es in Deutschland eigentlich gibt. Schätzungen schwanken zwischen 15,000 und 30,000, einige Quellen sprechen davon, dass es allein in München 3000 Werbeagenturen gibt. Destatis (das frühere Statistische Bundesamt) kommt zu folgenden Daten zur Struktur des deutschen Agenturmarktes: Von den mehr als 29,000 Unternehmen im Bereich Werbeagenturen – hierunter ist allerdings auch jeder Ein-Mann-Werbebetrieb gefasst – erwirtschaftet nach dieser Statistik etwa ein Drittel einen Umsatz von mehr als 250,000 € jährlich (vgl. Destatis 2020, S. 15 ff.). Auf diese Unternehmen entfallen mit etwas mehr als 22 Mrd EUR 93 % der Umsätze der gesamten Branche. Angesichts der Tatsache, dass knapp 18,500 Agenturen die verbleibenden sieben Prozent des Branchenumsatzes, nämlich 1,6 Mrd. EUR erwirtschaften, ergibt sich ein durchschnittlicher Umsatz von 85,000 € bei diesen Unternehmen. Der Wirtschaftsbereich Werbung ist folglich strukturell geprägt von einer geringen Anzahl großer und mittelständischer Unternehmen und einer Vielzahl kleiner und Kleinstunternehmen.

Der Markt ist allerdings vergleichsweise stark konzentriert, das heißt wenige Player vereinigen einen hohen Anteil am Gesamtumsatz auf sich. Tab. 1.6 zeigt die zwanzig größten deutschen Agenturen in Inhaberhand. Die Agenturen, die zu internationalen Gruppen, wie WPP oder Publicis, gehören, veröffentlichen seit 2002 keine Zahlen mehr. Als Grund hierfür geben die betroffenen Agenturen die Beschränkungen an, die ihnen

Tab. 1.6 Struktur des deutschen Agenturmarktes. (Quelle: Destatis, 2020, S. 15)

Anzahl Werbeagenturen	29,971
Anzahl Erwerbstätige	192,678
Darunter Arbeitnehmer	159,905
Umsatz (tausend Euro)	18,809,278

der Sarbanes Oxley Act seit 2002 auferlegt. Dieses US-Bundesgesetz (nach den beiden Senatoren benannt sind, die es erdacht haben) ist als Folge der Börsenskandale um die Unternehmen Enron und Worldcom und die Wirtschaftsprüfungsgesellschaft Arthur Andersen im Jahr 2002 erlassen worden. Das Gesetz soll die Verlässlichkeit der Berichterstattung von Unternehmen, die den amerikanischen Kapitalmarkt in Anspruch nehmen, erhöhen. Die an der Börse in New York notierten Werbekonzerne geben seit Erlass des Gesetzes keine Zahlen für ihre Auslandsgesellschaften mehr an (Tab. 1.7).

Tab. 1.7 Die Top 20 inhabergeführten Agenturen Deutschlands. (Quelle: Horizont 14/2020, S. 17)

Rang	Name	Gross Income 2019 (Mio. EUR)	Mitarbeiter
1	Serviceplan	326,61	2577
2	Jung von Matt	85,20	861
3	Fischer Appelt	82,70	714
4	Hirschen Group	75,86	741
5	Vertikom	63,48	533
6	Media Consulta	63,02	368
7	Pilot Agenturgruppe	42,40	380
8	Zum Goldenen Hirschen	41,68	363
9	Achtung Gruppe	27,38	185
10	Grabarz & Partner	25,79	237
11	Achtung!	22,76	151
12	Philipp und Keuntje	20,68	188
13	Faktor 3	20,14	221
14	Ressourcenmangel	20,08	233
15	Pahnke Markenmacherei	19,79	204
16	UGW	19,27	237
17	Saint Elmo's	19,07	151
18	KNSK/Bissinger+	17,59	174
19	Wefra	15,77	136
20	Gingko.net	15,20	103

Der Franzose Maximilien Nayaradou hat untersucht, inwieweit die Werbebranche selbst als Wirtschaftsfaktor zum Wachstum beitragen kann. Er stellte für Frankreich fest, dass der Werbesektor im engeren Sinne – also in erster Linie die Agenturen – 0,44 % des Bruttoinlandsprodukts erwirtschaften. Interessant ist ein Blick auf die Wachstumsraten. Während die Wertschöpfung insgesamt in Frankreich zwischen 1996 und 2001 um 21 % und die Zahl der Arbeitsplätze um neun Prozent wuchsen, konnte der Werbesektor um 41 (Wertschöpfung) beziehungsweise 36 (Arbeitsplätze) Prozent zulegen. Im untersuchten Zeitraum wuchs also der Agenturmarkt deutlich stärker als der Rest der Wirtschaft.

Das Marktforschungsunternehmen Prognos konnte diese Ergebnisse für Deutschland in etwa bestätigen (vgl. Prognos, 2010, Abschn. 4.1). In ihrer Studie stellen die Prognos-Forscher zunächst fest, dass die Beschäftigtenzahl in der Werbebranche trotz einiger Krisenjahre relativ konstant geblieben ist. Zudem liege die Arbeitslosenquote in der Branche durchweg unter dem Durchschnitt aller Wirtschaftszweige. Eine besondere Dynamik der Werbebranche ließe sich hieraus nicht ableiten, anders als bei einer Betrachtung der Zahl der Unternehmen. Während die Zahl der Unternehmen in der Gesamtwirtschaft im Zeitraum zwischen 2003 und 2008 um 9,3 % zugenommen hat, wuchs sie in der Werbebranche um 15 % (vgl. Prognos, 2010, S. 49).

1.4 Werbung im Marketing-Mix der Unternehmen

Man kann nicht über Werbung und Agenturen sprechen, ohne nicht auch die Auftraggeber-Seite beleuchtet zu haben. Wie sieht es also aus in den Werbung treibenden Unternehmen? In den Lehrbüchern und Vorlesungen zum Thema Marketing ist die Welt aufgeräumt. Es gibt Marketing-Strategien und Marketing-Pläne, und umgesetzt werden diese mithilfe des Marketing-Mix, bestehend aus den vier Elementen Produkt-, Preis-, Distributions- und Kommunikationspolitik. Die Werbung ist – neben Verkaufsförderung, Messen, Sponsoring und anderen Maßnahmen – Teil der Kommunikationspolitik. Die Marketing-Abteilung setzt unter Einsatz der Instrumente des Marketing-Mix ihre Pläne und Strategien um und überprüft mithilfe des Marketing-Controllings deren Erfolg (vgl. hierzu beispielsweise Meffert et al., 2011; Esch et al., 2011; Kloss, 2012).

Soweit die akademische Welt. Die Unternehmensrealität sieht häufig etwas anders aus. Es gibt vor allem zwei Faktoren, die bei dem einen oder anderen Hochschulabsolventen mit Schwerpunkt „Marketing“ einen kleinen Kulturschock auslösen könnten. Erstens der Faktor „Desintegration“, zweitens der Machtverlust, den das Marketing in der jüngeren Vergangenheit erlitten hat. Eine Marketing-Abteilung, in der sämtliche Marketing-Aktivität gebündelt und integriert zu einem schönen und wirkungsvollen Ganzen stattfindet, sucht man in vielen Firmen vergebens. Stattdessen zeigt sich gerade im Marketing ein Bild des desintegrierten nebeneinanderher Agierens. Die PR-Abteilung ist organisatorisch direkt beim Vorstand angesiedelt, der Vertrieb hat das Sagen und ist auch im Vorstand vertreten, das „Marketing“ hat kaum mehr als die Aufgabe, Anzeigenmotive freizugeben. Dann gibt es irgendwo in der Hierarchie noch eine

„digitale“ Abteilung, die von Customer Relationship Marketing bis hin zu Social Media alles betreut, was irgendwie neumodisch-digital daherkommt. Alle streiten um Budgets, keiner ist wirklich an integrierter Kommunikation interessiert.

Das alles ist natürlich übertrieben. Aber nicht sehr. Die Stellung des Marketing in den Unternehmen ist schwach. Dies gilt nicht nur für Deutschland, sondern zumindest auch in den Vereinigten Staaten (vgl. dazu Verhoef & Leeflang, 2009; Nath & Mahajan, 2011). Einen Hinweis auf die relativ schwache Stellung des Marketing und der für Marketing-Kommunikation Verantwortlichen in den deutschen Unternehmen findet man auch, wenn man unter die Lupe nimmt, in welchem Maß das Thema Marketing im Vorstand vertreten ist – womit wir beim zweiten oben angesprochenen Thema wären. Ergebnis: Einen Marketing-Experten findet man in immer weniger Unternehmen in der Geschäftsleitung beziehungsweise im Vorstand. In den Unternehmen des Dax-30 finden sich derzeit gerade einmal vier Marketing-Vorstände.

Mit dem Machtverlust des Marketing einher ging in den vergangenen Jahren eine deutliche Bedeutungszunahme des Einkaufs. Die „Procurement“-Spezialisten spielen mittlerweile im Prozess der Auswahl von Agenturen eine bedeutende Rolle. Dass es zu Problemen kommen kann, wenn Einkäufer, die bisher mit der Beschaffung von Material wie Schrauben befasst waren, nun Agenturleistung einkaufen sollen, liegt auf der Hand. In der Praxis führt dies häufig nicht nur zu Schwierigkeiten zwischen Agenturen und Einkauf, sondern auch zwischen Einkauf und Marketing.

Die vergleichsweise schwache Position des Marketing hat natürlich auch Konsequenzen für die werbe- beziehungsweise Kommunikationsagenturen. Denn schwache Auftraggeber helfen auch deren Lieferanten – also den Agenturen – nicht gerade. Immer wieder beklagen deshalb Agenturen, nicht mehr mit der ersten Führungsebene der Unternehmen zu tun zu haben, sondern mit Ansprechpartnern nachgelagerter Hierarchiestufen und entsprechend weniger ausgeprägten Kompetenzen. Branchenexperten sehen in dem Umstand, dass das Thema Werbung in vielen großen Unternehmen von der Agenda des Top-Management verschwunden ist, sogar einen Grund dafür, dass viele Werbemaßnahmen ihre Ziele verfehlen (vgl. Jones, 2000, S. 22 ff.).

1.5 Werbung als Gegenstand von Entscheidungen

Vieles, was auf dem Feld der Markenkommunikation geschieht (oder gerade nicht) lässt sich erklären, wenn man einen Blick auf das Zustandekommen von Entscheidungen im Allgemeinen und im Besonderen wirft. Entscheidungen sind nämlich nicht nur schwierig, sondern bei Lichte betrachtet eigentlich ein Ding der Unmöglichkeit. Denn wenn man im Vorhinein weiß, was am Ende die beste Lösung ist, muss man nicht entscheiden – man wählt schlicht genau diese Lösung (vgl. dazu ausführlich Arlt & Schulz, 2019). Da dies aber selten bis nie der Fall ist, tut man, so gut es geht, was man eigentlich nicht kann – man legt sich fest auf eine Lösung von vielen, die eventuell die beste oder wenigstens hoffentlich keine sehr schlechte ist. Ob diese Lösung dann gut ist, weiß man erst hinterher, also in einer Zukunft, die zum Zeitpunkt der Entscheidung leider noch gar nicht da ist.

Dies gilt besonders für das Marketing. Denn so wenig ein Musikproduzent entscheiden kann, welches Musikstück ein Hit wird, so wenig können die mit Werbe-Entscheidungen befassten Führungskräfte derartige Vorhersagen treffen. Und da Führungskräfte nicht nur im Marketing eigentlich nicht entscheiden können und das Ergebnis ihrer Entscheidungen auch viel von Glück und Zufall abhängt, sie trotzdem aber für das Ergebnis in aller Regel zur Rechenschaft gezogen werden, gestalten viele dieser Manager einen Entscheidungsprozess, der möglichst rational und überzeugend ausfällt, sie am Ende entlastet, sie aber oft nicht die im Sinne der Zielerreichung richtigen Dinge tun lässt.

Immer wieder werden Unternehmen beispielsweise für ihren fehlenden Mut kritisiert, wenn es um Markenkommunikation geht. Sie wählen demnach häufig nicht die kreativste Idee aus, sondern bleiben beim Mainstream, sie testen gar Kampagnen, bis alles zwar abgesichert, aber auch sterbenslangweilig ist, etc. Beispiel: Die teils absurd aufwändigen Prozesse, mit denen Unternehmen ihre künftigen Agenturpartner auswählen. Mehrstufige Verfahren mit einer großen Zahl von Agenturen und aufwändigen Anforderungen an die Präsentationen sollen hier zu einem optimalen Ergebnis führen. Das werden sie aber nicht, jedenfalls nicht zwingend. Auch hier gilt: mächtiger Prozess, mit dem der Marketing-Entscheider intern sicher gut aussieht, in der Natur der Sache liegend trotzdem unsicheres Ergebnis. Die Forschung weiß, dass es nicht gut ist, in der Konjunkturdelle die Werbeinvestitionen herunterzufahren (siehe dazu Abschn. 3.2.2), trotzdem tun es nahezu alle nahezu immer.

Dabei ist die Aufgabe des Marketing ohnehin schon schwierig genug, gerade wenn es um Entscheidungen im Bereich Marketing-Kommunikation geht. Um das Oberziel des Unternehmens, nämlich einen möglichst hohen Gewinn zu erzielen, erreichen zu können, muss das Marketing unter anderem Entscheidungen treffen über Art und Umfang seiner Werbemaßnahmen. Eine Fülle von Variablen spielen hier hinein, etwa der eigene Marktanteil, die Werbeaktivität der Wettbewerber, die eigene Preis- und Vertriebspolitik und die der Wettbewerber und viele weitere. Das Marketing ist angehalten, in diesem Umfeld möglichst effizient mit dem Werbebudget des Unternehmens umzugehen. Ob dies gelingt, hängt von der Verfügbarkeit und der Effektivität der genutzten Werbemedien ab. Die Effektivität wiederum ist maßgeblich abhängig von der Qualität der Kreation. Und natürlich davon, ob die Zielgruppe so auf die Werbung reagiert, wie man das erwartet hat.

Damit ist knapp die Komplexität der Entscheidungen im Marketing beschrieben. Erschwerend kommt hinzu, dass diese Entscheidungen mehr oder weniger im Blindflug getroffen werden. Denn es mangelt gerade im Marketing an Kennzahlen, die tatsächlich eine Verbindung herstellen können zwischen der Investition in Marketingkommunikation und deren Effekt auf betriebswirtschaftliche Kenngrößen (siehe Abschn. 3.1). Hierin liegt eine der wesentlichen Ursachen für die vergleichsweise schwache Stellung des Marketing im Unternehmen. Die ANA (Association of National Advertisers) hat einmal festgestellt, dass es nur in einem Viertel der Unternehmen Kennzahlen gibt, die das Marketing und der Finanzbereich gleichermaßen verwenden. Nur 15 % der Chief Financial Officer gaben an, mit den Zahlen, mit denen das Marketing arbeitet, etwas anfangen zu können. Die Unsicherheit zeigt sich hier auch in der Art, wie Marketing-Budgets festgelegt werden. In knapp der Hälfte der Unternehmen geschieht dies als simple Fortschreibung historischer Werte. Weniger als ein Viertel der Firmen legen das Budget mit Blick auf die Unternehmensziele des laufenden Jahres fest.

Neben einem nachweisbar rationalen Prozess sind nachgewiesene Ergebnisse natürlich der beste Weg, die eigenen Entscheidungen zu legitimieren. Eindrucksvolle KPI belegen am Ende, dass man alles richtig entschieden hat. Wenn aber (Media-)Entscheidungen vor allem danach gefällt werden, wo die Nachweisbarkeit am leichtesten ist, befindet man sich wieder auf dem Holzweg. Eindrucksvolle Zahlen zu Likes und Fans in den sozialen Medien sind schnell ermittelt, weitaus schwieriger (wenn überhaupt) lassen sich Kennzahlen erheben, die eine echte Stärkung der Marke und am Ende sogar einen kausalen Effekt der Kommunikation auf betriebswirtschaftliche Kennzahlen wie Cashflow und Gewinn belegen. Auch hier besteht also die Gefahr, dass in erster Linie die Absicherung von Entscheidungen im Vordergrund steht, nicht unbedingt die bessere Lösung.

Negativ fällt in diesem Zusammenhang auch die vergleichsweise geringe Verweildauer der Marketeers auf ihren Positionen ins Gewicht. Wenn Entscheidungen eigentlich unmöglich sind, so hilft Erfahrungs-Know-how wenigstens, die ärgsten Fehler zu vermeiden. Dies ist jedoch angesichts der (je nach Studie) 21 bis 24 Monate, die ein Marketing-Verantwortlicher durchschnittlich auf seiner Position verweilt, kaum aufzubauen.

1.6 Zusammenfassung

- Werbung ist ein wichtiger Wirtschaftsfaktor. Die Werbewirtschaft steht in Deutschland für ein Marktvolumen von rund 30 Mrd. EUR. In der Branche sind gut 914,000 Mitarbeiter beschäftigt.
- Werbung kann nicht ohne das Umfeld gedacht werden, in dem sie stattfindet. Die Politik setzt insofern Rahmenbedingungen, als sie mit dem Ziel des Verbraucherschutzes Werbung für bestimmte Produktkategorien Beschränkungen unterwirft. Die Gesellschaft hat ein gespaltenes Verhältnis zur Werbung, sie wird zugleich im Allgemeinen kritisiert wie im Speziellen zum Kult erhoben.
- Besondere Bedeutung hat das Medienumfeld. Zu den Medien besteht eine symbiotische Beziehung, ein differenziertes und qualitativ hochwertiges Medienangebot ist ohne Werbung (noch) undenkbar. Ebenso ist Werbung auf das aufmerksamkeitsstarke Umfeld angewiesen, was ihnen die Medien bieten.

- In der jüngeren Vergangenheit haben sich aufseiten der Medien tief greifende Veränderungen ergeben, die naturgemäß auch die Werbung nicht unberührt lassen. Technischer Fortschritt und Digitalisierung haben zu leichterer Verfügbarkeit von Medien geführt.
- Der technische Fortschritt hat aber auch die Art verändert, in der Marketing-Kommunikation stattfindet. An die Stelle des Sendens von Botschaften tritt zunehmend der Dialog.
- Die Werbebranche selbst ist ein bedeutender Wirtschaftsfaktor. Es gibt in Deutschland rund 30,000 Betriebe, die sich Werbeagentur nennen. Allerdings ist die Branche stark konzentriert, die 100 größten Agenturen vereinen den größten Teil des Umsatzes auf sich.
- Werbung entsteht in einem Zusammenspiel aus Unternehmen, Agenturen und Medien. In den Unternehmen ist in der jüngeren Vergangenheit eine Bedeutungsabnahme des Marketing zu beobachten. Dies lässt auch das Geschäft der Agenturen nicht unberührt.
- Entscheidungen sind speziell im Marketing ein sehr schwieriges und komplexes Thema. Marketing-Manager stehen immer vor der Aufgabe, Entscheidungen über ungewisse zukünftige Zustände zu fällen, auf die eine Vielzahl von Faktoren einwirken und deren konkrete Auswirkungen teils nur schwer messbar sind.

Literatur

Aegis Media. (2010). Was ist media? Marktveränderung im Mediamarkt. Vortragspräsentation.

Andree, M., & Thomsen, T. (2020). *Atlas der Digitalen Welt*. Campus Verlag.

Arlt, H. J., & Schulz, J. (2019). *Die Entscheidung*. Springer Fachmedien.

Beck, H. (2011). *Medienökonomik* (3. Aufl.). Springer.

Boston Consulting Group. (2002). *Against the Tide*. Value Creation through countercyclical Brand Developement. Studie.

Destatis. (Hrsg.). (2020). Dienstleistungen. Strukturerhebung im Dienstleistungsbereich 2018. Fachserie 9, Reihe 4.4. Wiesbaden.

Esch, F.-R., Herrmann, A., & Sattler, H. (2011). *Marketing. Eine Management-orientierte Einführung*. Vahlen Verlag.

GWA (Hrsg.). (2016). *Agenturportraits. GWA-Jahrbuch 2016*. Frankfurter Allgemeine Buchverlag.

Horkheimer, M., & Adorno, T. W. (1989). *Dialektik der Aufklärung*. Fischer Wissenschaft.

Jones, J. P. (2000). The mismanagement of advertising. *Harvard Business Review, 78*(1), S. 22 ff.

Kloss, I. (2012). *Werbung*. Verlag Vahlen.

Luik, J. C., & Waterson, M. J. (1996). *Advertising & markets*. NTC Publications.

Meffert, H., Burmann, C., & Kirchgeorg, M. (2011). *Marketing. Grundlagen marktorientierter Unternehmensführung*. Gabler Verlag.

Nath, P., & Mahjan, V. (2011). Marketing in the c-suite: A study of chief marketing officer power in firm's top-management teams. *Journal of Marketing, 75*, 60–77.

Nöcker, R. (2017). *Die Marken-Macher. Wie die deutsche Werbebranche erwachsen wurde*. FAZ-Buchverlag.

Kupferschmitt, T., & Müller, T. (2020). ARD/ZDF-Massenkommunikation 2020: Mediennutzung im Intermediavergleich. *Media Perspektiven, 7–8*, 390–409.

Prognos. (2010). Werbung und Wirtschaftswachstum. Der Stellenwert der Werbung in Deutschland. Unveröffentlichte Studie im Auftrag von GWA und OWM.

Schulz, J. (2020). Werbung. Gablers Wirtschaftslexikon. Zugegriffen: 10. Febr. 2021.

Tropp, J. (2011). *Moderne marketing-kommunikation*. VS Verlag.

Van Eimeren, B., & Ridder, C.-M. (2011). Trends in der Nutzung und Bewertung von Medien 1970 bis 2010. Media Perspektiven, 1/2011.

Verhoef, P. C., & Leeflang, P. S. H. (2009). Understanding the marketing department's influence within the firm. *Journal of Marketing, 73*, 14–37.

ZAW. (Hrsg.). (2012). Werbung in Deutschland 2012. ZAW Edition.

ZAW. (Hrsg.). (2020). Werbung in Deutschland 2020. ZAW Edition.

Zurstiege, G. (2005). *Zwischen Kritik und Faszination. Was wir beobachten, wenn wir die Werbung beobachten, wie sie die Gesellschaft beobachtet.* Herbert von Halem Verlag.

2 Ökonomische Theorie und Werbung

2.1 Klassische ökonomische Theorie: Eine Welt ohne Werbung

Die Welt der klassischen ökonomischen Theorie muss uns aus heutiger Perspektive reichlich seltsam vorkommen. Es gibt zwar Güter, es gibt auch Geld, und es gibt – wenn auch charakterlich deutlich eingeschränkte – Akteure (den sogenannten „Homo oeconomicus"). Was es aber in dieser Welt nicht gibt, ist Werbung. Und, vielleicht noch überraschender, es gibt auch keine Unternehmen. Man glaubt es kaum, aber die Frage, warum es überhaupt Unternehmen gibt, wurde von der ökonomischen Theorie erst im Jahr 1937 gestellt und ansatzweise beantwortet. Doch dazu später mehr (vgl. Abschn. 4.4).

In der Welt der sogenannten Klassik, also der Welt, wie sie beispielsweise der schottische Ökonom und Philosoph (diese Kombination gab es damals häufiger) Adam Smith beschrieben hat, funktionierte die Wirtschaft allein über den Preismechanismus. Dies verdient eine genauere Betrachtung. Am besten lässt sich das alles anhand eines jener Schaubilder erklären, die Ökonomen so lieben. Es zeigt, wie die abgesetzte Menge eines Gutes vom Preis dieses Gutes abhängt. Diese Darstellungsform lässt sich auch für beliebige andere Zusammenhänge nutzen und beliebig verkomplizieren (vgl. zum Folgenden jede Einführung in die Mikroökonomie wie beispielsweise Nolte, 2003, S. 47 ff. oder Fehl & Oberender, 1999, S. 47 ff.).

Was will uns Abb. 2.1 mitteilen? Sie zeigt, wie abgesetzte Menge und Preis zusammenhängen. Dies wird dargestellt über zwei Kurven:

- **Angebotsfunktion**: Sie stellt eine Art Zusammenfassung der Angebotsfunktionen aller Anbieter in einem Markt dar. Es geht hier also nicht etwa um das Angebot eines Unternehmens. In ihr kommt zum Ausdruck, dass die Anbieter Güter herstellen und

R. Nöcker, *Ökonomie der Werbung*, https://doi.org/10.1007/978-3-658-33692-9_2

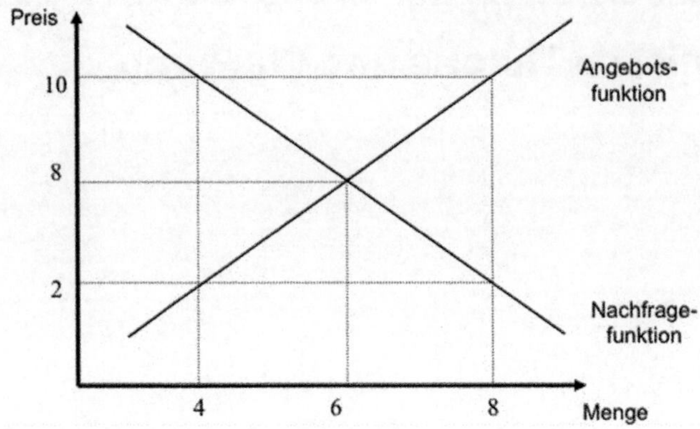

Abb. 2.1 Der Preismechanismus. (Quelle: Eigene Darstellung)

vertreiben, solange die Erlöse höher sind als Kosten. Die Erlöse ergeben sich, indem man die abgesetzte Menge mal dem realisierten Preis nimmt.
- Die **Nachfragefunktion:** Sie zeigt die Nachfrage aller Konsumenten nach einem bestimmten Gut bei verschiedenen Preisen.

Der Verlauf der beiden Kurven überrascht nicht, wenn man einmal eine Minute darüber nachdenkt. Nur in Ausnahmefällen sind Kunden bereit, bei steigenden Preisen immer mehr zu kaufen. Ein solches Ausnahmebeispiel kann sich auf dem Aktienmarkt ergeben, wenn in Erwartung weiter steigender Kurse eine Aktie bei steigendem Preis stärker nachgefragt wird. In der Regel aber gilt: Je geringer der Preis, desto mehr wird gekauft. Damit ist die negative Steigung der Nachfragekurve erklärt. Im skizzierten Beispiel kaufen die Konsumenten des betreffenden Marktes bei einem Preis von zwei acht Millionen Stück, bei einem Preis von zehn lassen sich nur noch vier Millionen Stück absetzen.

Dass die Hersteller Anreize haben, bei steigenden Preisen mehr zu produzieren, überrascht auch nicht sonderlich. Bei einem Preis von zwei kommt auf diesem Markt nicht einmal ein Angebot von vier Millionen Stück zustande. Bei einem Preis von zehn dagegen würden die Produzenten ihre Kapazitäten auf acht Millionen Stück hochfahren. Dummerweise aber haben wir eben gesehen, dass sich zu diesem Preis nur vier Millionen verkaufen lassen. Man spricht in einem solchen Fall von einem Angebotsüberhang. Was passiert in einer derartigen Situation?

Erste Anbieter werden den Preis senken, was die Nachfrage zu ihnen lenken wird. Es entsteht der Druck auch auf die übrigen Anbieter, die Preise zu reduzieren. Nicht alle können sich das leisten. Einige weniger effizient produzierende Unternehmen werden diese Preissenkung nicht überleben, sie scheiden aus dem Markt aus. In der Folge sinkt die angebotene Menge. Gleichzeitig steigt wegen der Preissenkungen die Nachfrage. Diese Entwicklungen lassen den Trend zu noch weiteren Preissenkungen immer schwächer werden mit dem Ergebnis, dass am Ende Angebot und Nachfrage zur Deckung kommen und der Markt geräumt wird.

Es zeigt sich also, dass unter bestimmten Annahmen, die wir später unter die Lupe nehmen werden, der Markt immer auf ein Gleichgewicht zusteuert. Am Ende wird nur produziert, was auch abgesetzt wird, und abgesetzt, was zu einem vernünftigen Preis produziert wurde. Dem Preis kommt also die alles entscheidende Rolle in diesem Spiel zu. Aus der Preishöhe erhält der Produzent die Signale, mit denen er seine Produktionsmengen steuern kann. Umgekehrt erhält der Konsument durch die Höhe des Preises Informationen über die Knappheit eines Gutes. Der Preismechanismus ist jener versteckt ablaufende Automatismus, den Adam Smith als „invisible Hand" bezeichnet hat. Oder, wie es der Ökonom Leon Walras formuliert hat: „Der Markt ist ein Auktionator. Anbieter und Nachfrager tasten sich an ein Gleichgewicht heran". Es hat sich gezeigt, dass dieser Mechanismus allen anderen Mechanismen global betrachtet überlegen ist, wenn man die möglichst optimale Versorgung einer Volkswirtschaft mit knappen Gütern zum Ziel hat. Eine Planwirtschaft verzichtet auf die wohltuenden Wirkungen des Preismechanismus und muss deshalb hinsichtlich dieses Ziels scheitern – was sie in der Regel auch über kurz oder lang tut.[1]

Allerdings: Ganz so glatt wie von Adam Smith und seinen klassischen Nachfolgern dargestellt geht es dann doch nicht auf den meisten Märkten zu. Das liegt daran, dass Smith einen vollkommenen polypolistischen Markt beschrieben hat, über den bestimmte Annahmen getroffen wurden. Zu diesen Annahmen zählen:

- Es gibt viele kleine, rational agierende Anbieter und Nachfrager. Kein Anbieter kann den Preis nach eigenem Ermessen beeinflussen.
- Es besteht komplette Markttransparenz, der Markt ist mithin vollständig informationseffizient. Jeder weiß immer alles, was es in Bezug auf Angebot, Nachfrage und Preis zu wissen gibt.
- Es gibt keinerlei Produktdifferenzierung, das Produktangebot ist also homogen.
- Die Nachfrage ist vollkommen preiselastisch. Das heißt, jede Preisänderung führt zu einer Nachfrageänderung in gleichem Ausmaß.
- Weder auf Anbieter- noch auf Kundenseite gibt es Akteure, die über Marktmacht verfügen.
- Es bestehen keine Transaktionskosten. Die Akteure kommen also ins Geschäft, ohne dass hierfür Informations- beziehungsweise Suchkosten, Kosten der Vertragsanbahnung, des Vertragsschlusses oder Kontrollkosten anfallen.

[1] Dass es auch andere Ziele eines Wirtschaftssystems geben könnte und dass hierbei die Marktwirtschaft vielleicht nicht das ideale System ist, diese anderen Ziele zu erreichen, kann und soll hier nicht erörtert werden.

Es braucht wenig ökonomischen Sachverstand, um festzustellen, dass diese Annahmen heutzutage nur in Ausnahmefällen in der Realität anzutreffen sind. Dies ist auch der ökonomischen Forschung nicht entgangen. Sie hat sich weiterentwickelt, indem sie auf viele, wenn nicht alle dieser Annahmen verzichtet hat. Dies ist insbesondere in der Institutionenökonomie und der sogenannten Industrieökonomik geschehen, denen wir uns im Folgenden zuwenden wollen.

2.2 Industrieökonomik: Warum gibt es Werbung?

Wir haben nun gesehen, wie die klassische Theorie das Wirtschaftsgeschehen erklärt hat. Mit der Welt, wie wir sie kennen, hat dies nur wenig zu tun. Die Frage ist, warum es diese Abweichung zwischen Theorie und Realität gibt. Die Antwort lautet im Wesentlichen: Weil die damals zugrunde liegenden Annahmen nicht zutreffen.

Der folgende Teil beleuchtet, welche Aussagen die ökonomische Theorie zur Werbung und deren ökonomischen Nutzen gemacht hat (vgl. zum Folgenden insbesondere Bagwell, 2005). Bis zu Beginn des zwanzigsten Jahrhunderts ist dies schnell erledigt: Sie hat überhaupt keine Aussagen gemacht. Bis dahin galt unter Ökonomen die Annahme, dass der Wettbewerb perfekt funktioniere und Werbung somit gänzlich überflüssig sei. Schlimmer noch: Einige Ökonomen postulierten gar, dass Werbung gesamtwirtschaftlich schädlich zu nennen sei. Begründung: Werbung führe, da sie dem Werbung treibenden Unternehmen Kosten verursache, zu höheren Preisen oder verdränge sinnvollere – beispielsweise produktivitätssteigernde – Investitionen. Zudem könnten etablierte Anbieter ihre Marktstellung mittels Werbung festigen, diese behindere mithin den Wettbewerb. Weiterhin waren einige Ökonomen der Ansicht, dass vor allem wenig differenzierte Produkte von Werbung profitierten, differenzierte Produkte würden schließlich für sich selbst sprechen. Werbung befördere somit die Verbreitung wenig differenzierter Massenprodukte[2]. Erst Ökonomen der „Industrial Economics“ (auch als „Industrial Organization“ bezeichnet) wie Edward Chamberlin und Joe Bain überwanden diese Annahmen und befassten sich auch mit Themen wie Werbung und Vertriebskosten.

2.2.1 Das industrieökonomische Paradigma

Zunächst einmal sei festgestellt, dass die Übersetzung des amerikanischen „Industrial Organization“ oder „Industrial Economics“ in das deutsche „Industrieökonomie“ so etabliert wie unglücklich ist. Denn es geht hier mitnichten um eine spezielle Ökonomie

[2]Hier könnten die Ökonomen allerdings Ursache und Wirkung verwechselt haben, hat doch gerade die zunehmende Bedeutung standardisierter Produkte in Folge der Industrialisierung für die Bedeutungszunahme der Werbung gesorgt.

Abb. 2.2 Das „Structure-Conduct-Performance"-Paradigma. (Quelle: Eigene Darstellung)

des Industriesektors, wie der deutsche Begriff nahelegen könnte. Es geht vielmehr um eine Analyse, welche die Struktur von Märkten beziehungsweise von Branchen („Industries") im Fokus hat. Besser spräche man vielleicht von einer „Marktstruktur-Ökonomie".

Wie auch immer: Die Forschungs- und Theorierichtung der Industrieökonomie hat sich vor allem in den Vereinigten Staaten etabliert (vgl. Lipczynski et al., 2005). Insbesondere dort haben Ökonomen sie auch entwickelt. Eine zentrale Figur ist hier Joe Bain, der insbesondere das die Industrieökonomik prägende „Structur-Conduct-Performance"-Paradigma formuliert hat. Danach hängt das Marktergebnis („Performance") vom Verhalten der Marktteilnehmer („Conduct") und dieses wiederum von der Markt- beziehungsweise Branchenstruktur („Structure") ab. Industrieökonomen verabschiedeten sich, wenn es um die Beschreibung von Marktstrukturen geht, von der Idee des vollkommenen Wettbewerbs und fügten ihren Theoriemodellen Aspekte wie Anbieterkonzentration, Produktdifferenzierung und das Vorhandensein von Markteintrittsbarrieren hinzu. Das Marktverhalten umfasst die Absatz-, Produkt- und Werbepolitik der Unternehmen sowie mögliche Kooperationen mit anderen Firmen. Zum Marktergebnis gehören Faktoren, wie die Versorgung und Allokation der Konsumenten mit den entsprechenden Gütern, die Höhe der Preise im Verhältnis zu den Stückkosten (und damit der Gewinn der Unternehmen der Branche), die Qualität der Produkte, die Innovationsrate, die Arbeitsproduktivität etc.

Innerhalb der Industrieökonomik fand dann auch endlich eine systematische Beschäftigung mit Werbung statt. Investitionen in Werbung gehören, wie die Abb. 2.2 zeigt, zu den Variablen, die das Marktverhalten („Conduct") bestimmen. Die vorwiegend amerikanische Forschung hat also untersucht, wie in verschiedenen Märkten mit ihrer jeweils spezifischen Struktur („Structure") Werbung („Conduct") das Marktergebnis, also beispielsweise Preisniveau, Wettbewerbsintensität und so weiter („Performance"), beeinflusst hat. Grob gefasst ergaben sich in dieser Tradition und der nachfolgenden Forschung drei Perspektiven auf die ökonomische Wirkung von Werbung: der „Pursuasive View", der „Informative View" und der „Complementary View". Die drei Perspektiven kommen zu teilweise höchst abweichenden Aussagen zum Einfluss der

Werbung auf das Marktergebnis. Alle drei Perspektiven sollen im Folgenden behandelt werden.

2.2.2 Persuasive View

Diese erste Perspektive der ökonomischen Forschung im Hinblick auf Werbung ist die historisch älteste und dabei zugleich auch die kritischste. Die Vertreter dieses Ansatzes entstammen der ersten Generation von Industrieökonomen und sehen in Werbung vor allem einen Preistreiber. Werbung „überzeuge" Konsumenten, Dinge zu kaufen, die sie ohne Werbung nicht erworben hätten, verändere also deren Präferenzen und diene damit in erster Linie den Werbung treibenden Unternehmen, nicht den Konsumenten selbst. Ökonomen wie J. Robinson, D. Braithwaite oder N. Kaldor sehen darüber hinaus in der Werbung vor allem ein Instrument, mit dem Wettbewerb eingeschränkt wird (vgl. hierzu ausführlich Bagwell, 2005, S. 9 ff.). In die gleiche Kerbe schlägt der Industrieökonom Joe Bain. Auch er sieht Werbung kritisch, da sie in erster Linie zu Produktdifferenzierung führt, damit den Wettbewerb einschränkt und letztlich zum Nachteil des Konsumenten führt. Im Gegensatz zur klassischen Auffassung homogener Produkte unterscheiden sich differenzierte Produkte durch bestimmte Merkmale wie etwa die Marke voneinander. Wir kaufen nicht den x-beliebigen No-Name-MP-3-Player, sondern den Apple iPod, obwohl er teurer ist und im Prinzip auch nicht mehr kann als Musik abspielen.[3] Und er ist deshalb teurer, weil Apple über Produktdifferenzierung und Werbung über seine starke Marke eine quasi-Monopolstellung erworben hat und dadurch entsprechende Renten abschöpfen kann.

Bain hat die Wirkungen von Produktdifferenzierung auf den Wettbewerb und damit auf die Produktpreise untersucht. Er sieht in Produktdifferenzierung die wichtigste und wirksamste Markteintrittsbarriere. Differenzierte Produkte machen es laut Bain und anderer Vertreter des Pursuasive View also für Newcomer schwer, einen Markt zu betreten. Werbung, so Bains Überzeugung, stellt dabei das wichtigste Mittel dar, um Produkte voneinander zu differenzieren: „The single most important basis of product differentiation in the consumer-good category is apparently advertising" (Bain, 1956, S. 216). Sie mindere also den Wettbewerb und führe in der Konsequenz zu höheren Produktpreisen.

Die kritische Haltung zur Werbung des Pursuasive View wird auch von Autoren geteilt, die sich am Rande beziehungsweise jenseits der Ökonomie bewegen. Der

[3]Das stimmt natürlich so nur bedingt, nämlich bezogen auf den sogenannten „Grundnutzen" des Produkts (Musik abspielen). Das Gerät weist den Nutzer als Mitglied der Apple-Community aus und ist nach Auffassung vieler besser gestaltet. Die Differenzierung erfolgt also über den sogenannten „Zusatznutzen" (Gestaltung, Marke). Apple beherrscht die Kunst der Produktdifferenzierung wie kaum ein anderes Unternehmen.

amerikanische Ökonom und Sozialkritiker John Kenneth Galbraith verschaffte dieser Perspektive auf die Werbung eine relativ große Breitenwirkung. In seinem Buch „The Affluent Society“ beschreibt er eine Überflussgesellschaft, die dank industrieller Produktion mehr Waren produziert als zur Bedürfnisbefriedigung eigentlich notwendig wären. Also, so Galbraith, produziere die Industrie mittels Werbung gleich die Bedürfnisse mit, um sie anschließend zu befriedigen, um nicht auf unausgelasteten Produktionsanlagen sitzen zu bleiben. Auch Galbraith ist der Ansicht, Werbung verändere Präferenzen beim Konsumenten und hält dies für schädlich.

Er ist sich darin einig mit dem amerikanischen Publizisten Vance Packard, der es sogar zum Bestsellerautor brachte. In seinem Buch „Die geheimen Verführer“ von 1957 äußert er sich im ersten Teil kritisch über die Versuche der Werbeagenturen, Verbraucher zu Kaufentscheidungen zu bewegen, die sie ohne Werbung niemals so getroffen hätten (vgl. Packard, 1961, S. 21 ff.). Die in dem Buch geschilderte Technik, mit der Kinobesucher mit kurzen Werbeeinblendungen bedacht wurden, die sie zwar nicht wahrnahmen, aber dennoch zum Kauf der beworbenen Produkte anregte, erwies sich übrigens im Nachhinein als frei erfunden.

Kritik

Der „Pursuasive View“ hat viel Kritik auf sich gezogen und ist teils von empirischen Untersuchungen nicht bestätigt worden. Jüngst hat Nayaradou eine wettbewerbsfördernde Wirkung von Werbung nachweisen können (vgl. Nayaradou, 2004 und Kap. 3 in diesem Werk). Auch eine aktuelle Studie des DIW zu den volkswirtschaftlichen Folgen von Werbeinvestititonen in Deutschland kommt zum Ergebnis eindeutig Wettbewerbs-fördernder Effekte der Werbung (vgl. DIW, 2016). Ein Kernargument gegen den Ansatz lautet, dass es schlicht nicht sonderlich ökonomisch sei, Produkte herzustellen, die niemand braucht, um anschließend noch einmal Geld in die Hand zu nehmen, um die Kunden davon zu überzeugen, dass sie das Produkt eben doch brauchen. Gleich Produkte herzustellen und zu vertreiben, für die auch ein tatsächlicher Bedarf vorhanden sei, wäre aus ökonomischer Sicht wesentlich rationaler (vgl. Lipczynski et al., 2005, S. 548).

Kritiker monieren außerdem, der Pursuasive View gehe von einem Konsumenten aus, der eigentlich über fest gefügte Präferenzen verfügt und diese allein als Reaktion auf Werbung ändere. Dies sei jedoch eine falsche Annahme (vgl. Hood, 2005, S. 102 und die dort zitierte Literatur sowie Becker & Murphy, 1993). Tatsächlich seien Konsumenten eher „Variety Seekers“, die in der Veränderung einen Wert an sich sehen. Obwohl sie also mit den Produkten, die sie zu einem Zeitpunkt konsumieren, prinzipiell zufrieden seien, wollten sie gelegentlich doch mal etwas anderes probieren. Die Konsumenten lassen sich also nicht erst durch Werbung manipulieren, sondern sind grundsätzlich offen für neue Angebote. Dieser Haltung komme die Werbung entgegen, indem sie den wechselwilligen Verbraucher auf neue Angebote aufmerksam mache, so die Kritiker des „Pursuasive View“. Damit ist die Brücke geschlagen zu einer ganz anderen Denkrichtung. Die Ökonomen, die unter der Überschrift „Informative View“ zusammengefasst werden, betonen gerade diese informierende Funktion von Werbung (vgl. Bagwell, 2005, S. 16 ff.).

2.2.3 Informative View

Lange Zeit taten sich die Ökonomen schwer mit der Beantwortung der Frage, warum eigentlich ein Produkt zu unterschiedlichen Zeiten oder an verschiedenen Orten jeweils unterschiedlich viel kostete. In der klassischen Ökonomie eines Adam Smith war eine solche räumliche Preisdifferenzierung nicht vorgesehen. Hier hätte der allmächtige Preismechanismus in Sekunden Preisvorteile zunichte gemacht. Die späteren Ökonomen versuchten allerlei Erklärungsansätze für Preisunterschiede – Marktversagen oder das Vorliegen von Marktmacht einzelner Akteure wurden herangezogen, um unterschiedlich hohe Preise für ein und dasselbe Produkt zu erklären. Doch auch dort, wo solche Faktoren nicht vorlagen, gab es genannte Preisdifferenzierung. George J. Stigler, Professor an der University of Chicago, fand schließlich zu Beginn der sechziger Jahre des vergangenen Jahrhunderts eine Erklärung (vgl. Stigler, 1961). Preise, so sein Argument, seien nicht nur Ausdruck für die Kosten, die zu deren Herstellung aufgewandt werden mussten, sondern dienten auch als Informationsmedium.

Das Vorhandensein von Preisunterschieden signalisiert demnach das Maß an Unwissenheit auf Seiten der Konsumenten. Sie wissen schlicht nicht, wo es das Pfund Butter am billigsten zu kaufen gibt. Die Konsumenten versuchen also, diese Wissenslücken zu schließen. Dies allerdings, so argumentiert Stigler, verursacht für sie Kosten, die sogenannten Suchkosten. Klar – man muss herumfahren, um die Preise einzelner Supermärkte zu studieren, oder vielleicht den Nachbarn anrufen, ob er diesbezügliche Informationen hat. Solche Kosten fallen nicht an, wenn es informierende Werbung gibt. Derartige Werbung verringert die Suchkosten der Konsumenten und führt in der Folge dazu, dass dank Werbung die Preise, die diese für Produkte zahlen müssen, tendenziell sinken. Es gibt aber noch einen anderen Effekt, nämlich auf den Preiswettbewerb in der jeweiligen Branche. Die Werbebotschaft eines Händlers, dass er das Pfund Butter billiger anbietet als alle anderen, führt bei diesen anderen dazu, dass sie den Preis für Butter ebenfalls senken – denn sonst käme bald kein Mensch mehr bei ihnen einkaufen – und diese Preissenkung mittels Werbung zu verkünden. Die Konsumenten sind hier natürlich die Nutznießer, aber nur unter bestimmten Umständen. Denn das Ganze ist aus Sicht des Konsumenten natürlich nur effizient, wenn die werbebedingten Einsparungen (aus geringeren Suchkosten und wegen der genannten Preissenkungen) die werbebedingten Kosten übersteigen, die der Hersteller im Produktpreis natürlich an die Konsumenten weitergibt.

Mit Blick auf die Wettbewerbseffekte von Werbung kehren die Protagonisten des „Informative View" die Argumente der Anhänger des „Pursuasive View" gleichsam um. Nicht Werbung führe zu imperfekten Märkten, sondern es gebe Werbung, eben weil die Märkte nicht perfekt – nämlich nicht informationseffizient – seien. Werbung sei also hilfreich und befördere zum Wohle der Konsumenten den Wettbewerb. Dabei unterscheiden sich verschiedene Produktkategorien hinsichtlich des Informationsbedarfs der Konsumenten. Nelson unterscheidet beispielsweise zwischen „Search Goods" und „Experience Goods" (vgl. Nelson, 1974). Die Eigenschaften von Search Goods sind den Verbrauchern relativ klar – sie wissen, welchen Nutzen das Gut stiftet und wie es ungefähr funktioniert. Was sie nicht immer wissen ist, wo es das Gut zu welchem Preis zu kaufen gibt. „Experience Goods" sind im Vorhinein viel schwieriger zu beurteilen. Ihr Nutzen und ihre Funktionalität werden erst aus dem konkreten Gebrauch ersichtlich, also im Nachhinein.

Man könnte also meinen, Werbung für „Experience Goods" sei keine so gute Idee. Denn Werbe-Information bringt hier nicht viel, schließlich muss der Konsument erst durch den Gebrauch des Gutes von dessen Nutzen überzeugt werden. Ob die zuckerfreie Brause tatsächlich so gut schmeckt wie ihr Pendant mit Zucker, kann die Werbung nur behaupten, darüber kann sie nicht informieren. Nelson fragte sich also, warum es auch im Bereich der Experience Goods Werbung gibt. Seine Antwort: Die Tatsache, dass ein Unternehmen in Werbung investiert, gilt Konsumenten selbst als Signal für Produktqualität. Denn, so die Überlegung, Unternehmen sind auf Wiederholungskäufe angewiesen. Kaum ein Unternehmen macht seinen Schnitt, indem es einen Kunden je einmal bedient und dann verliert. Eine nicht zutreffende Werbebehauptung würde bei Gebrauch des Gutes entlarvt mit dem Ergebnis, dass der Konsument auf den Erwerb des betreffenden Gutes künftig verzichten wird. Dass ein Unternehmen Millionen für Werbung ausgibt, die eine Lüge enthält, die leicht zu entlarven ist, kann sich kaum ein Konsument vorstellen.[4] Also nimmt der Konsument die pure Existenz der Werbung eines Unternehmens als Signal für die Qualität des von diesem erzeugten Produkts und fühlt sich mittels Werbung wiederum – diesmal quasi indirekt – informiert.

Bisher stand die Information des Konsumenten hinsichtlich der Produktpreise im Mittelpunkt der Ausführungen. Die Ökonomen des „Informative View" argumentieren, dass Werbung mit Preisinformationen zu niedrigeren Produktpreisen und damit zu Wohlfahrtsgewinnen auf Konsumentenseite führen. Doch der Produktpreis ist natürlich nicht der einzige mögliche Inhalt von Werbung, und niedrigere Preisniveaus sind nicht der einzige Nutzen von Werbung. Auch über andere Produkteigenschaften kann Werbung informieren und mit dieser Möglichkeit Anreize setzen, solche Produkteigenschaften überhaupt erst zu schaffen. Insofern ergäben sich Wohlfahrtsgewinne auch aus höherer Produktqualität (vgl. Nelson, 1974, S. 729 ff.). Eine Untersuchung des Instituts

[4]Hier könnte man natürlich eine lange Diskussion über irreführende Werbung, Kennzeichnungspflichten für Lebensmittel und anderes beginnen. Tatsächlich aber ist Werbung, die mit bewusst falschen Aussagen auf Einmal-Käufer abzielt, ein seltenes, weil ökonomisch relativ unsinniges Phänomen, wie schon David Ogilvy wusste: „It is often charged that advertising can persuade people to buy inferior products. So it can – once. But the consumer perceives that the product is inferior and never buys it again. This causes grave financial loss to the manufacturer, whose profits come from repeat purchases."

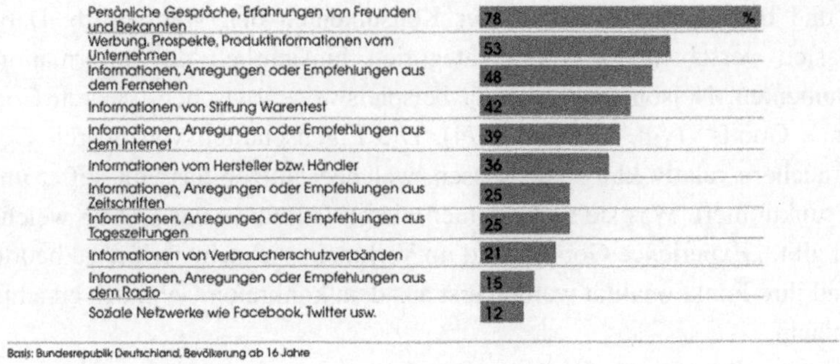

Abb. 2.3 Informationsquellen bei Kaufentscheidungen. (Quelle: Institut für Demoskopie Allensbach)

für Demoskopie Allensbach zeigt, dass Werbung die zweitwichtigste Informationsquelle vor dem Erwerb von Gütern des täglichen Bedarfs ist. Nur persönliche Empfehlungen beziehungsweise der Erfahrungsaustausch mit Freunden werden als noch wichtiger eingeschätzt (siehe http://www.zaw.de/zaw/aktuelles/meldungen/160607-Allensbach-Studie.php) (Abb. 2.3).

Das Internet als schier unendlich reiche Quelle von Informationen hat für den „Informative View" sicherlich einen Bedeutungsschub verursacht – wenn auch nicht für Werbung im engeren Sinne, sondern für alle möglichen neuen und älteren Formen der Marketing-Kommunikation. Mit Hilfe von Suchmaschinen, Preisvergleichsseiten, den Möglichkeiten zur Bewertung von Produkten und den berühmten „Kunden, die dies mochten, fanden auch das toll"-Angeboten ist das Informationsniveau der Konsumenten auf einem völlig neuen Stand, und das bei vergleichsweise vernachlässigbaren und tendenziell sinkenden Suchkosten. Mehr dazu später.

Kritik

Der Informative View wurde insbesondere dahin gehend kritisiert, dass er die Bedeutung von Werbung, die in erster Linie die Information der Konsumenten im Fokus hat, überschätzt. Es stellt sich tatsächlich die Frage, inwieweit Werbung geeignet ist, die Suchkosten eines Konsumenten zu senken – und das auch noch möglichst effektiv. Um diese Frage zu beantworten, ist es notwendig zu klären, wie Kaufprozesse und die sie begleitende Informationsbeschaffung eigentlich genau ablaufen. Zahlreiche Untersuchungen widmen sich mittlerweile der Frage, wie die „Customer Journey" aussieht, das heißt, welche Informationsquelle der Konsument in welcher Stufe des Kaufprozesses heranzieht. Wenig überraschend hat das Internet hier eine große und mit Sicherheit wachsende Bedeutung.

Eine große Studie des Marktforschungsunternehmens TNS Infratest gibt hier detailliert Aufschluss. Sie zeigt, dass Kunden Werbung zumindest nicht als erstrangige Quelle ansehen, wenn sie sich über neue Produkte informieren möchten. Tab. 2.1 zeigt vor allem, welch großen Einfluss Empfehlungen aus dem Umfeld der Konsumenten für Kaufentscheidungen haben.

Ein weiterer Kritikpunkt besagt, dass zahlreiche Kampagnen, die uns tagtäglich begegnen, einen überschaubaren Informationsgehalt haben. Die Nespresso-Kampagne mit George Clooney sagt, so könnten Kritiker argumentieren, mehr über den Schauspieler und seinen Hang zur selbstironischen Parodie seines Images[5] aus, als dass sie Informationen über die besonderen Produkteigenschaften des Kaffees transportiert. Man könnte diese Kritik erweitern, dass man Werbung überhaupt abspricht, in erster Linie informierenden Charakter zu haben. Werbung appelliert mehr an die Gefühlswelt des Konsumenten, als ihn durch Information auf der rationalen Ebene zu erreichen.

Auch das Argument, nach dem hohe Werbeausgaben an sich schon ein Signal für hohe Produktqualität seien und somit indirekt eine wichtige Information via „Signalling" an die Konsumenten übermittelt werde, wird kritisiert. Die beiden amerikanischen Wissenschaftler Becker und Murphy argumentieren, damit dies zuträfe, müssten die Unternehmen im Prinzip die Höhe ihrer Werbeausgaben gleich mitbewerben. Dies geschehe aber nicht (vgl. Becker & Murphy, 1993, S. 944). Die beiden Forscher beließen es jedoch nicht bei dieser Kritik, sondern formulierten selbst eine recht originelle Perspektive auf die ökonomische Wirkung von Werbung – den „Complementary View".

2.2.4 Complementary View

Aufbauend auf dieser Kritik haben der Nobelpreisträger und Verhaltensökonom Gary S. Becker und sein Kollege Kevin M. Murphy einen zunächst nicht spontan einleuchtenden Ansatz zum Thema Werbung formuliert (vgl. Becker & Murphy, 1993). Der mittlerweile als Complementary View bezeichnete Ansatz postuliert, dass Werbung und beworbenes Produkt als Komplementärprodukte zu verstehen sind, ungefähr so, wie Popcorn und Kino:

„Going to the movies makes you want to eat popcorn, and eating popcorn makes you think of watching movies. There's a complementarity there between the two items. We believe that advertising is basically the same thing."[6]

Das heißt, der Käufer eines Produkts kauft die Werbung gleich mit. Oder, anders formuliert: Ökonomisch betrachtet liegen Komplementärgüter vor, wenn der Konsum eines Produkts positiven Einfluss auf die Nachfrage nach einem anderen Produkt auslöst. Wenn also mehr Autos gekauft werden, erhöht sich auch die Nachfrage nach Reifen.

[5]Das gleiche Rezept hat er übrigens für „Martini" gleich noch einmal angewendet.

[6]Interview auf http://www.chicagobooth.edu/capideas/win98/BeckMurph.htm.

Tab. 2.1 Die „Customer Journey. (Quelle: TNS-Emnid)

Genutzte Informationsquellen in Prozent	1. Schritt Aufmerksamkeit für neue Produkte	2. Schritt Produkt/Markenauswahl	3. Schritt Entscheidung über Ort des Kaufs	4. Schritt Hilfe/Beratung nach dem Kauf	5. Schritt Kontakt mit der Marke halten
Freunde, Familienmitglieder,Kollegen	42	35	27	46	20
Informationen auf Preisvergleichswebsites	32	25	24	–	–
Produktprobe/Vorführungim Geschäft	30	27	15	–	–
Produktbewertungen von Verbrauchern auf speziellen Websites	29	27	14	30	13
Expertenbewertungen oder -meinungen auf einer Website	28	25	12	–	–
Werbung im Fernsehen	27	15	8	–	–
Website von Herstellern/Service-Providern	26	21	12	23	12
Website eines Online-Händlers	25	19	17	28	12
Empfehlung eines Verkäufers/Fachmannes im Geschäft	24	23	15	39	21
Werbeanzeigen in Zeitungen und Magazinen	20	10	8	–	–
Per E-Mail zugeschickte Informationen/Werbung	20	12	7	–	–
Nicht personalisierte Postwurfsendungen, Kataloge oder Broschüren	18	11	8	–	–
Verbrauchermeinungen in Blogs/Foren/Gästebüchern	14	11	6	17	4

(Fortsetzung)

Tab. 2.1 (Fortsetzung)

Genutzte Informationsquellen in Prozent	1. Schritt Aufmerksamkeit für neue Produkte	2. Schritt Produkt/Markenauswahl	3. Schritt Entscheidung über Ort des Kaufs	4. Schritt Hilfe/Beratung nach dem Kauf	5. Schritt Kontakt mit der Marke halten
Verbrauchermeinungen in sozialen Netzwerken	10	9	6	–	–
Von Marke/Händler hergestellte Online-Videos oder Bilder	10	8	4	11	5
Von Verbrauchern hergestellte Online-Videos oder Bilder	9	8	4	10	5
Werbeanzeigen, die in Suchmaschinen wie z. B. Google geschaltet werden	9	5	4	–	–
Internetwerbung in/vor einem Online-Video	6	5	4	–	-
Informationen auf einer Marken-Website in einem sozialen Netzwerk	6	6	3	6	4
Bannerwerbung/Pop-ups auf Website (nicht in sozialem Netzwerk)	5	4	2	–	–
Werbeanzeigen in ihrem sozialen Netzwerk	4	3	2	–	–

Becker und Murphy sind der Ansicht, Werbung müsse man ökonomisch genauso untersuchen wie Komplementärgüter. Wenn mehr Werbung konsumiert wird, erhöht sich auch die Nachfrage nach den beworbenen Produkten. Mit dieser Argumentation unterscheidet sich dieser Ansatz sowohl vom „Pursuasive View", der postuliert, dass Werbung die Präferenzen von Konsumenten verändert, und auch vom „Informative View", nach dem Werbung nur dann einen Nutzen stiftet, wenn sie Informationen enthält. Becker argumentiert, dass Konsumenten übergeordnete Präferenzen haben, beispielsweise das Bedürfnis nach sozialem Prestige. Dieses Bedürfnis werde, so Becker, vom Produkt selbst wie auch zugleich von der begleitenden Werbung befriedigt. Wer also Geld für ein Produkt ausgibt, gibt gerne auch Geld für die Werbung für dieses Produkt aus. Die Werbung für ein Luxus-Automobil sieht auch, wer sich diese Art Automobil niemals leisten kann. Salopp formuliert funktioniert die Angeberei mit solch einem Fahrzeug nur, wenn es auch außerhalb der eigentlichen Zielgruppe bekannt genug ist. Becker unterscheidet sich damit vom Pursuasive View, indem er nicht an eine Änderung der Präferenzen der Konsumenten durch Werbung glaubt. Er unterscheidet sich zugleich auch vom Informative View, da sich Becker von der Idee abwendet, dass Werbung nur dann einen Nutzen für den Konsumenten zeitigt, wenn sie eine Information übermittelt.

Was zunächst abwegig klingt, haben Studien empirisch nachweisen können. So hat eine amerikanische Untersuchung ergeben, dass die Käufer einer bestimmten Automarke der Werbung für diese Marke nach dem Kauf des Automobils erheblich mehr Aufmerksamkeit schenken als andere Konsumenten. Wohlgemerkt – nach dem Kauf![7] Und auch das Beispiel des VW Käfer in den Vereinigten Staaten mag veranschaulichen, was Becker und Murphy meinen. Eigentlich war die Markteinführung dieses Autos in den Vereinigten Staaten zum Scheitern verurteilt. Optisch nun wirklich nicht dem Zeitgeist entsprechend, der Heckflossen und gewaltige Abmessungen vorsah, aus Deutschland stammend, wenig komfortabel, langsam – schlechter konnte ein Automobil in den fünfziger Jahren des vergangenen Jahrhunderts den Geschmack des Publikums eigentlich nicht treffen. Doch dann kam die nicht nur für damalige Verhältnisse extrem kreative Kampagne ins Spiel – und plötzlich kaufte man zwar immer noch ein „uncooles" Auto, aber man kaufte zugleich auch das Auto, für das so extrem „cool" geworben wurde. Beides – Werbung und Produkt – waren somit Komplementärprodukte. Und weil diese Kampagne ein solch richtungsweisender Klassiker ist, zeigen wir sie hier (siehe Abb. 2.4).

[7] vgl. http://www.chicagobooth.edu/capideas/win98/BeckMurph.htm.

Abb. 2.4 Klassische Anzeige für den VW Käfer. (Quelle: http://www.creativereview.co.uk/cr-blog/2011/august/happy-birthday-billbernbach)

2.3 Werbung und Marktstruktur

Märkte unterscheiden sich in vielerlei Hinsicht voneinander. Der Markt für Verkehrsflugzeuge ist beispielsweise völlig anders geartet als derjenige für Joghurt. Dies hat möglicherweise auch Auswirkungen auf die Art und das Ausmaß, in dem in den verschiedenen Märkten geworben wird. Das gilt es im Folgenden zu klären. In der ökonomischen Theorie hat sich eine Systematik gebildet, die anhand bestimmter Kriterien insgesamt vier Marktstrukturformen unterscheidet. Dies sind die **Vollständige Konkurrenz,** der **Monopolistische Wettbewerb,** das **Oligopol** und das

Vollständige Konkurrenz	Nicht vollständige Konkurrenz		
Vollständiger Wettbewerb	Monopolistischer Wettbewerb	Oligopol	Monopol
Große Zahl an Anbietern ⇔	Wenige Anbieter ⇔		Ein Anbieter
Kein Preiswettbewerb ⇔	Preiswettbewerb		
Keine Produktdifferenzierung ⇔	Produktdifferenzierung		

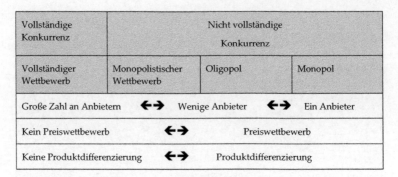

Abb. 2.5 Marktformen. (Quelle: Cook & Farquharson, 1998, S. 204)

Monopol (s. Abb. 2.5). Innerhalb dieser Formen hat Werbung jeweils sehr unterschiedliche Bedeutung und funktioniert auch nach jeweils anderen Gesetzen. Das gilt es im Folgenden zu untersuchen, wobei insbesondere das Oligopol und das Monopol untersucht werden müssen.

Investitionen in Werbung sind in einem Markt mit vollständiger Konkurrenz rausgeworfenes Geld. In einem solchen Markt – mit sehr vielen Anbietern, unendlicher Preiselastizität, vollständigen Informationen der Konsumenten, und so fort – hat dasjenige Unternehmen, das wirbt, davon nicht den geringsten Nutzen. Da die Produkte homogen sind und die Kunden ohnehin nur auf den Preis achten, hat das Ganze keinen Sinn. Zudem würden – da es keine Produktdifferenzierung gibt – sämtliche Unternehmen von der Werbung eines Unternehmens in gleicher Weise profitieren, es gebe also jede Menge Trittbrettfahrer. Im Falle der Monopolistischen Konkurrenz, in der es zwar auf der Ebene der Produktdifferenzierung Wettbewerb gibt, nicht aber auf der Ebene der Produktpreise, spielt Werbung dagegen eine erhebliche Rolle. Hier führen Investitionen in der Regel zu Verschiebungen von Marktanteilen. Zudem hat Werbung positive Effekte auf die Markenbekanntheit und auf die Loyalität der Kunden (vgl. Cook & Farquharson, 1998, S. 272).

Die Frage ist, wie die Sache in den beiden anderen Marktformen aussieht. Hat der Monopolist, der als einziger Anbieter am Markt agiert, überhaupt einen Anreiz zu werben? Und wie sieht es im Oligopol aus, in dem eine überschaubare Zahl von Anbietern sich um Marktanteile streitet? Die folgenden beiden Abschnitte wollen sich diesen Fragen widmen.

2.3.1 Werbung im Monopol

Im Monopol gelten ganz eigene Gesetze. Dem Monopolisten als einzigem nennenswerten Anbieter in einem Markt steht praktisch die gesamte Nachfrage dieses Marktes gegenüber. Er muss selbst entscheiden, wie viele Produkte er zu welchem Preis anbietet. Einen Marktpreis wie im Polypol, dem er sich lediglich anpassen muss, gibt es schlicht nicht. Das Problem ist keineswegs trivial: Wählt er einen zu hohen Preis, bleibt er je nach Preiselastizität der Nachfrage auf seinen Produkten sitzen. Die Preiselastizität beschreibt, wie sich die nachgefragte Menge nach einer Preiserhöhung oder -senkung verändert. Der Monopolist trifft hierzu Annahmen oder er hat Erfahrungswerte aus der Vergangenheit. Etwas anderes hat er nicht – etwa vergleichbare Marktpreise. Denn er ist schlicht der Markt. Produziert er eine zu große Menge, verursacht das Produktionskosten, ohne dass entsprechende Erlöse erzielt werden, und er macht Verlust. Produziert er zu geringe Mengen, geht ihm Umsatz und Gewinn verloren, obwohl die entsprechende Nachfrage da wäre. Und er will ja seinen Gewinn maximieren. Die Ökonomen haben für die Entscheidung, welche Menge zu welchem Preis der nach Gewinnmaximierung strebende Monopolist anbietet, eine einfache Regel formuliert: Der Grenzerlös muss den Grenzkosten entsprechen (vgl. beispielsweise Fehl & Oberender, 1999, S. 52 ff.).

Als Grenzerlös wird dabei der zusätzliche Erlös bezeichnet, der durch den Absatz einer weiteren (marginalen) Produkteinheit erzielt wird. Die Grenzkosten bezeichnen dagegen die zusätzlichen Kosten einer weiteren produzierten Produkteinheit. Liegt der Grenzerlös unter den Grenzkosten, lohnt es sich nicht, mehr zu produzieren. Die Kosteneinsparungen würden in diesem Falle den entgangenen Erlös übersteigen. Ist der Grenzerlös dagegen höher als die Grenzkosten, lohnt es sich, den Output zu erhöhen und dafür den Preis zu senken. Der Monopolist produziert also so lange, bis der Grenzerlös genau den Grenzkosten entspricht (vgl. beispielsweise Fehl & Oberender, 1999, S. 52 ff.). Abb. 2.6 zeigt diesen Zusammenhang. Sie zeigt auch, warum Monopole nicht so wohlgelitten sind. Denn wie leicht zu sehen ist, wird weniger angeboten und zu höheren Preisen (P_{Mon} statt P_0) verkauft als bei vollständiger Konkurrenz – zu Lasten des Konsumenten.

Ähnlich verhält es sich bei der Entscheidung des Monopolisten, wie viel Geld er wohl in Werbung investieren sollte. Doch vorweg stellt sich eine andere Frage: Warum wohl sollte der einzige Anbieter auf einem Markt überhaupt werben? Schließlich, so könnte man im ersten Moment überlegen, müssten ihm die Leute seine Waren doch ohnehin aus der Hand reißen. Doch ganz so einfach ist die Sache nicht. Klar ist, dass der Monopolist die Kunden nicht davon überzeugen muss, dass seine Produkte besser sind als die der Konkurrenz – er hat schließlich keine Wettbewerber. Der Monopolist muss werben, damit überhaupt ein Markt für sein Produkt entsteht beziehungsweise erhalten bleibt. Denn er ist das Marktangebot und sieht sich der gesamten Nachfrage gegenüber. Er wirbt also, damit die Aufmerksamkeit der Konsumenten für sein Produkt nicht nachlässt. Positiv formuliert: Werbung erhöht die Nachfrage nach den Produkten des Monopolisten oder anders formuliert durch Werbung wird die Nachfragefunktion nach oben verschoben.

Es leuchtet ein, dass dafür weniger hohe Investitionen in Marketing-Kommunikation nötig sind als in Konkurrenzsituationen. Wie hoch aber müssen diese Investitionen sein? Die Antwort auf diese Frage haben die beiden amerikanischen Ökonomen Dorfman und Steiner schon 1954 formuliert.

Wie verteilt man sein Marketing-Budget? – Das Dorfman-Steiner Modell

Die beiden amerikanischen Ökonomen Dorfman und Steiner haben sich bereits Mitte der fünfziger Jahre des vergangenen Jahrhunderts Gedanken darüber gemacht, wie ein

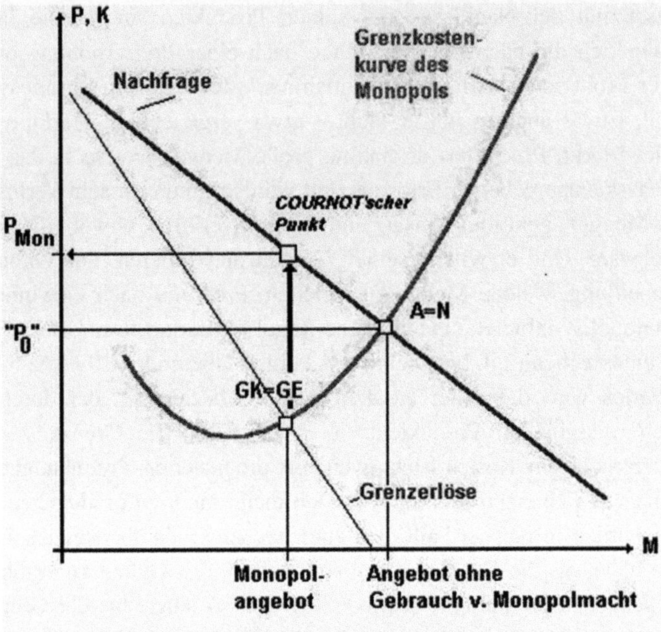

Abb. 2.6 Preis-Absatz-Funktion eines Monopolisten. (Quelle: Wagner, http://www.wagner-berlin.de/am7.htm)

Monopolist sein Marketing-Budget am sinnvollsten einsetzt und also auch, wie viel Geld er idealerweise in Werbung investiert (vgl. Bagwell, 2005, S. 55 ff.). Sie formulieren dabei Bedingungen für die möglichst optimale (das heißt gewinnmaximale) Verteilung des Marketing-Budgets auf die drei Instrumente Produktqualität, Preis und Werbung für eine bestimmte Zeiteinheit. Sie lassen dabei mögliche Veränderungen in ihrer Umwelt unbeachtet, das Ganze ist also eine „Ceteris-Paribus"-Betrachtung.

Die sehr formale Analyse wollen wir uns hier ersparen. Grob geschildert gehen Dorfman und Steiner so vor, dass sie zunächst die optimale Kombination aus Preis und Werbung ermitteln, dann diejenige von Preis und Produktqualität, und dann eine Verknüpfung der beiden Optima herstellen. Aus diesem Vorgehen ergibt sich folgende Regel:[8]

$$\frac{a}{PQ} = \frac{AED}{PED}$$

[8] „a" ist die Höhe der Werbeinvestitionen, „PQ" der Umsatz, „AED" die Werbeelastizität, „PED" die Preiselastizität der Nachfrage.

Der optimale – sprich: gewinnmaximierende – Anteil der Werbeinvestitionen am Gesamtumsatz des Monopolisten ermittelt sich als Quotient aus der Werbeelastizität und der Preiselastizität der Nachfrage. Die Werbeelastizität gibt das Ausmaß an, in welchem Konsumenten auf die Werbung reagieren. Die Preiselastizität der Nachfrage gibt an, inwieweit Konsumenten auf eine Preiserhöhung (beziehungsweise -senkung) mit einer Reduzierung (beziehungsweise Ausweitung) der Nachfrage nach dem entsprechenden Produkt reagieren.

Das Ganze ist eigentlich logisch: Reagieren die Konsumenten stark auf Werbung, ist also die Werbeelastizität im Vergleich zur Preiselastizität der Nachfrage relativ hoch, lohnt es sich für den Monopolisten, in Werbung zu investieren und auf Preisreduktionen zu verzichten. Reagieren die Kunden dagegen vor allem auf Preissenkungen, ist die Preiselastizität der Nachfrage relativ zur Werbeelastizität also hoch, sollte der gewinnmaximierende Monopolist also lieber in Preisaktionen investieren als in Werbung, wenn er die Absatzmenge erhöhen möchte (vgl. Lipczynski et al., 2005, S. 470).

2.3.2 Werbung im Oligopol

Im Oligopol gibt es nur wenige Anbieter, die einer Vielzahl von Nachfragern gegenüberstehen. Beispiele für oligopolistisch strukturierte Märkte sind der Markt für Verkehrsflugzeuge, Tankstellen, Stromanbieter und im Prinzip auch der Automobilmarkt. Die Bedeutung von Oligopolen nimmt beständig zu. Forschungen haben ergeben, dass in den Vereinigten Staaten im Jahr 1992 mehr als 80 % der Branchen als Oligopol zu bezeichnen waren, das heißt hier entfielen mindestens 20 % des Branchenumsatzes auf die vier größten Wettbewerber (vgl. Kuhlemann, 2008, S. 1).

Im Unterschied zum Monopolisten muss sich der Oligopolist die Nachfrage mit einigen weiteren Unternehmen teilen. Es stellt sich also die Frage, wie der Markt unter den Anbietern aufgeteilt wird. Dies stellt das Grundproblem des Oligopols dar (vgl. beispielsweise Fehl & Oberender, 1999, S. 67 ff.). Daraus ergibt sich die Besonderheit, dass ein Oligopolist bei Entscheidungen welcher Art auch immer – anders als bei vollständiger Konkurrenz – stets mögliche Reaktionen der anderen Marktteilnehmer mit einkalkulieren muss. Man spricht hier auch von strategischen Interdependenzen. Was machen wohl die anderen, wenn ich den Preis senke? Wie reagieren sie auf meine Werbekampagne? Was passiert, wenn ich in einen Auslandsmarkt eintrete? Solche Situationen werden ökonomisch analysiert mit den Hilfsmitteln der Neuen Industrieökonomie. Prägend hierfür ist die spieltheoretische Analyse. Ein Kernkonzept der Spieltheorie stellt das sogenannte „Gefangenendilemma“ dar (vgl. beispielsweise Cook & Farquharson, 1998; Dixit & Nalebuff, 1997).

Das Gefangenendilemma

Die Spieltheorie versucht, Entscheidungssituationen zu modellieren und hieraus Ableitungen für optimale Strategien zu gewinnen. Das besondere hier ist, dass die Entscheidungen des einen „Spielers" stets auch von den Entscheidungen eines anderen Spielers abhängen. Er muss die wahrscheinlichen Schritte seines Gegenübers also mit in seine Entscheidungsfindung einbeziehen. Das Gefangenendilemma ist ein zentraler Bestandteil dieser Theorie. Die darin modellierte Situation stellt sich wie folgt dar: Zwei mutmaßliche Verbrecher werden festgenommen und in Einzelzellen verhört. Sie haben keinen Kontakt zueinander. Für ihre Straftat müssten sie nach aktueller Rechtslage für sechs Jahre ins Gefängnis. Die Angeklagten erhalten aber folgendes Angebot: Wenn beide schweigen, erhalten sie mangels Beweisen wegen älterer Vergehen, die ihnen nachgewiesen werden können, jeweils zwei Jahre Gefängnis. Wenn beide gestehen, erhalten sie wegen der Kooperation mit den Behörden jeweils vier Jahre. Gesteht nur einer, erhält dieser als Kronzeuge ein Jahr Gefängnisstrafe und der andere muss die vollen sechs Jahre absitzen.

Das Dilemma besteht darin, dass die Kooperationslösung (beide schweigen) die beste ist, wenn man den Nutzen für beide gemeinsam betrachtet. Das kollektive Schweigen führt insgesamt zur größten Ersparnis von Jahren hinter Gittern für das Duo, nämlich zwei mal vier Jahre. Individuell betrachtet ist das aber nicht die beste Lösung, und hier liegt das Dilemma. Am besten könnte man, zieht man das Verhalten des anderen ins Kalkül, schließlich wegkommen, wenn man gesteht. Im besten Falle (der andere schweigt) ist man nach einem Jahr auf freiem Fuß, im ungünstigsten Fall (der andere gesteht auch) sind es vier Jahre – immer noch besser als die eigentlich vorgesehenen sechs Jahre. Also besteht die Tendenz, zu gestehen, wobei einer (oder beide) der Dumme ist (sind), denn gemeinsames Schweigen wäre einfach besser. ◀

Das Gefangenendilemma und seine Weiterentwicklungen fand in zahlreichen wirtschaftswissenschaftlichen und politischen Problemstellungen Anwendung. Der Witz dieses Gedankenspiels besteht darin, die möglichen Entscheidungen eines anderen mit in die eigene Entscheidungsfindung einzubeziehen. In einem Markt mit vielen Anbietern spielt das keine Rolle. Hier ist es unmöglich, die Reaktion aller anderen auf einen eigenen Zug zu berücksichtigen – und es würde auch nichts bringen. Die Wirkung etwa einer Preissenkung eines einzelnen Unternehmens in einem Markt mit nahezu vollständiger Konkurrenz fällt nicht weiter auf. Anders liegt der Fall im Oligopol mit seinen wenigen Anbietern. Was machen die anderen, wenn ich meine Preise senke? Schlagen sie zurück? Falls ja – wie – mit einer höheren Preissenkung? Mit höheren Investitionen in Werbung? Wir erleben dies regelmäßig beispielsweise um Ostern herum an den Tankstellen, einem klassischen Oligopol-Markt. Kurz vor den Ferien erhöht die erste Firma ihren Preis und plötzlich ist der Sprit überall teurer. Allerdings liegt hier der Verdacht nahe, dass – im Bild des Gefangenendilemmas gesprochen – alle in der gleichen Zelle sitzen und sich abstimmen können.

Ähnlich könnte es aussehen, wenn man die Investitionen in Werbung betrachtet. Auch hier dürfte in einem Oligopol die Entscheidung, ob und wie viel ein Unternehmen in Werbung investiert, auch von den Entscheidungen seiner Wettbewerber abhängen (vgl. Cook & Farquharson, 1998, S. 272). Damit werden solche Entscheidungen ziemlich komplex. Schon ohne den lästigen Konkurrenten ist es schwierig, die „richtige" Höhe der Werbeausgaben zu bestimmen. Nun aber muss zusätzlich noch die Höhe der Werbeausgaben des Wettbewerbs mit ins Kalkül gezogen werden, und das in einer Situation, in der ständig um Marktanteile gekämpft wird.

Außerdem muss das Unternehmen überlegen, ob eine Erhöhung der Werbeausgaben gegenüber anderen Schritten, wie beispielsweise einer Preissenkung, überhaupt die richtige Strategie ist. Da Unternehmen auch hier um Effizienz bemüht sind, befinden sie sich in einer dem Gefangenendilemma sehr ähnlichen Situation. Preiskämpfe sind allerdings sehr teuer und werden von Oligopolisten gerne vermieden.

Für die Reaktionsverbundenheit der Anbieter im Oligopol gibt es empirische Belege. Eine Studie von Lambin hat beispielsweise ergeben, dass ein negativer Zusammenhang zwischen Umsatz und Marktanteil eines Unternehmens und der Höhe der Werbeinvestitionen der Wettbewerber besteht (vgl. Bagwell, 2005, S. 27 ff.). Das heißt also, je mehr Unternehmen A wirbt, desto schlechter läuft das Geschäft für Unternehmen B. Man würde erwarten, dass Unternehmen B hierauf reagiert. Und tatsächlich konnte Lambin auch dies nachweisen: Er stellte fest, dass eine Erhöhung der Werbeinvestitionen eines Unternehmens regelmäßig zu „Gegenschlägen" der Wettbewerber führt, das heißt, in den Folgeperioden erhöhen auch diese ihre Werbeinvestitionen. Weitere Studien belegen, dass Werbemaßnahmen eines Unternehmens Reaktionen des oder der Wettbewerber auslösen und im Ergebnis dazu führen, dass sich die Maßnahmen hinsichtlich ihrer Effekte über einen längeren Zeitraum mehr oder weniger neutralisieren. Zu diesem Ergebnis kam jedenfalls Metwally in seiner Analyse großer australischer Marken (vgl. Bagwell, 2005, S. 30).

Es liegt angesichts dieser Verhältnisse nahe zu vermuten, dass das Oligopol eine tendenziell werbeintensive Marktform ist. Denn schließlich verliert jenes Unternehmen, das auf Werbung verzichtet, offenkundig besonders schnell an Marktanteil, wenn sein(e) Wettbewerber weiter fleißig in Werbung investieren. Tatsächlich kann diese Vermutung empirisch bestätigt werden. Im Oligopol ist die Werbeintensität deutlich höher als im Monopol oder im Polypol (vgl. hierzu die bei Lipczynski et al., 2005, S. 483 ff. angeführten Untersuchungen).

Oligopol dank Werbung?

Einige Ökonomen betrachten die Werbung im Oligopol als eine Art „Henne-Ei-Problem". So ist der amerikanische Ökonom Kaldor der Ansicht, Werbung führe im Ergebnis zu Oligopolen. Große Unternehmen, so sein Argument, seien eher in der Lage, große Werbekampagnen zu finanzieren, mit dem Ergebnis, dass noch mehr Konsumenten sich ihnen zu- und von den kleineren und finanzschwächeren Firmen abwenden. Dieser Prozess laufe so lange ab, bis sich in dem Markt eine oligopolistische Struktur eingestellt habe (vgl. Bagwell, 2005, S. 14). Ein Monopol bilde sich deshalb nicht, weil auch Werbung einen abnehmenden Grenznutzen habe und die immer größeren Unternehmen irgendwann in der Lage sind, auf Erhöhungen des Werbebudgets ihrer Konkurrenten angemessen zu reagieren.

Die empirischen Befunde zu dieser These sind relativ gemischt. Einige Studien konnten keinerlei Korrelation zwischen Konzentration einer Branche und Werbeintensität feststellen, andere Studien kommen sogar zum gegenteiligen Resultat, dass also Werbung Konzentration sogar eher verhindere (vgl. zusammenfassend Bagwell, 2005, S. 38). Es wurde eine gewisse Korrelation nachgewiesen zwischen dem Einsatz von Fernsehwerbung und der Zunahme der Konzentration im Konsumgütersektor. Eine Studie zur Zigarettenwerbung im amerikanischen Fernsehen kam zu dem Ergebnis, dass die Konzentration in der amerikanischen Zigarettenindustrie zunächst abgenommen hatte, dieser Trend sich jedoch umkehrte, als Zigarettenwerbung im Fernsehen verboten wurde. Hier führte also der Wegfall von Werbung zu höherer Anbieterkonzentration, was aus Sicht des Konsumenten nicht günstig ist. Denn hohe Anbieterkonzentration geht in der Regel mit weniger Wettbewerb und damit höheren Preisen einher. ◀

2.4 Zusammenfassung

- In diesem Kapitel ging es um die Frage, inwieweit die Struktur eines Marktes Einfluss auf die Höhe der Werbeinvestitionen hat. Klar ist, dass Werbung bei vollständiger Konkurrenz keinerlei Sinn ergibt, da sie (unter anderem mangels Produktdifferenzierung) ohne jede Wirkung für die Unternehmen bleiben muss.
- In der klassischen ökonomischen Theorie findet Werbung daher nicht statt. Der Grund hierfür liegt in der Annahme eines vollkommenen Wettbewerbs, der den Überlegungen von Adam Smith und anderen zugrunde liegt.
- Diese Annahmen gelten jedoch in der Wirtschaftsrealität nicht. Dies berücksichtigt die Industrieökonomie. Sie untersucht den Zusammenhang zwischen Marktstruktur (gekennzeichnet etwa durch die Anbieterkonzentration und die Höhe der Markteintrittsbarrieren), Marktverhalten (also etwa die Werbeinvestitionen) und Marktergebnis (die Versorgung der Konsumenten mit Gütern oder das Preisniveau).
- In der Industrieökonomik haben sich drei Perspektiven auf Werbung etabliert: Persuasive View, Informative View und Complementary View.
- Die Vertreter des Pursuasive View vertreten die Auffassung, Werbung verändere die Präferenzen des Konsumenten, überrede ihn also dazu, Dinge zu kaufen, die er ohne Werbung nicht gekauft hätte. Werbung ist mithin ein Mittel der Produktdifferenzierung. Im Ergebnis senkt Werbung die Preiselastizität der Nachfrage und erhöht die Markteintrittsbarrieren. Konsumenten zahlen also mehr für die beworbenen Produkte, der Zutritt für neue Unternehmen in einen Markt ist

erschwert, der Wettbewerb weniger intensiv. Folge: Werbung schadet im Ergebnis dem Konsumenten.

- Die Vertreter des Informative View argumentieren dagegen, Werbung informiere den Konsumenten über das Angebot und die Preise für Produkte und mindere somit dessen Suchkosten. Auch solche Werbung, die selbst keine Informationen enthalte, signalisiere hohe Produktqualität. Die so entstehende Markttransparenz verstärke den Wettbewerb, zudem könne mittels Werbung ein neuer Anbieter auf sich und seine Produkte aufmerksam machen und erleichtere ihm somit den Marktzutritt. Folge: Mehr Wettbewerb, niedrigere Preise, hoher Nutzen der Werbung für den Konsumenten.
- Die Vertreter des Complementary View lehnen die beiden genannten Perspektiven ab. Sie behaupten vielmehr, Werbung und beworbene Produkte verhielten sich zueinander wie komplementäre Produkte, also beispielsweise wie etwa Automobile und Autoreifen.
- Die Höhe der Werbeinvestitionen hängt auch von der jeweiligen Marktform ab. Im Monopol gelten andere Gesetze als im Oligopol. Für das Monopol haben die Amerikaner Dorfman und Steiner ein Modell entwickelt, nach denen sich die ideale Höhe der Werbeinvestitionen eines Monopolisten ermitteln lässt. Im Oligopol spielt insbesondere die Reaktionsverbundenheit der Anbieter eine wichtige Rolle. Die Werbeausgaben eines Unternehmens hängen also auch von denjenigen der Wettbewerber ab.

Literatur

Bain, J. S. (1956). *Barriers to new competition: Their character and consequences in manufacturing industries*. Harvard University Press.

Bagwell, K. (2005). *The economic analysis of advertising*. Columbia University, Department of Economics. Discussion Paper Series. Discussion Paper No.: 0506–01.

Becker, G. S., & Murphy, K. M. (1993). A simple theory of advertising as a good or a bad. *The Quarterly Journal of Economics, 108*(4), 941–964.

Cook, M., & Farquharson, C. (1998). *Business economics*. Pitman Publishing.

Deutsches Institut für Wirtschaftsforschung DIW Berlin. (2016). Die ökonomische Bedeutung der Werbung. Politikberatung kompakt Nr. 115.

Dixit, A. K., Nalebuff, B. J., & Schütte, Ch. (1997). *Spieltheorie für Einsteiger: Strategisches Know-how für Gewinner*. Schäffer-Poeschel Verlag.

Fehl, U., & Oberender, P. (1999). *Grundlagen der Mikroökonomie* (7. Aufl.). Vahlen.

Hood, J. (2005). *Selling the dream. Why advertising is good business*. Praeger Publishers.

Kuhlemann, A. K. (2008). *Werbung im oligopol*. GRIN Verlag.

Lipczynski, J., Wilson, J., & Goddard, J. (2005). *Industrial organization*. Pearson Education.

Nayaradou, M. (2004). *L'impact de la regulation publicité sur la criossance economique*. Dissertation an der Université Paris Dauphine.

Nelson, P. (1974). Advertising as information. *Journal of Political Economy, 82*, 729–754.

Nolte, B. (2003). *Volkswirtschaft konkret*. Wiley Verlag.

Packard, V. (1961). *Die geheimen Verführer*. Econ Verlag.

Stigler, G. G. (1961). The economics of information. *Journal of Political Economy, 69*, 213–225.

3 Empirie: Effektivität von Werbung

Die vorstehenden Ausführungen sollten zeigen, warum es Werbung aus ökonomischer Sicht gibt und welche Funktionen sie hat. Die nun anschließend erörterte Frage lautet: Was bringt es? Dieser Frage kann man sich aus einzel- und aus gesamtwirtschaftlicher Perspektive nähern. Das einzelne Werbung treibende Unternehmen interessiert natürlich, ob das für Marketingkommunikation investierte Geld gut angelegt ist, die Werbung also die gewünschten Effekte erzielt. Hier geht es letztlich auch um die Frage der Allokation von (knappen) Ressourcen. Soll der Marketing-Manager mehr Geld in Werbung investieren? Oder lieber kurzfristig auf Margen verzichten und mal den Preis senken? Der Nachweis der Effektivität von Marketingkommunikation hat hier eine nicht zu unterschätzende Bedeutung.[1]

Gesamtwirtschaftlich geht es um die Frage, ob Werbung tatsächlich die Wirtschaft treibt, also beispielsweise positive Effekte auf die Nachfrage hat. Hat sie letztlich stimulierende Effekte auf den Konsum und ist deshalb volkswirtschaftlich gewünscht? Stimuliert sie die Nachfrage auch nach gesellschaftlich nicht gewünschten Produkten? Der Frage nach der Effektivität von Werbung wird aus einzel- und aus gesamtwirtschaftlicher Perspektive im Folgenden nachgegangen.

[1]Wohlgemerkt soll es hier nicht um Werbewirkung im engeren Sinne gehen. Zur Frage, welche Wirkung Werbung in Zusammenhang mit Wahrnehmung und Erinnerung des Konsumenten hat, gibt es umfassende Literatur.

R. Nöcker, *Ökonomie der Werbung*, https://doi.org/10.1007/978-3-658-33692-9_3

3.1 Messprobleme

Nein, wir werden hier nicht das berühmte Zitat vom Kaufhauskönig und späteren amerikanischen Postminister John Wanamaker (1838 bis 1922) zur Messbarkeit von Werbeerfolg wiederholen.[2] Tatsächlich aber lässt sich die Frage nach dem konkreten Erfolgsbeitrag von Werbung zum Unternehmenserfolg nur schwer beantworten. Dies hat folgende Gründe:

Unklare Kausalzusammenhänge
Wer sich mit der Messung von Werbeerfolg befasst, beschäftigt sich mit kausalen Zusammenhängen. Wie sieht etwa der Zusammenhang aus zwischen der Höhe der Werbeinvestitionen und dem Erfolg eines Unternehmens, laute eine gern gestellte Frage in diesem Zusammenhang. Hinter dieser Frage steckt die Annahme, dass eine bestimmte Aktion – eine Investition in Werbung – ein bestimmtes Ergebnis – eine bestimmte Gewinnentwicklung des entsprechenden Unternehmens – verursacht. Und tatsächlich lassen sich möglicherweise Korrelationen zwischen beidem feststellen. Steckt dahinter aber auch die angenommene Kausalität, also das hohe Werbeinvestitionen den Gewinn eines Unternehmens erhöhen? Oder verhält es sich in Wahrheit ganz anders, dass nämlich besonders erfolgreiche Unternehmen besonders viel für Werbung ausgeben, weil sie es sich eben leisten können? Oft ist die Richtung der Kausalzusammenhänge nicht abschließend zu klären.

Interdependenzen im Marketing-Mix
Zunächst einmal ist Werbung selbst nur ein Teil der Marketing-Kommunikation, und diese wiederum ist ein Teil des Marketing-Mix eines Unternehmens. Insofern wirkt also marketingseitig eine Vielzahl von Faktoren auf den Geschäftserfolg. Die Isolierung einzelner Erfolgsbeiträge erscheint hier schwierig. War es die Preisaktion, die den Absatzerfolg maßgeblich herbeigeführt hat? Oder die Werbekampagne, die diese Preisaktion publik gemacht hat? Oder doch das neue Produktdesign? Glück oder ein neuer Trend, auf den das Produkt aufgesprungen ist? Oder – was am wahrscheinlichsten ist – am Ende alles zusammen? Das Problem ergibt sich auch auf der Ebene der Marketing-Kommunikation selbst. Auch hier kommt eine Fülle von Instrumenten zum Einsatz. In Kampagnen werden heute in der Regel „klassische" Elemente wie Printanzeigen mit anderen Instrumenten, wie beispielsweise Online- und Mobile-Kommunikation, kombiniert. Unternehmen neigen dazu, den Erfolg des Einsatzes dieser Instrumente jeweils isoliert zu messen und zu beurteilen. Das kann fatale Folgen haben (vgl. Nichols, 2013, S. 32).

---

[2] Ach, was soll's, hier ist es: „Half the money I spend on advertising is wasted; the trouble is I don't know which half". Das Zitat wird übrigens fälschlicherweise allen möglichen Prominenten in den Mund gelegt, u. a. Henry Ford.

Unterschiedliche Marktgegebenheiten

Es bestehen weitere Messprobleme, die mit den unterschiedlichen Gegebenheiten auf verschiedenen Märkten zu tun haben. Genauer gesagt geht es hier um die korrekte Einordnung beziehungsweise Beurteilung von Messergebnissen. Man könnte beispielsweise auf die Idee kommen, einfach den Zusammenhang zwischen den Werbeausgaben eines Unternehmens in einem bestimmten Zeitraum und der Entwicklung seines Umsatzes zu analysieren. Das wird tatsächlich auch getan. Das Problem hierbei ist jedoch, dass unklar ist, was in einem kompetitiven Markt als Erfolg anzusehen ist und was nicht. In manchen Märkten kann unter Umständen ein stagnierender oder sogar leicht schrumpfender Umsatz ein Erfolg sein, nämlich dann, wenn der gesamte Markt schrumpft und die Wettbewerber noch stärker Federn lassen mussten.

Werbung dient häufig der Verteidigung von Marktanteilen. Ein Unternehmen mag viel Geld in eine Kampagne investieren, die als Antwort auf einen aggressiven Schritt eines Wettbewerbers gestartet wird, und erlebt am Ende vielleicht, dass der Umsatz auf dem gleichen Niveau wie vor der Kampagne verharrt. Aus Sicht vieler Studien wäre die Kampagne als Misserfolg zu werten, aus Sicht des Unternehmens war sie das aber definitiv nicht (vgl. Hood, 2005, S. 115). Denn ohne Werbung wäre der Umsatz höchstwahrscheinlich zurückgegangen. Sinnvolle Aussagen zum Erfolg einer Kommunikationsstrategie kann man also im Prinzip nur machen, wenn man zunächst die Marktstruktur insbesondere hinsichtlich der im Markt herrschenden Wettbewerbsverhältnisse analysiert und danach die Erfolgsparameter definiert hat.

Werbung heute, Wirkung übermorgen

Ein weiteres Messproblem besteht darin, dass Werbung nicht nur kurzfristig wirkt, sondern auch längerfristig positive Effekte auf den Absatz haben kann. So liegen zwischen dem erstmaligen Kontakt eines Konsumenten mit einem Werbemotiv und der Kaufentscheidung für das beworbene Produkt oft einige Tage oder sogar Wochen. Damit ist es natürlich schwierig, den Zusammenhang zwischen Werbung und Verkauf exakt zu bestimmen. Zwar zeigen einige Untersuchungen, dass es die Verzögerung der Wirkung von Werbemaßnahmen durchaus gibt (vgl. beispielsweise Dekimpe & Hanssens, 1995). Das Gros der Forschung untersucht jedoch die kurzfristig wirksamen Effekte von Werbung. Und auch in der Praxis ist dieses Vorgehen weit verbreitet. Das führt im Ergebnis dazu, dass Werbewirkung notorisch unterschätzt wird. Außerdem neigen Unternehmen dazu, Marketing-Budgets in zu starkem Maße in kurzfristige beziehungsweise taktische Maßnahmen und zu wenig in langfristigen Markenaufbau zu investieren. Binet empfiehlt auf der Grundlage seiner Studie eine Aufteilung der Kommunikations-Budgets auf langfristigen Markenaufbau und Vertriebsunterstützung im Verhältnis von 60 zu 40, also mit Schwerpunkt auf Markenkommunikation (vgl. Binet & Field, 2017, S. 12).

Anderes Tool, neues Ergebnis

Vor allem im Bereich Online-Kommunikation hat sich geradezu eine Mess-Euphorie breitgemacht. Die Wirkung von Werbung im Internet, so denken viele, kann man zweifelsfrei und objektiv messen. Denn ob jemand eine Seite oder einen Werbebanner ansieht oder eine Anzeige anklickt, kann man schließlich objektiv nachvollziehen. Das Ergebnis einer Untersuchung der Web Analytics Association besagt hier allerdings etwas ganz anderes. Je nach gewähltem Analysetool wichen die Kennzahlen zu ein und derselben Website erheblich voneinander ab: plus/minus 61 % bei den Seitenaufrufen, 54 % bei Website-Besuchen und 35 % bei Seiten-Besuchern beziehungsweise „Unique Visitors". Von Objektivität der Ergebnisse lässt sich angesichts dieser Befunde also nur schwer sprechen (vgl. Heine & Bachem, 2012, S. 1).

Metriken sind keine KPI

Kritisch ist zudem anzumerken, dass die Aussagekraft vieler Kennzahlen, auch wenn sie akkurat erhoben wurden, begrenzt ist. Was genau bedeutet es für die Stärke und den Wert einer Marke, wenn sie viele „Fans" bei Facebook hat? Ist ein „Klick" auf eine Anzeige wirklich eine aussagekräftige Kennzahl, wenn man weiß, dass der Anteil der Internet-Nutzer, die eine Anzeige wahrnehmen und zugleich anklicken, im Promillebereich anzusiedeln ist? Bei Definition und Beurteilung von Kennzahlen ist wichtig, zwischen Metriken und KPIs (Key Performance Indicators) zu unterscheiden. Metriken geben Auskunft darüber, welche Wirkung einzelne Maßnahmen entfaltet haben, also beispielsweise darüber, wie Kunden auf die Auslieferung eines Werbemittels oder andere Arten der Markenkommunikation reagiert haben. Haben Sie die Werbung wahrgenommen? Hat dies etwas in ihren Einstellungen zur Marke bewirkt? KPIs bilden dagegen in einem messbaren Wert ab, inwieweit ein Unternehmen in einem definierten Zeitrahmen seine (strategischen) Ziele erreicht hat. Hat das Unternehmen seine Umsatz- und Marktanteilsziele erreicht? Metriken sind also eher taktischer, KPIs eher strategischer Natur. Zudem sind Metriken in aller Regel Voraussetzung für die Ermittlung von KPI beziehungsweise helfen, Zielerreichung oder -verfehlung in einer KPI-Betrachtung zu erklären. Metriken sind im Bereich Markenkommunikation wesentlich leichter zu ermitteln als KPIs. Die genauen Beziehungen zwischen Metriken und KPIs sind hier in der Regel unklar. Wie beispielsweise eine den betrachteten Metriken gemäß erfolgreiche Kampagne konkret zur positiven Entwicklung des Cashflows beigetragen hat, weiß niemand ganz genau. Gerade auf dem Feld der digitalen Markenkommunikation werden übrigens Metriken und KPIs gerne je nach Interessenlage verwechselt.

3.2 Werbewirkung auf gesamtwirtschaftlicher Ebene

3.2.1 Werbung und Wirtschaftswachstum

Die vorstehenden Ausführungen haben aus Sicht des einzelnen Unternehmens zeigen sollen, inwieweit Werbung tatsächlich wirkt, also effektiv ist. Im Folgenden soll erörtert werden, wie Werbung auf die Entwicklung einer Volkswirtschaft wirkt. Der Nachweis der gesamtwirtschaftlichen Wirkung von Werbung ist einigermaßen schwierig, und zwar aus den gleichen Gründen, die wir im Zusammenhang mit der Werbewirkung auf Agenturebene diskutiert haben. Die meisten Untersuchungen widmen sich – vielleicht auch deshalb – lieber der Frage, wie die Höhe der Werbeinvestitionen von der Entwicklung des BIP abhängt. Nur einige wenige Studien haben sich dem umgekehrten Zusammenhang gewidmet, also der Frage, welchen konkreten Beitrag Werbung zum Wirtschaftswachstum leisten kann (vgl. etwa Prognos, 2010; Bughin & Spittaels, 2011 oder Nayaradou, 2004). Die vielleicht umfassendste Studie lieferte bisher Maximilien Nayaradou (vgl. Nayaradou, 2004). Nayaradou hat in seiner Forschungsarbeit versucht, den tatsächlichen Einfluss der Höhe der Werbeinvestitionen auf das Wirtschaftswachstum zu untersuchen. Das ist eine ausgesprochen anspruchsvolle Aufgabe, schließlich hängt das Wirtschaftswachstum von einer Vielzahl von Faktoren ab, von denen viele weitaus bedeutsamer sind als die (relativ kleinen) Summen, die in Werbung investiert werden.

Um den Zusammenhang zwischen Werbeinvestitionen und Wirtschaftswachstum zu ermitteln, hat Nayaradou vier Teilaspekte untersucht, die er in folgende Thesen gefasst hat:

- Konsum wird durch Werbung stimuliert
- Werbung beschleunigt Innovationen
- Werbung fördert den Wettbewerb
- Die Werbebranche trägt selbst zum Wirtschaftswachstum bei (vgl. hierzu Abschn. 1.2)

Um der Frage nachzugehen, inwieweit der **Konsum durch Werbung stimuliert** wird, wurde der Zusammenhang untersucht zwischen der Konsumneigung der Haushalte und dem Anteil der klassischen Werbung am Brutto-Inlandsprodukt in verschiedenen Ländern (vgl. Abb. 3.1).

Abb. 3.1 zeigt für die betrachteten zwölf Industriestaaten eine klar positive Korrelation auf. Damit ist zwar noch kein ursächlicher Zusammenhang eindeutig nachgewiesen, dennoch liegt angesichts der Ergebnisse nahe, dass Werbeintensität und Konsumneigung offenbar zusammenhängen.

Nayaradou ging auch der Frage nach, inwieweit Werbeinvestitionen heute möglicherweise zu einem Wachstum des Konsums in Folgeperioden führen können. Er betrachtete dazu für eine Reihe von Branchen in Frankreich die Entwicklung des Konsums und stellte sie den Werbeinvestitionen gegenüber, die ein bis drei Monate zuvor in diesen Branchen getätigt wurden. Ergebnis: Der Konsum steigt, wenn zuvor im genannten Zeitraum die Werbeinvestitionen angehoben wurden.

Der dritte Zusammenhang, den der Franzose untersuchte, war derjenige zwischen der Höhe der Werbeinvestitionen in einzelnen Branchen und dem Wachstum in diesen Branchen in späteren Perioden. Er setzte dazu die Werbequote, also den Anteil der Werbeausgaben am weltweiten Konsum in der jeweiligen Branche, in Beziehung zum Wachstum der Branche. Die Pflegemittelindustrie hatte beispielsweise in den neunziger Jahren einen Anteil von neun Prozent an den weltweiten Werbeausgaben,

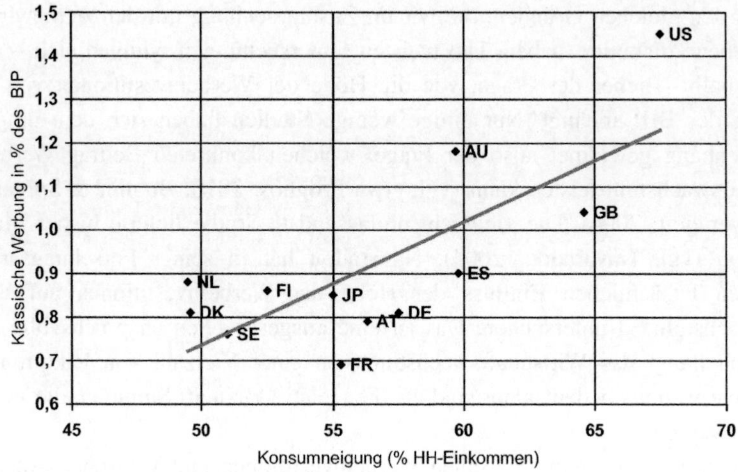

Abb. 3.1 Korrelation zwischen Konsumneigung und Anteil Werbeausgaben am BIP. (Quelle: Nayaradou, 2004, zitiert in Prognos, 2010, S. 18)

auf sie entfielen jedoch nur zwei Prozent des weltweiten Konsums. Eine Analyse des französischen Marktes ergab, dass die Sektoren mit den höchsten Werbequoten auch am meisten vom Konsumwachstum profitierten. Branchen, wie die Telekommunikation, Dienstleistungen, oder Finanzprodukte haben zwischen 1992 und 1999 in besonders hohem Maße vom Konsumwachstum profitiert. Ihr Anteil am Konsumwachstum lag um 1,5- bis 2,4-mal höher als das Durchschnittswachstum des Konsums. Zugleich sind dies in Frankreich die Sektoren mit den höchsten Werbequoten (vgl. Nayaradou, 2006, 19 f.).

Werbung stimuliert also, glaubt man den Ergebnissen von Nayaradou, offenbar tatsächlich das Wirtschaftswachstum. Darin ist er sich übrigens einig mit den belgischen McKinsey-Beratern Spittaels und Bughin, die ebenfalls einen positiven Effekt von Werbung auf das Wirtschaftswachstum für die G-20-Staaten im Zeitraum zwischen 2002 und 2010 nachweisen konnten. 15 % des Wachstums des Brutto-Inlandsprodukts der untersuchten Staaten, so die Berater, ließen sich auf Werbung zurückführen (vgl. Bughin & Spittaels, 2011, S. 2).

Wie aber sieht es mit der **Innovationskraft** eines Landes aus, in dem viel geworben wird? Das Argument lautet hier wie folgt: Werbung sorgt dafür, dass Innovationen möglichst rasch zu Markterfolgen werden, Ausgaben für Forschung und Entwicklung sich also zügig amortisieren. Da Werbung die Wahrscheinlichkeit erhöht, dass aus Innovationen Kassenschlager werden, ist ein Zusammenhang zu erwarten zwischen der Höhe der Werbeausgaben in einem Sektor und der Innovationskraft. Nayaradou hat zwei Korrelationen ermittelt. Es besteht zum einen ein starker positiver Zusammenhang zwischen hoher Werbeintensität und der Zahl der zusätzlichen Innovationen. Zum anderen besteht umgekehrt eine starke Korrelation zwischen hoher Innovationstätigkeit und dem Wachstum der Werbeausgaben. Seine Analyse zeigt, dass diejenigen Branchen, in denen die Unternehmen besonders viel Geld sowohl in Forschung und Entwicklung als auch in Werbung investierten, schneller wuchsen als diejenigen Branchen, die zwar ähnliche Summen in Forschung und Entwicklung investierten, bei der Werbung aber lieber sparten. Diese Ergebnisse hat das DIW in einer Studie für Deutschland jüngst bestätigt (vgl. DIW, 2016, S. 28).

Interessant ist sicher auch der Befund, dass Werbung offenbar teilweise das Fehlen echter Innovationen auszugleichen vermag. Verlage und Bekleidungsunternehmen, so Nayaradou, liegen bei den Werbeausgaben über dem Durchschnitt. Beide Branchen gehören zu jenen, die kaum echte Innovationen hervorbringen (können). Sie werben überdurchschnittlich viel, weil sie mangels Innovationen immer wieder auf ihre Produkte aufmerksam machen müssen.

Wettbewerb sorgt, wie zahlreiche Studien zeigen, für Wirtschaftswachstum. Die Frage ist nun, inwieweit Werbung auf die Wettbewerbsintensität Einfluss nehmen kann. Den Zusammenhang zwischen **Werbung und Wettbewerb** in einer Branche hatten die Anhänger des „Pursuasive View" – wir erinnern uns – ausgesprochen kritisch gesehen. Werbung, so ihre Argumentation, verändere die Präferenzen der Konsumenten, sie befördere die Produktdifferenzierung, welche wiederum als Markteintrittsbarriere wirke. Nayaradou kommt zu einem anderen, weitaus positiveren Resultat.

Er unterscheidet bei seiner Betrachtung zwischen drei verschiedenen Marktphasen: Einem Markt mit starkem Wettbewerb, der sich durch den Eintritt neuer Unternehmen und wenig stabile Marktanteile auszeichnet, Märkte mit abgeschwächtem Wettbewerb, mit weniger Newcomern im Markt, Konsolidierungstendenzen und dem Zugewinn von Marktanteilen bei den führenden Unternehmen und zuletzt einem Markt, in dem der Wettbewerb weitgehend zum Erliegen gekommen ist, der sich also durch stabile Marktanteile und keine Eintritte neuer Player in den Markt auszeichnet.

Nayaradou wies nach, dass es keinen Zusammenhang zwischen einer hohen Werbequote und starker oder zunehmender Konzentration in einem Markt gibt. Einfacher formuliert: Es gibt keinen Hinweis darauf, dass in Branchen, in denen die Unternehmen viel Geld für Werbung ausgeben, die Anbieterkonzentration zu- und damit die Wettbewerbsintensität abnimmt. Übrigens führt auch umgekehrt eine hohe Anbieterkonzentration in einer Branche nicht dazu, dass die Unternehmen dort besonders viel Geld für Werbung ausgeben. An den beiden Beispielen des Körperpflege- und des Haushaltsproduktmarktes zeigte Nayaradou, dass die Bedenken auch vieler Wissenschaftler hinsichtlich der negativen Effekte der Werbung auf den Wettbewerb nicht berechtigt sind. Im Gegenteil gilt: Je mehr Wettbewerb in einer Branche, desto höher die Investitionen in Werbung.

Werbung und Wirtschaftswachstum in Deutschland

Für den deutschen Markt hat das Marktforschungsunternehmen Prognos im Auftrag des Gesamtverbands Kommunikationsagenturen GWA und des Markenverbands zwei der Zusammenhänge überprüfen lassen (vgl. zum Folgenden Prognos, 2010). Zunächst ist generell festzustellen, dass die Entwicklung auf dem Werbemarkt quasi im Gleichschritt mit der gesamtwirtschaftlichen Entwicklung verläuft. Die Jahreswerte für die Höhe der Werbeinvestitionen korrelieren, wählt man eine lang- oder mittelfristige Betrachtungsperiode, sehr stark positiv mit den Jahreswerten des Bruttoinlandsprodukts; die Korrelationswerte liegen sogar nahe beim Maximalwert von Eins. Allerdings treten auch immer wieder kurze Phasen auf, in denen sich diese Relation umkehrt – der Werbemarkt schrumpft, obwohl die Wirtschaft wächst. Diese negative Korrelation trat beispielsweise in den Krisenjahren 2001 bis 2003 auf.

Um die erste These, nach der Werbung den Konsum stimuliert, zu untersuchen, wurde in der Studie der Zusammenhang zwischen Bruttowerbeaufwand und Einzelhandelsumsatz errechnet. Dabei stellte sich heraus, dass die Korrelation zwischen den beiden Größen umso geringer war, je kürzer der Betrachtungszeitraum war. Schaut man sich Jahreswerte an, fällt der Zusammenhang zwischen Werbeaufwand und Einzelhandelsumsatz mit einem Wert von 0,89 sehr hoch aus. Bei Quartals- (0,55) und Monatswerten (0,38) sieht die Sache dagegen nicht mehr so erfreulich aus. Was aber, wenn man die Werte zeitlich gegeneinander verschiebt? Schließlich sorgen hohe Werbeausgaben im März nicht unbedingt für mehr Konsum in diesem, sondern im Folgemonat. Tatsächlich, so ergibt die Prognos-Studie, steigen die Korrelationswerte bei diesem Vorgehen. Werbung im März erhöht also den Konsum im April. Die Abb. 3.2 veranschaulicht diesen Sachverhalt. Abgebildet ist eine Regressionsanalyse des Zusammenhangs zwischen den Werbeaufwendungen in einem Monat und den Einzelhandelsumsätzen im Folgemonat.

Die Ausreißer im oberen Bereich der Abb. 3.2 entstammen dem Weihnachtsgeschäft. Ansonsten zeigt die Regressionsgerade eine positive Steigung auf, die zum Teil durch das generelle Wachstum von Einzelhandelsumsatz und Werbeaufwand zu erklären ist. Zu einem anderen Teil erklärt sie sich aber auch durch die stimulierende Wirkung der Werbung auf die Einzelhandelsumsätze des folgenden Monats. Die Ergebnisse von Nayaradou für den französischen Markt, nach der Werbung den Konsum stimuliert, kann also auch für Deutschland bestätigt werden. Eindeutig fällt auch das Ergebnis aus, das das DIW für Deutschland ermittelt hat. Auch die DIW-Forscher haben einen kausalen positiven Effekt der Werbeinvestitionen auf das Wirtschaftswachstum ermittelt. Danach löst ein Anstieg der Werbeinvestitionen um 1 % in den OECD-Staaten einen Wachstumsimpuls auf das BIP in Höhe von 0,02 % aus. Für Deutschland bedeutet dies laut DIW, dass im Jahr 2014 statt eines BIP-Wachstums von 1,4 % lediglich 1,2 % Wachstum erzielt worden wären, wenn in diesem Zeitraum die Werbeinvestitionen um 10 % niedriger ausgefallen wären (vgl. DIW, 2016, S. 37).

Fazit: Es konnten positive Effekte von Werbung auf das Wirtschaftswachstum und das Innovationsniveau nachgewiesen werden. Die immer noch übliche reflexhafte Senkung der Werbeausgaben als erste Reaktion auf einen Konjunkturabschwung scheint angesichts dieser Befunde eine Strategie, über die zumindest nachgedacht werden sollte. Und genau das tun wir im nächsten Abschnitt.

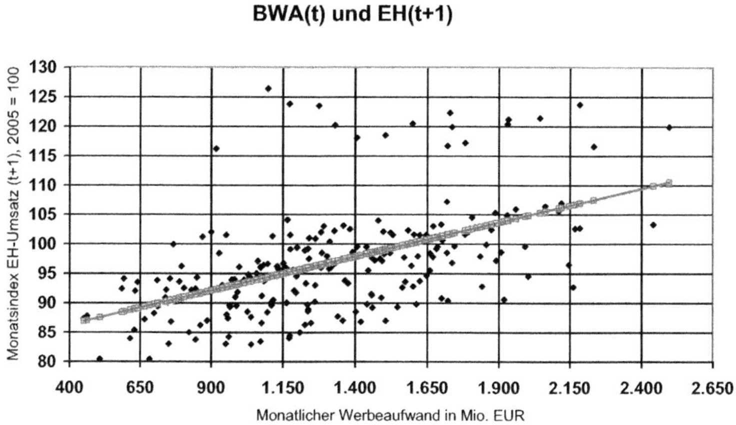

Abb. 3.2 Bruttowerbeaufwand und Einzelhandelsaufwand 1991 bis 2008. (Quelle: Prognos, 2010)

3.2.2 Werbung und Konjunktur

In diesem Abschnitt soll es um die Frage gehen, wie Werbeinvestitionen und Konjunkturverlauf zusammenhängen. Dabei ist natürlich besonders interessant, inwieweit sich pro- oder antizyklisches Verhalten auszahlt. Das heißt: Lohnt es sich, im Konjunkturabschwung besonders viel in Werbung zu investieren, in der Hoffnung, im konjunkturbedingt leiseren Werberauschen mehr Gehör zu finden? Oder lohnt sich das Gegenteil, also prozyklisch im Abschwung seine Werbeausgaben zu reduzieren, weil, wie ein Agenturchef trefflich formulierte: „Wenn die Pferde nicht saufen wollen, hilft es auch nichts, einen zweiten Eimer Wasser hinzustellen"? Vielleicht aber kümmert sich ein Unternehmen am besten überhaupt nicht um Konjunkturauf- und -abschwünge, sondern investiert stattdessen stetig in Marketing-Kommunikation.

Argumente für pro-zyklisches Verhalten

Eine Erklärung für die Pro-Zyklik vor allem im Abschwung, also die Reduktion der Werbeinvestitionen in Abschwung-Phasen, liefert der „Persuasive View". In Zeiten schwächelnder Konjunktur und schmalerer Budgets aufseiten der Konsumenten nimmt die Bedeutung des Preises als Kaufkriterium bei bestimmten Produkten tendenziell zu, die Wirksamkeit von Maßnahmen der Produktdifferenzierung und auch die Markenloyalität nimmt eher ab (vgl. Gijsenberg et al., 2009, S. 6 f.). Konsumenten lassen sich also schlechter überzeugen, damit ergibt es wenig Sinn, verstärkt in Werbung zu investieren, die genau dies bezweckt. Eine Preissenkung ergibt hier mehr Sinn. Auch die Tatsache, dass im Abschwung offenbar weniger neue Produkte auf den Markt kommen, überrascht angesichts dessen nicht (vgl. Gijsenberg et al., 2009, S. 6 f.). Dafür nimmt die Bedeutung von Handelsmarken wie etwa „Ja“ oder „A & P“ in der Konjunkturdelle zu. Weitere Argumente für prozyklisches Verhalten liegen in der Verschiebung der Machtverhältnisse und Themenstellungen im Unternehmen in der Krise. Wenn die Konjunktur schwächelt und das Geld knapp wird, übernehmen in den Unternehmen häufig die Controller das Ruder. Diese schauen auf Möglichkeiten, möglichst schnell die Kosten zu senken, und werden in der Regel beim Marketing-Budget fündig. Denn anders als Personalmaßnahmen, die erst mit Verzögerung Kosten- und Liquiditätseffekte zeitigen, greifen Sparmaßnahmen im Marketing sofort. Kurzfristig verbessert das die Profitabilität, die mittel- und langfristigen Folgen mögen dagegen zwar anders aussehen, interessieren in dieser Situation aber nicht so sehr.

Argumente für anti-zyklisches Verhalten

Es gibt Risiken dieser Politik, die in der Zeit nach der Konjunkturdelle liegen. Die Reduzierung eines Marketing- oder Werbebudgets bleibt schließlich nicht folgenlos. Die Markenbekanntheit mag darunter leiden, ebenso der Markenwert. Darunter wiederum leidet eventuell der Unternehmenswert, mit negativen Konsequenzen für die Finanzierungskosten des Unternehmens sowie der Umsatz. Das kurzfristige Senken der Werbeinvestitionen birgt also Risiken. Oder, wie es die Berater der Boston Consulting Group formulieren: „Kosten werden einfach in die Zukunft verschoben“ (vgl. Boston Consulting Group, 2002, S. 16). Die Frage, ob es sinnvoll ist, gegen den Strom zu werben, lässt sich allerdings nur beantworten, wenn man die Effektivität der Kampagnen in der jeweiligen Konjunkturphase untersucht. Und tatsächlich gibt es Untersuchungen, die belegen, dass antizyklische oder konstante Investitionen in Werbung durchaus positiv auf die Geschäftsentwicklung der betreffenden Unternehmen einwirken können (vgl. Boston Consulting Group, 2002; Gijsenberg et al., 2009; Srinivasan & Lilien, 2009). Die Argumente hierfür liegen auf der Hand. Zunächst einmal liegt nahe, dass ein Unternehmen mit seinen Werbebotschaften in Zeiten des Abschwungs, wenn das Gesamt-Werberauschen leiser ist als sonst, besser zum Konsumenten durchdringt als in Boom-Phasen, wenn alle werben. Man erreicht also mehr Aufmerksamkeit für das gleiche oder sogar weniger Geld. Denn in Abschwung-Phasen gehen auch die Preise für Werbemedien regelmäßig zurück.

Empirie

Zahlreiche Studien haben sich dem Zusammenhang zwischen Konjunkturverlauf und Werbeinvestitionen gewidmet (eine Übersicht geben beispielsweise Gijsenberg et al., 2009, S. 6 f.). Genereller Tenor ist zunächst, dass Unternehmen dazu neigen, in Abschwung-Phasen geradezu reflexhaft die Ausgaben für Marketing-Kommunikation zu reduzieren vgl. beispielsweise Boston Consulting Group 2002; Gijsenberg et al., 2009; van der Wurff et al., 2008, S. 45 ff.). Ein gutes Beispiel hierfür gibt das Jahr 2001 ab. Nach Platzen der „Dot.com“-Blase sorgte der ökonomische Abschwung für einen Rückgang der Werbeausgaben in Deutschland um 6,3 %. Auch die Abb. 3.3 für die Jahre 2002 bis 2012 zeigt, dass Werbeinvestitionen pro-zyklisch getätigt werden.

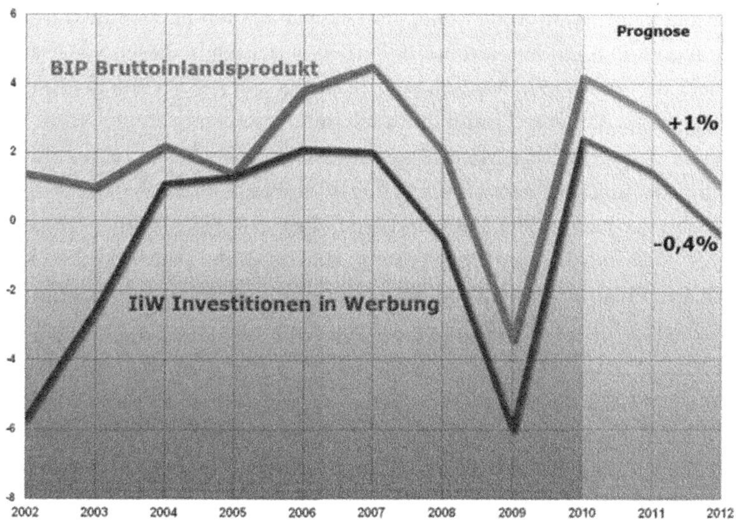

Abb. 3.3 Werbeinvestitionen und Bruttoinlandsprodukt im Zeitablauf. (Quelle: ZAW)

Die Studien von Eisenberg et al. und von Bughin und Spittaels für die G-20-Staaten zeigen ebenfalls, dass die Werbeausgaben deutlich vom jeweiligen Niveau des Brutto-Inlandsprodukts abhängen (vgl. Bughin & Spittaels, 2011, S. 2 und die dort zitierte Literatur). Allerdings ergibt sich ein etwas anderes Bild, wenn man die Werbeausgaben genauer unter die Lupe nimmt. Schaut man beispielsweise auf die einzelnen Mediengattungen, so zeigen sich diese in recht unterschiedlichem Maße als konjunkturabhängig. Während die Werbeinvestitionen in Zeitungen und Zeitschriften und im Bereich Außenwerbung sehr stark auf Konjunkturzyklen reagieren, trifft dies auf Fernseh- und Kinowerbung in weitaus weniger starkem Ausmaß zu. Über einen längeren Zeitraum und mehrere Länder betrachtet weisen die Investitionen in die Medien Fernsehen und Kino (aber auch Radio) ein stetiges Wachstum aus, unabhängig vom Wachstum der Wirtschaft insgesamt (van der Wurff et al., 2008, S. 48). Diese Unterschiede führen übrigens auch zu Unterschieden in der Konjunkturabhängigkeit der Werbeinvestitionen zwischen verschiedenen Ländern. Logisch: Dort, wo Werbung in Printmedien dominiert, sind die Werbeinvestitionen in toto konjunkturabhängiger als in solchen Ländern, in denen der Großteil der Werbegelder in Fernseh- und Kinowerbung fließt (vgl. van der Wurff et al., 2008, S. 48).

Ob sich anti-zyklische Werbung lohnt oder nicht, hängt auch vom beworbenen Produkt und der Phase im Produktlebenszyklus ab, in der es sich befindet. Zu unterscheiden sind hier zunächst „High-" und „Low-Involvement"-Produkte. Für solche Produkte mit hohem „Involvement", bei denen aus Sicht der Konsumenten ein hohes Risiko besteht, kostspielig daneben zu greifen, besteht gerade im Abschwung die Notwendigkeit, möglichst intensiv und informierend zu werben. Denn das Risiko eines

Fehlkaufs wiegt natürlich in Zeiten ohnehin knapper Kassen im Konjunkturtief schwerer als in Aufschwung-Phasen. Insofern wird Werbebotschaften in dieser Situation für solche Produkte mehr Aufmerksamkeit geschenkt. Dagegen spielt der Preis als Entscheidungskriterium für diese Art von Produkten auch im Abschwung keine große Rolle. Die Empfehlung an das Marketing-Management muss also hier lauten: Keine Preissenkung, dafür aber höhere Investitionen in Marketing-Kommunikation. Bei „Low-Involvement-Produkten" liegt der Fall anders. Hier sind die Folgen eines Fehlkaufs geringer, also wird auch weniger Aufwand bei der Beschaffung von Informationen vor dem Kauf gelegt. Häufig stellt der Preis in dieser Produktkategorie das dominierende Kaufkriterium dar, antizyklische Investitionen in Werbung lohnen sich eher nicht (vgl. Gijsenberg et al., 2009, S. 11).

Auch die Phase des Produktlebenszyklus, in dem sich ein Produkt befindet, spielt hinsichtlich der Wirksamkeit von Werbung und Preispolitik im Konjunkturverlauf eine Rolle. Werbung für etablierte Produkte in späten Phasen des Zyklus ist weniger effektiv als für relativ junge Produkte (vgl. Sethuraman & Tellis, 1991, S. 160 ff.). Eine Preissenkung ist für solche reifen Produkte im Abschwung somit das bessere Mittel für Absatz zu sorgen, als es Werbung sein kann.

Interessant ist nun die Frage, inwieweit sich ein Unternehmen tatsächlich im Nachhinein besserstellt, das im Konjunkturtief mehr oder zumindest gleich viel für Werbung ausgegeben hat. Anders formuliert: Wie sind die taktischen Entscheidungen eines Unternehmens in Bezug auf die Verteilung von Marketing-Budgets für Kommunikation und Preispolitik im Konjunkturverlauf aus strategischer Sicht zu beurteilen? Auch zu dieser Frage ist ausführlich geforscht worden (vgl. Srinivasan & Lilien, 2009; Boston Consulting Group, 2002; Lilien & Srinivasan, 2010). Die Ergebnisse sind höchst unterschiedlich. Die Studie des Beratungsunternehmens Boston Consulting Group (BCG) singt das Hohelied der Anti-Zyklik. In ihrer Untersuchung der Werbeinvestitionen des Krisenjahres 2001 kommen die BCG-Berater zu dem Schluss, dass Unternehmen, die gegen den Trend ihre Werbeinvestitionen ausgeweitet haben, damit sehr gut gefahren sind. Zu diesen Gewinnern der Krise zählen beispielsweise Dell, die Allianz, Wella und BMW. In einer Branche, in der die Werbeinvestitionen im Jahr 2001 um durchschnittlich 4,5 % reduziert wurden, gab Dell 149 % mehr gegenüber dem Vorjahr für Werbung aus. Folge: Ein Umsatzplus von 20 % in Deutschland (vgl. Boston Consulting Group, 2002, S. 20).

Für zehn Branchen gelang zudem der Nachweis, dass Unternehmen mit überdurchschnittlichen Werbeinvestitionen in der Krise ihren Marktanteil in der Folgezeit steigern konnten. Eine andere Untersuchung hat gezeigt, dass die im Krisenjahr 2001 erzielten Marktanteilsgewinne und Profitabilitätszuwächse in 70 % der Unternehmen auch im Folgejahr Bestand hatte, wohingegen nur 30 % der Firmen, die verloren hatten, diesen Rückschlag 2002 wieder ausgleichen konnten (vgl. Srinivasan & Lilien, 2009, S. 1 und die dort zitierten Studien). Dies macht das Risiko von Sparmaßnahmen in der Marketing-Kommunikation deutlich. Gerade in oligopolistischen Märkten gewinnt in aller Regel der eine auf Kosten des anderen. Verlorene Marktanteile später wieder zurück zu gewinnen, ist schwierig und kostspielig. Und dass sie verloren gehen, hat auch der Franzose Nayaradou in seiner Studie nachgewiesen. In drei Viertel der von ihm untersuchten Branchen konnten die Unternehmen, die in der Rezession geworben haben, dadurch ihren Marktanteil steigern (vgl. Nayaradou, 2006, S. 26; Prognos, 2010, S. 22).

Andere Studien sind in Bezug auf die positiven Wirkungen positiv-antizyklischer Werbung ein wenig skeptischer. Hier wird gelegentlich auf die Unterschiede zwischen verschiedenen Wirtschaftssektoren verwiesen. So fanden Srinivasan und Lilien heraus, dass vor allem Dienstleistungsunternehmen die Werbeinvestitionen im Abschwung mit Blick auf ihre Profitabilität lieber reduzieren sollten. Für den Business-to-Business- und den Business-to-Consumer-Bereich wiesen sie allerdings einen positiven Effekt der Werbeinvestitionen sowohl im Jahr der Rezession als auch im Folgejahr nach (vgl. Srinivasan & Lilien, 2009, S. 11).

3.3 Werbewirkung auf Branchenebene

Zahlreiche empirische Studien insbesondere aus dem angelsächsischen Raum in der Tradition des „Structure-Conduct-Performance"-Paradigmas haben sich der Frage gewidmet, wie Investitionen in Werbung („Conduct") auf verschiedene wirtschaftliche Parameter, wie beispielsweise Umsatz, Produktqualität, Profitabilität oder Preis („Performance"), wirken. (Die Frage nach den Wirkungszusammenhängen auf Ebene der Gesamtwirtschaft soll in den Abschn. 3.2 „Wirtschaftswachstum" und 3.3 „Konjunktur" geklärt werden.) Im Folgenden sollen diese Wirkungszusammenhänge kurz erörtert und anschließend jeweils die wichtigsten Forschungsergebnisse kurz zusammengefasst werden.

3.3.1 Werbung und Umsatz

Erzielen Unternehmen, die mehr Geld in Werbung investieren, auch mehr Umsatz als ihre werbemüden Konkurrenten? Diese Frage beschäftigt nicht nur Marketing-Verantwortliche, die Jahr für Jahr mit der Geschäftsleitung um ihre Budgets kämpfen müssen. Sie ist seit Jahrzehnten auch eine zentrale Frage der akademischen Forschung. Eine relativ große Zahl überwiegend amerikanischer Studien hat sich der Frage gewidmet, welchen Einfluss die Höhe der Werbeinvestitionen auf den Umsatz der Werbung treibenden Unternehmen hat (vgl. hierzu die Übersicht bei Bagwell, 2005, S. 27 ff. sowie Lipczynski et al., 2005, S. 482 ff.). Dabei sind zwei Perspektiven untersucht worden. Erstens geht es um den Effekt, den eine Investition in Werbung heute auf den Umsatz eines Unternehmens morgen hat. Zweitens wird die Frage untersucht, inwieweit Werbung den Umsatz einer gesamten Branche beeinflussen und somit Wachstumsimpulse auslösen kann. Erhöht sich also in werbeintensiven Branchen die Nachfrage, sodass alle profitieren, oder erhöht sich die Nachfrage lediglich einiger

Wettbewerber, während die der anderen zurückgeht, haben wir es also mit einem „Nullsummenspiel" zu tun?

Eine frühe wichtige Studie hat hierzu der Amerikaner Lambin vorgenommen. Ergebnis: Markenwerbung hat einen signifikant positiven Effekt auf den Umsatz und den Marktanteil der betreffenden werbenden Unternehmen. Allerdings ist dieser Effekt begrenzt. Andere Elemente des Marketing-Mix, wie Produktqualität und Preis, haben hier laut Lambin einen ungleich höheren Einfluss. Zudem weist er nach, dass Werbung eines Unternehmens in der Regel Reaktionen eines anderen Unternehmens hervorruft. Es gibt einen negativen Zusammenhang zwischen dem Ausmaß, in dem Unternehmen A wirbt, und dem Umsatz von Unternehmen B. Das heißt, Werbung führt nicht zu einem Mehr-Umsatz der gesamten Branche, sondern lediglich zu einer Umverteilung von Marktanteilen. Lambins Ergebnisse legen also nahe, dass es sich bei Investitionen in Werbung, auf Ebene der Branche betrachtet, tatsächlich um ein Nullsummenspiel handelt – was der eine gewinnt, verliert der andere. Zudem ist der positive Effekt von Werbung auf den Umsatz von Unternehmen offenbar von relativ kurzer Dauer. Auch andere Studien zeigen, dass sich dieser Effekt bereits nach sechs bis zwölf Monaten nicht mehr nachweisen lässt (vgl. Bagwell, 2005, S. 28 f.).

Zusammengefasst lässt sich feststellen, dass ein positiver Effekt der Werbung auf den Umsatz zwar in vielen Studien nachgewiesen werden kann, dieser Effekt allerdings offenbar relativ schnell wieder verpufft. Zudem sind die Umsatzgewinne zumeist nicht auf Branchenebene festzustellen, sondern auf Ebene einzelner Unternehmen – zulasten der anderen Player. Werbung stimuliert also nach diesen Studienergebnissen weniger die gesamte Nachfrage in einer Branche, sondern begünstigt Verschiebungen von Marktanteilen zwischen Unternehmen einer Branche.[3]

3.3.2 Werbung und Marktanteile/Markenloyalität

Für Unternehmen ist es ausgesprochen wichtig, möglichst hohe Marktanteile zu erobern und zu verteidigen. Zwei mögliche Zusammenhänge zwischen Werbung und Marktanteilen sind hier denkbar. Zum einen gibt es die Annahme, nach der Werbung den Wettbewerb befördert, mit der Folge instabiler Marktanteile, was beispielsweise die Vertreter des Informative View postulieren. Zur Erinnerung: Die Anhänger dieser Sichtweise sind der Meinung, dass Konsumenten von neuen Angeboten oder Preisaktionen informiert werden und deshalb der Wechsel des Anbieters erleichtert wird. Wo also viel geworben wird, müssten sich demnach die Marktanteile zumindest der führenden Unternehmen einer Branche als relativ instabil erweisen. Haben dagegen die Vertreter des Pursuasive

[3]Dieser Befund hat auch eine gewisse Bedeutung in der Diskussion um Werbeverbote für gesellschaftlich oder politisch unerwünschte Produkte. Werbung erhöht danach nicht die Gesamtnachfrage beispielsweise nach Alkoholika, ein Verbot senkt die Nachfrage also auch nicht.

View recht, führt Werbung tendenziell zu weniger Wettbewerb. Die Konsumenten reagieren danach mit wachsender Produkt- beziehungsweise Markenloyalität, wechseln also nicht so gerne den Anbieter, und zwar auch dann nicht, wenn ein Wettbewerber mit niedrigeren Preisen lockt. Die Preiselastizität der Nachfrage wäre also geringer, demnach müssten die Marktanteile der einzelnen Unternehmen einer Branche relativ stabil sein.

Schaut man auf die Forschungsresultate, scheinen die Anhänger des „Informative View" in der Tendenz richtig zu liegen (vgl. zum Folgenden Bagwell, 2005, S. 31 sowie Lipczynski et al., 2005, S. 485 f.). Schon im Jahr 1964 konnte Telser nachweisen, dass höhere Werbeinvestitionen zu weniger stabilen Marktanteilen führten. Aktuelle Studien belegen dies ebenfalls. Eine Untersuchung der Marktanteile der jeweils vier größten Anbieter in 228 Branchen im Zeitraum zwischen 1963 und 1982 zeigt, dass eine Erhöhung der Werbeinvestitionen in der Regel auch mit einer Neuverteilung der Marktanteile verbunden war. Eine andere Studie von 163 Branchen in den Vereinigten Staaten zwischen 1978 und 1988 kommt zu einem ähnlichen Befund. Interessant fällt auch die Studie von Eckhard aus dem Jahr 1991 aus, der eine Situation vor und nach einem Werbeverbot verglichen hat. Für die amerikanische Zigarettenindustrie ergab sich, dass die Marktanteile der Anbieter nach dem Verbot von Fernsehwerbung für Zigaretten im Jahr 1970 stabiler waren als zuvor. Vor dem Verbot hatten die Marktanteile der Marktführer tendenziell abgenommen. Auch diese und vergleichbare Studien deuten also eher auf die wettbewerbsverstärkende Funktion von Werbung hin.

Die Ergebnisse der Studien zu dieser Fragestellung legen also nahe, dass Werbung eher positive Effekte auf den Wettbewerb hat. Allerdings gibt es auch Untersuchungen, die das Gegenteil nahelegen. Boulding et al. zeigten in einer Studie aus dem Jahr 1994 anhand von Daten aus der PIMS („Profit Impact of Market Strategies")-Datenbank, dass zu einem bestimmten Zeitpunkt getätigte Werbeinvestitionen die Preiselastizität der Nachfrage bei solchen Unternehmen erhöht, deren Preise oberhalb des Branchendurchschnitts lagen.

3.3.3 Werbung und Gewinn

Die Anhänger des Pursuasive View haben zum Zusammenhang zwischen Werbeintensität und Profitabilität eine eindeutige Meinung. Da Werbung die Markenloyalität stärkt und als Markteintrittsbarriere dafür sorgt, dass Konkurrenz außen vor bleibt, ist der Wettbewerb weniger intensiv. Und wo weniger Wettbewerb, da mehr Gewinn. Haben sie recht? Erzielen also Unternehmen, die besonders viel Geld in Werbung investieren, besonders hohe Gewinne? Die Ergebnisse der zahlreichen wissenschaftlichen Untersuchungen zu dieser Frage legen das zunächst nahe (vgl. Bagwell, 2005, S. 40 ff. sowie Lipczynski et al., 2005, S. 484 ff. und die dort angegebene Literatur). Einige allerdings eher ältere Studien (etwa von Comanor/Wilson, Miller, Weiss, Paton/Williams) haben einen starken positiven Zusammenhang zwischen Werbeinvestitionen und Gewinnhöhe nachgewiesen. Bagwell führt mehr als 30 Untersuchungen an, die den positiven

Zusammenhang zwischen Werbeintensität und Profitabilität nachweisen. Es gibt allerdings auch weniger euphorisch stimmende Resultate, wie beispielsweise eine neuere Studie zur amerikanischen Automobilbranche. Darin haben Greuner et al. sich den längerfristigen Zusammenhang zwischen den Werbeausgaben und dem Gewinn der drei größten amerikanischen Automobilhersteller GM, Ford und Chrysler angeschaut und konnten hier keinen signifikanten Zusammenhang feststellen (vgl. Greuner et al., 2000, S. 245 ff.). Zu einem ähnlichen Ergebnis kommt Ravenscraft in seiner Untersuchung von 3186 Produktbereichen aus 258 Branchen.

Auch wenn man Branchenbesonderheiten ins Kalkül zieht, sind die positiven Befunde zur Gewinnträchtigkeit von Werbeinvestitionen nicht mehr ganz so zahlreich. Die oben genannten Studien haben mehrheitlich die Konsumgüterindustrie im Blick. Anders sieht es allerdings im sogenannten Business-to-Business-Umfeld aus. Hierunter fallen Anbieter von Produkten, die sich nicht an den Endverbraucher, sondern an andere Hersteller richten, also beispielsweise Maschinenbauer. In diesen Branchen haben andere Marketinginstrumente wie der Vertrieb eine vergleichsweise höhere Bedeutung als die Werbung. Tatsächlich zeigen Untersuchungen, dass hier der Zusammenhang zwischen Gewinn und Werbeintensität weitaus weniger deutlich ausfällt als im Konsumgütersektor.

Interessant sind die Ergebnisse von Michael E. Porter. Er unterscheidet in seiner Studie zwischen Convenience Goods und Non-Convenience-Goods. Für erstere gilt, dass sie nicht sonderlich teuer sind, zum täglichen Leben gehören und um ihren Erwerb seitens des Kunden auch nicht viel Aufhebens gemacht wird. Dazu zählen etwa Butter, Zahnpasta und andere Güter des täglichen Bedarfs. Non-Convenience-Goods sind dadurch gekennzeichnet, dass sie nicht mal eben schnell erworben werden, sondern erklärungsbedürftig sind, dazu kosten sie einiges und werden eher selten angeschafft. Dazu zählen also beispielsweise Haushaltsgeräte oder Autos. Porter geht in seinen Überlegungen auf die Rolle des Handels und vor allem auf dessen Verhandlungsmacht ein. Im Falle von Convenience Goods ist die Position des Handels schwach. Der Konsument ist hier anfällig für Werbung, da er angesichts der geringen Bedeutung der Produkte nicht gewillt ist, Zeit und Geld in Informationen zu investieren. Der Handel ist gegenüber den Anbietern von stark beworbenen Convenience-Produkten in einer schwachen Position. Anders als im Bereich der Non-Convenience-Goods, in der er das entscheidende Nadelöhr zum Konsumenten darstellt. Hier wirkt Werbung weitaus weniger stark. Porter stellt zusammenfassend fest: „advertising is a more powerful influence on the rate of return for products sold through convenience outlets than for those sold through non-convenience outlets due to the differential importance of advertising on consumer choice and on the rate of return bargain between manufacturer and retailer." (Porter, 1974, S. 425) Das Ergebnis der Studie ist eindeutig. Im Bereich der Convenience Goods ist ein deutlicher positiver Zusammenhang zwischen Werbeintensität und Profitabilität ersichtlich. Im Bereich der Non-Convenience-Goods ist er in dieser Deutlichkeit dagegen nicht nachweisbar.

Eine wichtige Frage ist auch die nach der Kausalität. Dass Werbeintensität und Gewinn stark positiv korreliert sind, heißt nicht unbedingt, dass ein Unternehmen nur genug Geld in Werbung investieren muss, und schon sprudeln die Gewinne. Genauso gut könnten besonders gewinnträchtige Unternehmen eben auch besonders viel Geld für Werbung übrighaben. Zuerst ist also der Gewinn da, und daraus werden die hohen Werbeausgaben finanziert. Einige Studien haben sich dieser Frage gewidmet (vgl. Bagwell, 2005, S. 44 und die dort angegebene Literatur). Die Argumentation ist wie folgt: Wirkt Werbung als Markteintrittsbarriere, so hat sie direkt Einfluss auf die Gewinnhöhe. Sie würde den Eintritt neuer Konkurrenten verhindern, damit bliebe die Wettbewerbsintensität niedrig und die Gewinne blieben ceteris paribus hoch. In diesem Falle würden nicht nur die werbenden Unternehmen der jeweiligen Branche einen Vorteil haben, denn von einer Markteintrittsbarriere profitieren natürlich alle in der Branche, nicht nur die, die sie errichten. Wenn also einige Unternehmen in Werbung investieren, halten sie, wenn die Werbung als Markteintrittsbarriere wirkt, Konkurrenten aus dem Markt fern. Die Unternehmen, die in dieser Branche nicht in Werbung investieren, profitieren davon quasi als Trittbrettfahrer.

Würde es also einen kausalen Zusammenhang zwischen Werbeintensität und Gewinnhöhe in einer Branche geben, müssten große und kleine Unternehmen gleichermaßen davon profitieren. Die Untersuchungen zeigen jedoch, dass genau dies nicht der Fall ist. Der Zusammenhang zwischen Werbeintensität und Gewinnhöhe tritt in erster Linie bei den großen Unternehmen einer Branche auf, nicht bei den kleinen und mittleren. Dies stützt tendenziell die Vermutung, dass große und effiziente Unternehmen, die besonders hohe Gewinne erwirtschaften, auch besonders viel Geld für Werbung ausgeben.

3.3.4 Werbung und Produktqualität

Gerade bei der Untersuchung des Zusammenhangs zwischen Produktqualität und Werbeintensität zeigen sich die Unterschiede zwischen „Persuasive-" und „Informative View". In seinem grundlegenden Artikel „Advertising as Information" wies der Amerikaner Nelson, ein Vertreter des „Informative View", auf den positiven Zusammenhang zwischen der Höhe der Werbeinvestitionen und der Qualität der beworbenen Produkte hin. Hohe Werbeausgaben signalisierten vor allem im Bereich der Erfahrungsgüter („Experience Goods") ein hohes Qualitätsniveau. Denn nur solche Unternehmen, die wegen der hohen Qualität ihrer Produkte mit Wiederholungskäufen rechneten, seien so profitabel, dass sie viel Geld in Werbung investieren könnten (vgl. Nelson, 1974). Eine ganz andere Haltung zu diesem Thema haben Comanor und Wilson, ihres Zeichens Anhänger des „Pursuasive View" (vgl. Comanor & Wilson, 1979, S. 457). Ihrer Argumentation nach ist der Zusammenhang zwischen Werbung und Produktqualität negativ. Warum? Werbung, so die beiden Forscher, sorgt für Nachfrage nach den beworbenen Marken, obwohl sich diese möglicherweise physisch nicht von den anderen Produkten der gleichen Kategorie unterscheiden mögen. Nach dieser Logik könnten

Unternehmen, deren Produkte von minderer Qualität sind, auf die Idee kommen, die Qualitätsmängel ihrer Produkte mittels stärkerer Werbung zu kompensieren. In Werbung und Produktqualität sehen Comanor und Wilson also in gewisser Weise Substitute. Daher, so schließen sie, müsste der Zusammenhang zwischen Werbeintensität und Qualität der Produkte negativ sein.

Wer hat denn nun recht? Die Antwort lautet, wie so oft: Es kommt darauf an. Beispielsweise darauf, inwieweit Konsumenten sich im Vorhinein Urteile über die Qualität der jeweiligen Produkte machen können, welche anderen Informationsquellen sie nutzen können, und inwieweit es sich um erklärungsbedürftige Produkte handelt. Auch die Kosten, zu denen Unternehmen eine hohe Produktqualität sicherstellen können, spielen hier eine Rolle. Ist es sehr teuer, qualitativ hochwertige Produkte herzustellen, und sind die Konsumenten gleichzeitig nicht in der Lage, die Produktqualität ex ante vernünftig zu beurteilen, dann lohnt sich der Einsatz von Werbung. In diesem Falle träte der Fall ein, den Comanor und Wilson beschreiben.

Tellis und Fornell haben sich in ihrer Untersuchung aus dem Jahr 1988 dieser Frage angenommen (vgl. Tellis & Fornell, 1988, S. 68 f.). Dazu haben sie die Daten von 749 Geschäftseinheiten aus dem Konsumgüterbereich im Zeitraum von 1970 bis 1983 untersucht. Ergebnis: Vor allem in späten Phasen des Produktlebenszyklus, wenn also der Informationsstand der Kunden über das Produkt relativ hoch ist und die Unternehmen ihre Produktionskosten besser im Griff haben, zeigt sich ein stark positiver Zusammenhang zwischen Werbeausgaben, Produktqualität, Marktanteil und Profitabilität. Sie bestätigen also den „Informative View“. Thomas und andere kommen bei ihrer Untersuchung des amerikanischen Automobilmarktes zu dem Ergebnis, dass Autohersteller Werbung tatsächlich als Signal für Produktqualität einsetzen. Sie schließen, dass sich Werbung vor allem für Produkte lohnt, die dank ihrer hohen Qualität mit einer gewissen Wahrscheinlichkeit wiederholt gekauft werden (vgl. Thomas et al., 1998, S. 429).

Caves und Greene kommen bei ihrer Untersuchung von 196 Produktkategorien zu einem eher ernüchternden Befund. Werbeintensität und Produktqualität sind danach für die meisten untersuchten Produkte nicht korreliert. Ausnahmen waren Innovationen und Erfahrungsgüter („Experience Goods“). Archibald und andere verweisen in ihrer Studie aus dem Jahr 1983 darauf, dass Werbeausgaben und Produktqualität dann in einem engen Zusammenhang stehen, wenn die Werbung tatsächlich auch Aussagen über die Produktqualität enthält, also beispielsweise auf gute Platzierungen in einschlägigen Konsumenten-Rankings verweist. Caves und Greene bestätigen diesen Befund.

In die gleiche Kerbe schlagen die Forscher des DIW. Sie haben den Zusammenhang zwischen der Höhe der Werbeausgaben und den Ergebnissen der Stiftung Warentest für drei Produktkategorien (Winterreifen, Fernsehgeräte, Digitalkameras) ermittelt und kommen zu dem eindeutigen Ergebnis: Je mehr eine Marke in Werbung investiert hat, desto besser sind ihre Noten im Produkttest (vgl. DIW, 2016, S. 10 ff.). Dies bestätigt den „Informative View“. Wer eine aufwendige Werbekampagne wahrnimmt und aufgrund dessen das beworbene Produkt erwirbt, darf mit überdurchschnittlicher Qualität rechnen.

Die Untersuchungen zeigen insgesamt ein gemischtes Bild. Es besteht allerdings Einigkeit darüber, dass ein starker positiver Zusammenhang zwischen der Werbeintensität von Unternehmen und der Qualität der beworbenen Produkte dann gegeben ist, wenn die überlegene Produktqualität tatsächlich auch Inhalt der Werbung ist.

Es fragt sich, wie sich die Korrelation zwischen Werbeintensität und Produktqualität künftig entwickeln wird. Denn dank des Internets haben die Kunden völlig neue Möglichkeiten, sich über die Produktqualität zu informieren. Längst gibt es zu nahezu jedem Produkt Erfahrungsberichte und Bewertungen im Netz. Die von Comanor und Wilson geäußerte These, Werbung könne Produktqualität substituieren, ist in einem solchen Umfeld schlicht Schnee von gestern. Nach der empirisch gestützten Argumentation von Tellis und Fornell ist zu erwarten, dass wegen des Internets künftig der Zusammenhang zwischen Produktqualität und Werbung stärker werden müsste.

3.3.5 Werbung und Preis

Ökonomen waren lange Zeit der Ansicht, Werbung sei ein Preistreiber, weil sie Kosten verursache, die auf den Kunden abgewälzt würden. In der jüngeren Forschung werden weitere Fragen untersucht wie diese: Schafft es die Werbung, die Preiselastizität der Nachfrage zu senken?[4] Können Unternehmen, die in Werbung investieren, also höhere Preise durchsetzen? Müssen sie das nicht sogar, weil sie schließlich, wie die oben genannten Ökonomen meinten, die Kosten für Werbung wieder hereinspielen müssen? Beides wäre nicht unbedingt zum Nutzen des Konsumenten. Oder gilt eher die Aussage des „Informative View", nach der Werbung in der Tendenz das Preisniveau in einem Markt eher senkt, weil die dank Werbung gut informierten Konsumenten sehr elastisch auf Preisänderungen reagieren können?

Ob die eine oder die andere Aussage zutrifft, hängt offenbar stark vom Produkt oder den Marktgegebenheiten ab. Die Ergebnisse einer ersten Gruppe von Studien legen für einige Branchen zunächst nahe, dass der Netto-Effekt von Werbung aus Sicht der Konsumenten tatsächlich positiv ist. Das heißt, die positiven Effekte durch Reduzierung der Suchkosten scheinen die negativen Effekte, also die Verteuerung der Produkte zu überwiegen, da die Hersteller die Kosten für Werbung an die Konsumenten weitereichen. Häufig zitiert wird in diesem Zusammenhang die Studie von Ekelund und Saurman aus dem Jahr 1972 (vgl. beispielsweise Hood, 2005, S. 104). Die beiden Ökonomen untersuchten den amerikanischen Markt für Brillen. Dieser zeichnet sich dadurch aus, dass in den einzelnen Staaten jeweils unterschiedliche Regelungen bezüglich Werbemöglichkeiten

[4]Zur Erinnerung: Die Preiselastizität gibt an, wie stark die Nachfrage auf Preisänderungen reagiert. Ist ihr Wert null, passiert nach einer Preisänderung hinsichtlich der nachgefragten Menge nichts. Ist der Wert eins, sinkt (steigt) die Nachfrage in genau dem gleichen Maße wie der Preis erhöht (gesenkt) wurde.

für Brillen bestehen. Einige Staaten verbieten Werbung mit Produktpreisen für Brillen, andere erlauben diese. Während beispielsweise North Carolina hier sehr restriktiv ist, dürfen Optiker und Brillenhersteller in Texas mit Preisangeboten werben, so viel wie sie wollen. Das Ergebnis der Studie ist eindeutig. Dort, wo Preiswerbung erlaubt war, lagen die Preise für Brillen um zwischen 25 und 50 % niedriger als in den Staaten mit Werbeverboten. Die aus Konsumentensicht geringeren Suchkosten sind hier noch nicht einmal eingerechnet, der Gesamteffekt ist also noch stärker. Den gleichen Effekt kann man in einem aktuelleren Vergleich verschiedener Staaten erkennen (vgl. Tab. 3.1).

Auch Vergleiche von nordamerikanischen Staaten, in denen Werbung für Anwälte und pharmazeutische Produkte unterschiedlich reglementiert war, ergaben jeweils das gleiche Ergebnis. Dort, wo Werbung erlaubt war, waren die Preise für die Produkte und Dienstleistungen signifikant niedriger als in solchen Staaten, in denen für die genannten Branchen Werbebeschränkungen bestanden (vgl. Lipczynski et al., 2005, S. 488 f.). Der negative Zusammenhang zwischen Preis und Werbeintensität wurde auch anderen Staaten und Branchen nachgewiesen (vgl. Lipczynski et al., 2005, S. 488 f. für Ergebnisse aus Studien beispielsweise über Anwaltskanzleien, Ärzte und Optiker).

Interessant sind auch die Effekte, die Herstellerwerbung auf die Preise und letztlich auf die Margen im Handel haben. Stark beworbene Marken haben für den Handel besondere Bedeutung. Wegen ihrer dank Werbung besonders hohen Bekanntheit nehmen sie im Sortiment eines Händlers eine Sonderstellung ein. Es ist erwiesen, dass einige wenige Marken und die für sie zu entrichtenden Preise darüber entscheiden, ob Kunden einen Händler für preisgünstig halten oder nicht. Es liegt auf der Hand, dass es sich wegen ihrer exponierten Stellung dabei häufig um die besonders stark beworbenen Marken handelt. Wegen dieser Leuchtturmfunktion sind die stark beworbenen Marken im Handel besonders günstig, was sich nicht eben vorteilhaft auf die Marken des Händlers auswirkt. Dieser Effekt wird noch dadurch verstärkt, dass die Hersteller, die viel Geld in Werbung investieren, sich dieser herausgehobenen Position ihrer Produkte und deren Bedeutung für den Handel durchaus bewusst sind und entsprechend höhere Preise vom Handel verlangen. Tatsächlich konnten einige Studien nachweisen, dass stark beworbene Produkte für besonders schwache Margen im Handel sorgen (vgl. Bagwell, 2005, S. 48).

Tab. 3.1 Durchschnittliche Preise für Brillen (in US-Dollar). (Quelle: The Economist, März 1985)

Werbung ist erlaubt		Werbung ist nicht erlaubt	
Großbritannien	19,80 $	Irland	34,50 $
Belgien	20,10 $	Neuseeland	44,50 $
Japan	22,10 $		
USA	23,40 $		
Deutschland	23,50 $		
Frankreich	26,10 $		

Viele Untersuchungen scheinen also die Richtigkeit des „Informative View“ zu belegen, also einen negativen Zusammenhang zwischen Werbeintensität und Produktpreis nachweisen zu können. Doch es gibt auch andere Ergebnisse. Einige Studien zeigen, dass die Preise für Produkte, für die intensiv geworben wird, signifikant höher liegen als andere Produkte der gleichen Klasse (vgl. Bagwell, 2005, S. 47 und die dort angegebene Literatur sowie Keane et al., 2008, S. 176). Dieser Nachweis wurde auch für einzelne Produkte beziehungsweise Dienstleistungen erbracht. Bei Ärzten etwa liegen die Preise zumindest in den Vereinigten Staaten höher, wenn diese in Werbung investiert haben. Unklar ist hier jedoch die Richtung des Wirkungszusammenhangs. Sind die Preise hier höher, weil die Anbieter die Kosten für Werbung auf den Konsumenten abwälzen? Oder können sie es sich wegen ihrer überlegenen Qualität der Erzeugnisse eher leisten, in Werbung zu investieren?

3.3.6 Werbung als Markteintrittsbarriere

Gelegentlich wird argumentiert, Investitionen in Werbung etablierter Unternehmen hielten potenzielle Konkurrenten davon ab, in den entsprechenden Markt einzutreten. Aus Sicht der Etablierten wäre das vorteilhaft, schließlich schadet zunehmender Wettbewerb tendenziell den Gewinnen, die in einer Branche erzielt werden können. Die Wirkung von Werbung als Markteintrittsbarriere kann sich auf dreierlei Weise ergeben. (Wer um diese Zusammenhänge genauer wissen möchte und das Studium auch anspruchsvollerer spieltheoretischer Modelle nicht scheut, der sei auf Kapitel sieben in Bagwells hervorragender Schrift verwiesen; vgl. Bagwell, 2005, S. 104 ff.):

- Die Notwendigkeit für Newcomer, auf sich und ihre Produkte aufmerksam zu machen, verursacht bei ihnen erhebliche Kosten. Da sie in der Anfangszeit noch keine Umsätze erwirtschaften, könnte es schwierig für sie sein, die entsprechenden finanziellen Mittel zu beschaffen. Je nach Branche mag dies potenzielle neue Wettbewerber von ihrem Ansinnen eines Markteintritts abhalten.
- Die Werbeinvestitionen der etablierten Unternehmen einer Branche in der Vergangenheit haben dazu geführt, dass diese sich bei der Kundschaft eine gewisse Reputation erworben haben („Goodwill“). Diese mündet möglicherweise in einer positiven Einstellung der Kunden zu den etablierten Unternehmen und in Markenloyalität. Diesen Vorsprung aufzuholen, ist für neue Unternehmen schwierig und kostspielig.
- Größenvorteile („Economies of Scale“) der Etablierten in Bezug auf ihre Werbeinvestitionen können ebenfalls eintrittsverhindernde Wirkung haben. Ein kleines Newcomer-Unternehmen tritt hier mit seiner Werbung gegen etablierte und zum Teil große Unternehmen an, die bereits jahrelang Werbeinvestitionen getätigt und sich damit in den Köpfen der Kunden festgesetzt haben. Im Übrigen zahlen große Werber wegen der Möglichkeiten, gerade beim Media-Einkauf Rabatte zu erzielen, weniger Geld pro Einheit Werbung als kleinere Newcomer.

Die Frage, inwieweit mithilfe einer Investition in Werbung tatsächlich Konkurrenten aus dem eigenen Markt ferngehalten werden können, war Gegenstand einiger Studien vor allem amerikanischer Ökonomen. Nur ein Teil dieser Untersuchungen bestätigt diesen Zusammenhang. So zeigte der Amerikaner Orr in seiner Untersuchung aus dem Jahr 1974, dass die Höhe der Werbeausgaben im Konsumgüterbereich einen signifikant negativen Einfluss auf die Zahl der neu in die jeweilige Branche eintretenden Unternehmen hatte. Dies galt jedoch tatsächlich nur für Konsumgüter, im Business-to-Business-Bereich war dies so nicht nachweisbar.

Ein anderer Teil der vorliegenden Studien belegt genau das Gegenteil – dass nämlich mit Hilfe von Werbung bestehende Eintrittsbarrieren von Newcomern überwunden werden können. So hat Kessides im Jahr 1986 in einer Untersuchung von 266 Branchen des produzierenden Gewerbes zwischen 1972 und 1977 gezeigt, dass den meisten der untersuchten Branchen Werbung hilft, Markteintrittsbarrieren zu überwinden (vgl. Bagwell, 2005, S. 45 und die dort zitierten weiteren Studien). Interessant ist eine Untersuchung des amerikanischen Pharmasektors, und zwar deshalb, weil es im Pharmabereich eine „natürliche" Markteintrittsbarriere gibt, nämlich den Patentschutz. Erst wenn dieser Schutz ausläuft, können Konkurrenten überhaupt in den Markt eintreten. Es ist also möglich den Effekt der Werbung, die der Patentinhaber kurz vor Ablauf der Patentfrist geschaltet hat, auf den Eintritt neuer Konkurrenten nach Ablauf des Patents genau zu untersuchen. Der amerikanische Ökonom Scott Morton hat 98 Arzneimittel, die zwischen 1986 und 1992 ihren Patentschutz verloren haben, untersucht. Er kommt zu dem Ergebnis, dass Markenwerbung im amerikanischen Pharmamarkt nicht sonderlich als Markteintrittsbarriere taugt (vgl. Bagwell, 2005, S. 47).

Eine weitere Gruppe von Studien untersucht, inwieweit Werbung aktiv als Abwehrmaßnahme eingesetzt wird, nachdem ein Newcomer in die Branche eingetreten ist. Umfragen unter Marketing-Managern zeigen in diesem Zusammenhang, dass Werbung zumindest als wirksame strategische Waffe im Abwehrkampf gegen neue Konkurrenz und beim Eintritt in neue Märkte eine wichtige Rolle spielt – noch vor Preis- oder Kapazitätsanpassungen (vgl. Bagwell, 2005, S. 46 und die dort angegebene Literatur).

Insgesamt ergeben die Studien also erneut ein sehr gemischtes Bild. Ob Werbung als Markteintrittsbarriere wirkt oder den Eintritt neuer Konkurrenten in einen Markt sogar noch befördert, scheint in starkem Maße von der jeweiligen Branche abzuhängen. Generelle Aussagen zu diesen Wirkungszusammenhängen sind offenbar nicht möglich.

Damit sind nun die wesentlichen Zusammenhänge zwischen der Höhe von Werbeinvestitionen und wichtigen ökonomischen Parametern angesprochen. Vergleicht man das Ausmaß der Forschung zu diesem Themenkomplex mit der Forschung zu anderen Fragestellungen – etwa zu Konjunkturfragen oder zu Innovationen – fällt auf: Furchtbar viel ist hier insgesamt nicht geschehen. Vor allem in Deutschland scheint sich die akademische Forschung nicht im Geringsten für die Effekte von Marketing-Kommunikation auf bestimmte ökonomische Faktoren, wie etwa das Wirtschaftswachstum, zu interessieren.

3.4 Werbewirkung auf einzelwirtschaftlicher Ebene

Die Messung der Werbewirkung in der Praxis ist ein Thema, das in einem eigenen Buch behandelt werden müsste. Jedenfalls dann, wenn man über Werbewirkung im üblichen Sinne nachdenkt und schreibt, also über Themen, wie „Werbeerinnerung", „Einstellung zur Marke vor/nach Kampagne" etc. Hier soll es aber nur um die direkte ökonomische Wirkung von Werbung gehen, und sobald man sich auf diese Perspektive beschränkt, ist ein Teilkapitel völlig ausreichend. Denn die Frage, wie sich Werbeinvestitionen konkret im Geschäftserfolg niederschlagen, ist noch weitgehend ungeklärt. Tatsächlich ist es nämlich in der Praxis außerordentlich schwierig, den genauen Beitrag der Marketing-Kommunikation zum Unternehmenserfolg nachzuweisen. Es gibt mittlerweile eine Fülle von Kennzahlen, die den Erfolg von Kommunikationsmaßnahmen belegen sollen, wie Abb. 3.4 für den Online-Bereich zeigt. Gerade hier, so wird allenthalben postuliert, ist die Messbarkeit von Marketing-Kommunikation naturgemäß hoch (vgl. Bloching et al., 2012; Maex, 2012; Nichols, 2013).

Abandonment Rate, Abonnements, Absatz pro Artikel, Absprungrate/ One-Click-Sessions/ One-Click-Visit/ One-Click-Rate (einzelne Seite/ Landing Page/ OnSite Search/ Zeitgrenze), Acquisitions, Actions/ Aktionen, Active User, Active User (Forum), AdClick Rate/ Ad Click Through Rate, AdClicks (AdC), AdConversion Rate (AdCR), AdImpressions/ AdViews, AdRequest (AdR), Ads per Visi, Ad-to-Visit-Rate, AdViewTime, Antwortquote, Artikel pro Bestellung, Attrition Rate, Ausgangsseiten/ Absprungseiten/ Walk Out/ Ausstiegsseite / Last visited Page, Auslastung Übertragungs-kapazitäten, Basket-Basket-to-Buy-Rate (gesamt, je Produkt), Beantwortete Fragen, Beschwerdequote, Bestandsbesucher, Bestandskunden, Bestellungen/ Orders/ Sales, Bestellvolumen´, Average Order Size, Besucher von Foren, Besucher von Suchmaschinen, Besuchsfrequenz/ Frequency / Frequenz, Besuchshäufigkeit, Besuchstiefe / Klicktiefe, Bookmarker, Browser- / Betriebssystemtyp, Churn Rate, Click Through Rate (CTR), Clicks-to-Purchase, Click-to-Basket Rate, Content Impression, Conversion, Conversion Rate (CR), Conversion Rate Coupon (CRC), Conversion Rate Cross Selling, Conversion Rate OnSite Search (CROnSS), Conversion Rate Preisbündelung (CRPB), Conversion Rate Repeat Customer (CRRC), Cost per, Acquisition (CPAc), Cost per Action (CPX), Cost per AdClick (CPA), Cost per Click (CPCl), Cost per Conversion (CPCo), Cost per Customer (CPCu) / Cost per Consumer/ Customer Acquisition Costs ´, Cost per Lead (CPL), Cost per Order (CPO), Cost per Order Volume (CPOV)/ Kosten pro Bestellvolumen´, Cost per Rebuyer, Order (CPRO), Cost per Registration (CPRe), Cost per Unique Customer (CPUC)/ Cost per Interest (CPI), Cost per Visit (CPV), Cost per Visit der Kampagne (CPVK), Cost per Visitor (CPVr), Cost per Visitor der Kampagne (CPVrK), Cross Selling Click Rate, Cross Selling Impression, Customer Acquisition Ratio (CAR), Customer, Conversion Rate (CCR), Customer Conversions, Dauer/ Duration, Dauer des Fernbleibens/ Inter-Visit-Duration Time, Deckungsbeitrag (DB), Discountquote, Display, Click Rate, Display Conversion Rate, Display Impression (DI), Downloads, Download-Zeit, dynamisierte Seiten, Effektivität Bestellprozess, Effektivität Informationsseite, Effektivität Kontaktseite, Effektivität Registrierungsprozess, Effektivität Supportsystem, Eingangsseiten, Einmalbesucher/ Single Visitors/ Single Customers, Email Bounce Rat, Email CTR, Email Öffnungsrate Emails ausgeliefert (#), Emails ausgeliefert (%), Emails gesendet, Empfehlungen pro Kunde, Empfehlungs-konversion, Empfehlungs-verhalten, Engagement, Erfolgsindex Hilfeseite, Erfolgspfade, Erfolgsrate Referrer, Erlös pro Visit, Fehlerquote, Fehlerquote Übertragung, Focus Fragen, Freshness/ Freshness Factor, Geo-Analyse, Gewinnspielteilnahmen, Heavy User, Herkunft, Herkunftsanteile, Identified Visitor, InPage-Calls, Intensität, Items per, thousand orders (IPTO), Kampagnen ROI, Kauf/ Buy/ Warenkörbe abgeschlossen, Käufer/ Buyer/ Customer, Kaufhäufigkeit, Keyword (extern)/ Searched Keywords, Keyword (intern), Klickpfade / Navigation/ Clickstream/ Paths through Site/ Nutzungsverlauf, Kontaktrate, Leads/ Neukontakte, Leser, Liefermodalitäten/ Lieferpräferenzen, Lieferzeit, Loyale Kunden, Loyalität/ Loyality, Magnetwarengruppe/-artikel, Mehrfachbesucher/ Wiederholungskäufer/ Repeat Visitors/ Repeat, Customers / Rebuyer/ Retentions, Navigations-präferenzen, Nettokäufe, Neubesucher, Neukunden, Neukunden pro Empfehlung, Null-Ergebnis Suche, OnSite Search, Rate, Order per Visitor (OPV), Order Rate of Repeat Customers (ORRC), Page Impressions (PI) / Page Views, Page Yield, Personalisation Index, Position der Anzeige, Product Conversion Rate (PCR), Product Impression, Reaktivierbares Kundenpotenzial, Reaktivierungsquote, Referrer, Refresh Rate, Registrierte Nutzer/ Registered User, Registrierungsrate, Reichweite brutto, Reichweite netto/ Reach/ Nettoreichweite, Reichweitenanteil, Retouren, Retourenquote, Retournierte Artikel, Serverantwortzeit, Serverauslastung, Service, Service Impression, Session Visitor, Site Penetration Rate (SPR), Stammkunden, Stickiness/ Verweildauer, Störungsintensität, Störungsrate, Sucherfolgsrate, Suchmaschinen, Systemverfügbarkeit, Tausender-Kontaktpreis (TKP), Tracked Visitor, Transaktionsrate, Transfervolumen, Übertragenes Datenvolumen, Umsatz je Bestellung, Umsatz je eingesetztem Euro, Umsatz je Euro mit Rebuyer , Umsatz online, Umsatz pro Unique Visitor, Umsatz pro Visitor, Umsatzanteil mit Neukunden, Umsatzanteil mit Stammkunden, Umsatzanteil online, Umsatzanteil pro Artikel, Unidentified Visitor, Unique Browser / Unique Client, Unique Visitor/ Unique User, Velocity, Verbundkäufe, Versandquote, Versandverfolgung, Verweildauer einzelne Seiten/ Time spend on Page, Verwendbare Nutzerinformationen, View Time/ Nutzungsdauer, Views, Visit/ Session, Visitor/ Besucher/ User, Wachstumsrate der Kundenbasis, Warenkörbe abgebrochen, Warenkörbe befüllt, Web Page Duration Time, Websiteerlöse, Websitekosten, Weitergehende Besuche/ Connect Rate, Zahlungspräferenzen

Abb. 3.4 Erfolgsgrößen im online-marketing. (Quelle: Universität Hamburg)

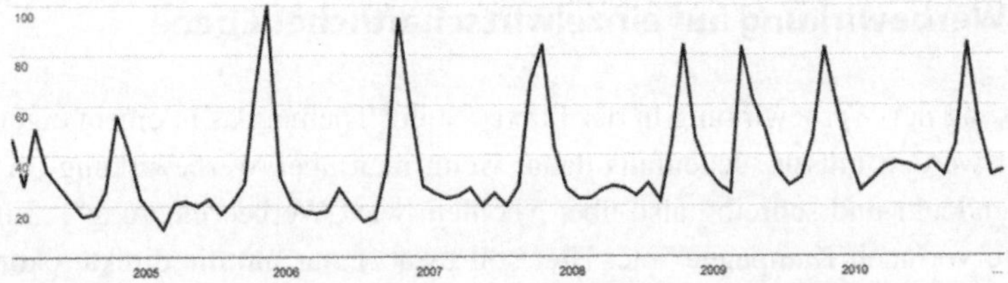

Abb. 3.5 Häufigkeit der Suchabfrage für den Begriff „Quitte". (Quelle: Google)

Beim Nachweis von Werbewirkung können dank Internet zudem völlig neue Wege beschritten werden, und das auch, um die Wirkung von Offline-Kommunikation zu untersuchen. Einen solchen Weg stellt beispielsweise „Google Analytics" dar. Mithilfe dieses Tools lässt sich beobachten, inwieweit eine Kampagne in der Lage war, Konsumenten zu aktivieren. Konkret lässt sich zeigen, wie häufig Suchworte, die mit einer Kampagne oder dem betreffenden Produkt zu tun haben, im Zeitraum der Marketing-Kommunikationsmaßnahme in die Suchmaschine Google eingegeben wurden. Im folgenden Beispiel ist zu erkennen, dass der Begriff „Quitte" einen relativ gleichförmigen saisonalen Verlauf hat. Immer im Herbst, wenn die Quittenernte ansteht, wird vermehrt nach dem Begriff gesucht. Von dieser über Jahre gültigen Regel gibt es genau eine Ausnahme, nämlich das Jahr 2009. Was ist in jenem Jahr passiert? Ganz einfach: Der Limonadenhersteller Bionade hat in diesem Zeitraum eine neue Sorte – Quitte – auf den Markt gebracht und mit einer Einführungskampagne beworben. Diese Kampagne, die später mit einem „GWA Effie" für besondere Effizienz ausgezeichnet wurde, hat offenbar so viele Internetnutzer bewogen, das Suchwort einzugeben, dass die einsprechenden Ausschläge zustande kamen (Abb. 3.5).

Das Beispiel zeigt, dass im Internet völlig neue Formen der Nachweisführung möglich sind, die auch klassische Kommunikationsmaßnahmen mit einbeziehen können. Interessant dabei ist sicher der Umstand, dass nicht nur eine Kontaktchance gemessen wird, wie beispielsweise bei den Reichweitenmessungen von Printanzeigen, sondern die Aktivierung, die eine Kampagne beim Konsumenten ausgelöst hat.

Wie der Nachweis der Wirksamkeit von Werbung oder von Marketing-Kommunikation in der Praxis versucht wird, soll folgendes Beispiel zeigen. Es handelt sich dabei um die „Giro-sucht-Hero-Kampagne", die die Agentur Jung von Matt für den Deutschen Sparkassen- und Giroverband umgesetzt hat. Der Case wurde im Jahr 2012 mit einem GWA Effie in Gold ausgezeichnet und kann damit als besonders effektiv bezeichnet werden.[5]

---

[5]Die GWA-Effie-Cases findet man zum Download unter www.effiegermany.de oder in GWA (2012a und 2017).

Erfolgsnachweis von Werbung: Der „Giro-sucht-Hero"-Case

Die Ausgangslage Die Sparkasse hat ein Problem: Junge Kunden wechseln häufig die Bank, sobald sie ins Berufsleben eintreten. Und da die Sparkasse auf Gratiskonten verzichtet, geben ihr diese Kunden gerne mal den Laufpass. Eine Kampagne sollte helfen, diese Entwicklung einzudämmen und in der Zielgruppe als leistungsfähiger Partner wahrgenommen zu werden.

Die Kampagnenziele Konkret sollten vier Kommunikations- und zwei Verkaufsziele verfolgt werden. Zu den Kommunikationszielen zählte zunächst das Schaffen von Aufmerksamkeit und Werbeerinnerung für die Marke Sparkasse vor allem in der Zielgruppe der zwischen 18- und 30-Jährigen. Zudem sollte die Sparkasse besser als zuvor wahrgenommen werden bei den Leistungsmerkmalen „Kompetenz", „Konditionen" und „Preis/Leistung". Ein weiteres Kampagnenziel war, die Imagedimensionen „Sympathie" und „Glaubwürdigkeit" in der jungen Zielgruppe auszubauen. Kommunikationsziel Nummer vier bezog sich auf die Interaktion der Zielgruppe mit den Kampagnenseiten im Internet. Es sollte eine relevante Reichweite im Social Media Umfeld geschaffen werden – mindestens 100,000 Facebook-Fans sollten es schon sein. Darüber hinaus galt es zu verhindern, dass die Nachwuchskunden, kaum dass sie ins Berufsleben eintreten, mit ihrem Girokonto von der Sparkasse zu einem anderen Anbieter wechseln. Die Zahl der Nutzer der Sparkassen-Apps sollte signifikant gesteigert und so die Marktführerschaft beim Thema Mobile Banking ausgebaut werden.

Die kreative Idee Die Kampagne stellt die beiden Fernsehmoderatoren Jako und Claas in den Mittelpunkt, die in einer Art interaktivem Zweikampf gegeneinander antreten. In insgesamt fünf Duellen treffen die beiden aufeinander, in denen die Besonderheiten eines Sparkassen-Girokontos spielerisch in Szene gesetzt werden sollen. Die Kampagne beginnt mit Fernsehspots, wird dann aber vor allem im Internet, in Social Media und auf mobilen Kanälen fortgesetzt. So kann im Internet auf einer speziellen Microsite über den Favoriten der Duelle abgestimmt werden (gewonnen hat übrigens Klaas).

Der Erfolgsnachweis Die Ziele wurden, glaubt man der zum Nachweis angeführten Marktforschung, eindrucksvoll erreicht. Aus Platzgründen können hier nur einige der Erfolgsnachweise dargestellt werden. Die Werbeerinnerung liegt, wie in Abb. 3.6 und 3.7 dargestellt, im Zeitraum von Mai bis August 2011 deutlich über derjenigen der Wettbewerber (Abb. 3.6).

Die Zielgruppe bewertet die Kampagne hinsichtlich einiger Imagefaktoren auch deutlich besser als eine andere Sparkassen-Kampagne aus dem Jahr 2010.

Und, last but not least, haben die Kunden der Sparkasse im Kampagnenzeitraum auch sehr viel mehr mobile Sparkassen-Apps heruntergeladen als zuvor (Abb. 3.8).

Dies ist nur eine Auswahl der Erfolgsnachweise. Weiterhin wurde beispielsweise auch die Effizienz der Kampagne belegt. So brauchte die Sparkasse ein wesentlich kleineres Mediabudget als ihre Wettbewerber pro Prozentpunkt gestützte Werbeerinnerung. ◄

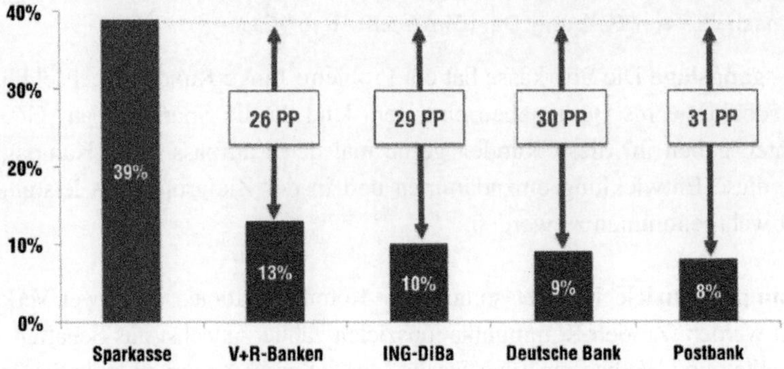

Abb. 3.6 Spontane Werbeerinnerung bei den 18- bis 30-Jährigen. (Quelle: GWA/Jung von Matt) (PP = Prozentpunkte)

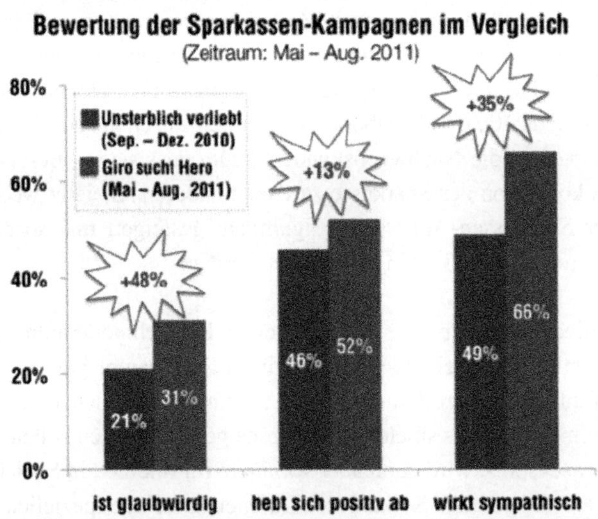

Abb. 3.7 Bewertung der Sparkassen-Kampagne im Vergleich (Mai-August 2011). (Quelle: GWA/Jung von Matt)

So weit, so gut. Der Nachweis von Werbewirkung scheint also auf den ersten Blick leichter denn je. Bei genauerer Betrachtung stellt sich die Situation jedoch alles andere als rosig dar. Zunächst einmal wird das Marketing zunehmend mit dem Problem konfrontiert, in der Fülle der Kennzahlen unterzugehen. Gerade Online-Marketing produziert einen Wust einzelner Kenngrößen (siehe Abb. 3.4), deren Wert nicht immer klar ist und die zusammengeführt werden müssten, um Aussagekraft zu erlangen. Und dann ist immer noch nicht klar, wie genau die gemessenen Maßnahmen auf die Marke des Unternehmens einzahlen. Viele der Erfolgsgrößen in der Marketing-Kommunikation fristen ein Insel-Dasein, abgekoppelt vom Rest des Marketing.

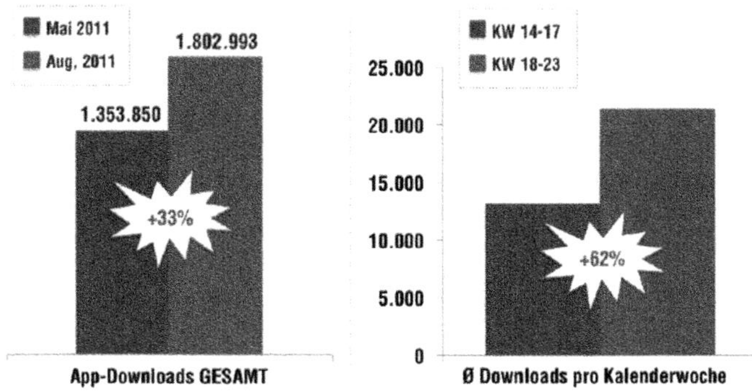

Abb. 3.8 Entwicklung Download-Zahlen der Mobile-Apps der Sparkasse. (Quelle: GWA/Jung von Matt)

Schlimmer noch: Die Marketing-Kennzahlen weisen oft keinen wirklichen Bezug zu betriebswirtschaftlichen Erfolgsgrößen, wie beispielsweise dem Cash-Flow, auf und werden zudem selten von allen Unternehmensbereichen oder gar vom Finanzchef verwendet oder auch nur verstanden. Das Marketing nutzt Marketing-Kennzahlen, sonst niemand. Zudem zeigt Abb. 3.4: Das Marketing verwendet nicht unbedingt Kennzahlen, die ein Chief Financial Officer (CFO) nützlich findet, wie beispielsweise einen ROI (Return on Investment). Nur gut ein Drittel der Unternehmen ermittelt einen Return on Investment im Marketing, etwa der gleiche Anteil begnügt sich mit traditionellen Marketing-Kennzahlen, die keine finanzwirtschaftlichen Aussagen machen. Eine echte Kommunikation zwischen Chief Marketing Officer (CMO) und CFO findet, wie Studien belegen, nur in rund einem Viertel der Unternehmen statt (vgl. Lenskold Group, 2009, S. 12 ff., Abb. 3.9). Damit können die Marketing-Verantwortlichen zwar Aussagen machen zu „Werbeerinnerung", „Markenbekanntheit" oder „Verweildauer auf der Internet-Seite", nicht oder selten aber mit

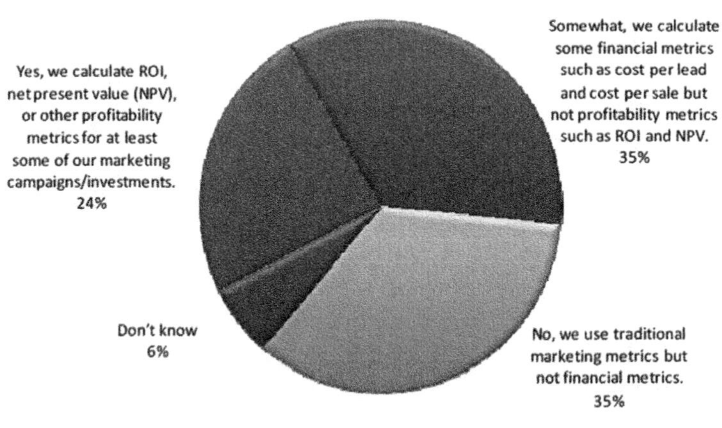

Abb. 3.9 Kennzahlen im Marketing. (Quelle: Lenskold Group (2009), S. 12)

Blick auf betriebswirtschaftliche Kennzahlen wie den Cash-Flow. Tatsächlich ist die genaue Beziehung zwischen Investitionen in Marketing-Kommunikation und betriebswirtschaftlichen Erfolgsgrößen weitgehend unbekannt.

Verschiedene Initiativen versuchen, sich diesem Thema zu nähern. Das „Marketing Accountability Standards Board (MASB)" in den Vereinigten Staaten stellt eine solche Initiative dar (vgl. www.themasb.org). Das Gremium, das sich aus Praktikern aus den Bereichen Marketing, Agenturen und Marktforschung sowie aus Wissenschaftlern zusammensetzt, hat sich das anspruchsvolle Ziel gesetzt, den drohenden Abstieg des Marketing in der Unternehmenshierarchie aufzuhalten. Das Gremium versucht zum einen, eine Standardisierung in den Marketing-Kennzahlen zu erreichen, damit die Kommunikationsprobleme zwischen Marketing und Finanzabteilung/CFO gelöst werden können. Zum anderen versuchen die MASB-Forscher dem Zusammenhang zwischen Marketingmaßnahmen und betriebswirtschaftlichen Erfolg auf die Spur zu kommen.

Exkurs: „Kreative" gleich „wirksame" Werbung?
Wissenschaft und Praxis sind schon seit längerem bemüht, den Zusammenhang zwischen „kreativer" Werbung und deren Erfolg nachzuweisen. Zu nennen sind hier beispielsweise die Studien der Agentur Leo Burnett (1995), von Professor Volker Trommsdorff an der TU Berlin (Trommsdorff & Becker, 2001), von Brian D. Till und Daniel W. Baack von der St. Louis University (Till & Baack, 2005), von McKinsey (Perry et al., 2007) und vom englischen Agenturverband IPA (2010). Allen Untersuchungen ist gemein, dass sie mehr oder weniger deutlich zu dem Ergebnis gelangen, dass kreative Werbung auch besonders effektiv oder sogar effizient ist. Und allen Studien ist weiterhin gemein, dass sie von kreativer Werbung dann sprechen, wenn die entsprechende Kampagne auf Werbefestivals erfolgreich war.

Betrachten wir beispielsweise die IPA-Studie als das neueste der genannten Beispiele. Die Studie untersucht die Verbindung zwischen Kreativität und Effektivität anhand von Datenmaterial zum einen aus dem Gunn Report, zum anderen aus der Datenbank des IPA Effectiveness Award. Der Gunn Report stellt jährlich die kreativ erfolgreichsten Kampagnen zusammen. Dazu wird untersucht, welche Kampagnen bei den 39 wichtigsten Kreativpreisen weltweit Preise gewinnen konnten. Der Effectiveness Award des britischen Agenturverbands IPA zielt dagegen auf Effektivität und Wirtschaftlichkeit ab. Der Vergleich der Daten aus diesen beiden Quellen sollte zeigen, dass Kreativität und Effektivität von Kampagnen positiv korrelieren.

Erstes Ergebnis der Studie: Unter den 257 Cases des IPA-Effectiveness Awards tauchen immerhin 46 und damit 18 % auch im Gunn-Report auf. Dies, so argumentieren die Autoren, sei ein erster Hinweis auf die positive Korrelation zwischen Kreativität und Effektivität. Die Studie liefert aber noch weiterreichende Resultate. Die mit Kreativpreisen ausgezeichneten Kampagnen weisen laut IPA-Studie eine elffach höhere Effektivität auf als die nicht-kreativen Kampagnen. Zudem erreichen sie diese Effektivitätsziele mit einer höheren Wahrscheinlichkeit. Die Autoren der Studie postulieren am Ende sogar, dass je höher das kreative Niveau (also je mehr Preise eine Kampagne auf sich vereinen konnte), desto effektiver die Kampagne.

Die Beweisführung in der IPA-Studie und anderen Untersuchungen ist allerdings lückenhaft und weist viele Mängel auf. Die Hauptschwäche der Studien besteht dabei in der Operationalisierung des Begriffes „kreativ" (vgl. zum Kreativitätsbegriff Encyklopaedia Britannica, 2011). Wenn niemand so genau weiß, was der Begriff in Zusammenhang mit Werbung eigentlich bedeutet, kann auch niemand den Zusammenhang zwischen Kreativität und Effektivität wirklich nachweisen. Also behelfen sich die Studien ganz überwiegend damit, dass sie „kreativ" mit „siegreich bei Kreativ-Awards" übersetzen (Eine Ausnahme bildet die Studie von Smith et al., 2007). Würden die Kreativpreise in einem objektiven Verfahren nach eindeutigen Kriterien vergeben, wäre an diesem Verfahren weiter nichts auszusetzen.

Dies ist jedoch nicht oder zumindest überwiegend nicht der Fall. Die bei Festivals wie in Cannes oder vom ADC eingereichten Arbeiten haben längst nicht immer Marktrelevanz. Viele der Arbeiten erfüllen das Kriterium, dass sie tatsächlich in einem Medium geschaltet worden sein müssen, mehr schlecht als recht. Es ist ein offenes Geheimnis, dass viele Arbeiten allein zu dem Zweck geschaffen werden, bei einem der Kreativwettbewerbe eingereicht zu werden. Auch der Jurierungsprozess wirft Fragen auf, gerade mit Blick auf die Objektivität. Die Jurys bestehen in den meisten Fällen aus Kreativen. Ob diese bei der Jurierungsarbeit ein Verständnis von Kreativität an den Tag legen, das zu objektiven Resultaten führt, darf bezweifelt werden. Zudem hat es etwas zirkuläres, wenn Kreative definieren, was kreativ ist, und anhand dieser Definition Kreativpreise vergeben, die sie anschließend selbst gewinnen.

Die Gültigkeit des gedanklichen Dreisprungs „Kreativität ist gleich ausgezeichnet ist gleich effektiv" kann auch hinterfragt werden, indem man sich anschaut, inwieweit dieser Dreisprung in anderen Umfeldern funktioniert. Und dies am besten dort, wo ähnliche Mechanismen wirken wie bei der Werbung, also idealerweise im Medienumfeld, zum Beispiel im Verlagswesen, beim Fernsehen oder bei Tonträgern. Um es gleich vorweg zu nehmen – der Dreisprung funktioniert nirgendwo.

Schauen wir also zunächst auf den Buchmarkt. Auch hier werden Produkte hergestellt und vertrieben, die mal mehr, mal weniger kreativ ausfallen. Auch hier stellt sich die Frage, was „kreativ" eigentlich genau bedeutet, auch hier ist das Urteil subjektiv, auch hier kann man sich behelfen, indem man Kritikerurteile oder Auszeichnungen zu Rate zieht. Also konkret und analog zur Werbung: Wenn „kreative" Bücher sich besser verkaufen lassen würden als weniger kreative, dann müssten Pulitzer-Preisträger oder Bücher, die den Preis des deutschen Buchhandels gewonnen haben, in den einschlägigen Bestseller-Listen weit oben stehen. Ein Blick etwa in die Verkaufsranglisten von Amazon belehrt einen jedoch schnell eines Besseren. Während die Top Ten von vielleicht handwerklich recht ordentlichen, aber keinesfalls literarisch herausragenden und schon gar nicht ausgezeichneten Büchern, wie den Krimis von Stieg Larsson beherrscht werden, finden sich die Träger der einschlägigen Preise unter ferner liefen. Elisabeth Strout belegt mit ihrem Buch „Mit Blick aufs Meer", mit dem sie den Pulitzer Preis gewann, in Deutschland Verkaufsrang 18,676 und in den Vereinigten Staaten immerhin Rang 1040. Junot Diaz, ebenfalls Pulitzer-Preisträger, belegt mit „Das kurze wundersame Leben des Oscar Wao" hierzulande Rang 107,844, in Amerika Rang 720. Die

Gewinnerin des Deutschen Buchpreises, Melinda Nadj Abonji, schafft es mit ihrem Buch „Tauben fliegen auf" immerhin auf Rang 791. Einen Beleg für die These, dass ausgezeichnete Werke im Buchmarkt besonders reüssieren, liefert sie damit allerdings auch nicht.

Im Bereich Fernsehen sieht es kaum anders aus. Nicht die preisgekrönten Sendungen nehmen die vorderen Plätze ein, sondern massentaugliche Durchschnittsware. Nicht „Arte" beherrscht die Top-Ten-Liste der Einschaltquotenkönige, sondern der Privatsender RTL, der in der Regel allein sechs der ersten zehn Plätze belegt. Während die Serie „Mad Men" mit Preisen überhäuft wird – sie gewann allein drei Mal einen „Golden Globe" als beste Drama-Serie – dümpelt ihr Zuschauer-Marktanteil in Deutschland bei 0,4 % herum, die Premiere sahen gerade einmal 80,000 Zuschauer. Es zeigt sich also, dass im medialen Umfeld von Werbung und in anderen Bereichen kultureller Produktion ein Zusammenhang zwischen Kreativität beziehungsweise ausgezeichneter Qualität und Effektivität im Sinne von Verkaufserfolgen oder Reichweiten nicht nachgewiesen werden kann. Es stellt sich die Frage, warum ausgerechnet bei der Werbung ein solcher Zusammenhang bestehen soll, wie von Studien und Kreativen immer wieder behauptet. Eine Antwort auf diese Frage können wir leider auch nicht geben.

Mit einem GWA Effie werden Kampagnen ausgezeichnet, die definierte Ziele nachweislich besonders effektiv und effizient erfüllt haben. Im Zentrum der Jurierung steht hier nicht die Kreation, sondern die Nachweisführung von Wirksamkeit und Wirtschaftlichkeit. Würde die These zutreffen, dass „kreative" Werbung besser verkauft als weniger kreative, müsste dies dazu führen, dass wir eine relativ große Schnittmenge aus Effie- und ADC-Siegern vorfinden.

Man könnte also, analog zur oben skizzierten Studie des britischen Agenturverbands IPA, untersuchen, inwieweit ADC-Sieger auch Effies gewinnen. Ein Vergleich zwischen GWA Effie-Siegern und Gewinnern beim Kreativpreis des ADC bietet allerdings keine Anhaltspunkte für die Richtigkeit der These, dass „kreative" Werbung besonders wirksam oder gar wirtschaftlich ist. Vergleicht man über einen Zeitraum von 2010 bis heute GWA Effie-Sieger und Gewinner von ADC-Nägeln, ergibt sich ein klares Bild: Nur zwei Prozent der GWA Effie-Sieger haben auch mindestens drei ADC-Nägel gewonnen, waren also mit ihrer Kampagne auch kreativ erfolgreich (und nicht nur mit einzelnen Motiven einer Kampagne). Genauer gesagt: 121 Kampagnen haben zwischen 2005 und 2010 mindestens drei ADC-Nägel gewonnen, in diesem Zeitraum wurden 112 GWA Effies vergeben. Lediglich sechs Kampagnen haben zwischen 2005 und 2010 sowohl drei ADC-Nägel als auch einen GWA Effie gewonnen. Dabei gab es übrigens einen klaren Branchenschwerpunkt: vier dieser Kampagnen kamen aus der Automobilbranche.

Mittlerweile sind jedoch auch Forschungsarbeiten erschienen, die versuchen, den Begriff der „kreativen" Werbung anders zu operationalisieren als in den oben zitierten Arbeiten. Smith et al. (2007) haben hier auf empirischem Wege ein Modell entwickelt, das losgelöst von „Awards" Kreativität von Werbung aus Sicht der Rezipienten abbildet. Kreative Werbung zeichnet sich danach durch Divergenz und Relevanz aus. *Relevanz* heißt hier, dass sowohl die Marke, um die es in einer Kampagne geht, als auch die Werbebotschaft selbst dem Konsumenten in irgendeiner Form als bedeutsam, wesent-

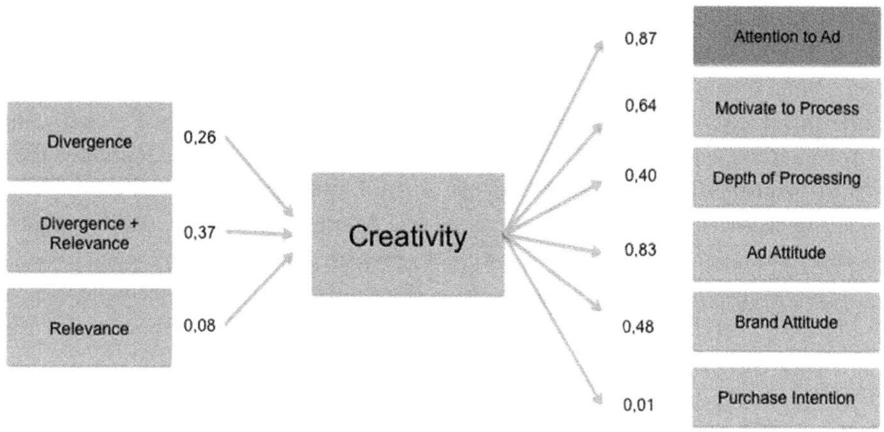

Abb. 3.10 Kreativität und Marketingziele. (Quelle: Smith et al., 2007, S. 381)

lich oder wertvoll erscheinen müssen. Divergenz bedeutet, dass die Anzeige oder der Werbespot Elemente enthalten muss, die neuartig, ungewohnt, abweichend oder überraschend sein müssen (Abb. 3.10).

Interessanterweise fanden die Forscher heraus, dass die Juroren, des Kreativpreises „Clio" dem Faktor Relevanz besonders wenig Aufmerksamkeit widmeten. Auch dies nicht u.

Es zeigt sich zunächst, dass eine Kampagne vor allem dann als „kreativ" wahrgenommen wird, wenn sie zugleich relevant und abweichend erscheint. Eine solche kreative Kampagne wirkt stark positiv im Hinblick auf die Aufmerksamkeit, die ihr zuteil wird, aber nur ganz schwach auf die Kaufabsicht des Konsumenten. Stark verkürzt zeigt die Studie also, dass Divergenz für Aufmerksamkeit sorgt, aber erst Relevanz auch zu einer Kaufabsicht führt. Übrigens führen Kampagnen, die als relevant, aber nicht als abweichend (und damit auch nicht als kreativ) wahrgenommen werden, zu einer deutlich stärkeren Kaufabsicht. Interessanterweise fanden die Forscher zudem heraus, dass die Juroren, die über die Vergabe des Kreativpreises „Clio" befinden, dem Faktor „Relevanz" besonders wenig Aufmerksamkeit widmen, was auch nicht unbedingt ein Beleg für die These ist, nach der preiswürdige Kampagnen auch besonders effektiv sind.

3.5 Zusammenfassung

- Wie genau Werbung wirkt, ist nur schwer nachzuweisen. Schwierigkeiten ergeben sich beispielsweise, weil die Wirkung von Werbung nur schwer von der Wirkung anderer Marketing-Instrumente (Vertrieb, Preis) isoliert werden kann.
- Diese Schwierigkeiten zeigen sich auch auf Ebene der Gesamtwirtschaft. Nur wenige Untersuchungen haben daher den Nachweis erbracht, wie Werbung auf volkswirtschaftliche Parameter wie das Wirtschaftswachstum wirkt.

- In zahlreichen Studien, vor allem in den Vereinigten Staaten, haben Ökonomen in der Tradition des industrieökonomischen „Structure-Conduct-Performance"-Paradigmas auf Branchenebene untersucht, wie die Höhe der Werbeausgaben (Conduct) mit verschiedenen Ergebnisgrößen, wie Umsatz, Gewinn und Produktqualität zusammenhängen. Die Ergebnisse sind gemischt, Einfluss auf die Richtung dieses Zusammenhangs hat hier vor allem die jeweilige Branche.
- Verschiedentlich wurde auch untersucht, wie Werbeinvestitionen und Konjunkturverlauf zusammenhängen und es werden Empfehlungen ausgesprochen, wie sie zusammenhängen sollten. Überwiegend sehen die empirischen Untersuchungen das verbreitete prozyklische Verhalten – die Anpassung der Werbeausgaben an den Konjunkturverlauf – kritisch.
- Eine für die Agenturbranche besonders wichtige Frage ist die nach dem Zusammenhang von Kreativität und Effektivität von Werbung. Die Studien zu diesem Thema kranken überwiegend an der mangelhaften Operationalisierung des Kreativitätsbegriffs. Erst in jüngerer Zeit hat man dem abhelfen können.

Literatur

Advertising Association; Deloitte. (Hrsg.). (2012). *Advertising pays. How advertising fuels the UK economy*. Deloitte.

Bagwell, K. (2005). *The economic analysis of advertising*. Columbia University, Department of Economics. Discussion Paper Series, Discussion Paper No.: 0506-01.

Binet, L., & Field, P. (2017). *Media in focus. Marketing-effectiveness in the digital era*. IPA.

Bloching, B., Luck, L., & Ramge, T. (2012). *Data Unser. Wie Kundendaten die Wirtschaft revolutionieren*. Redline Verlag.

Boston Consulting Group. (2002). Against the tide. Value creation through countercyclical brand development.

Bughin, J. & Spittaels, St. (2011). *Advertising and economic growth*. Working Paper, McKinsey & Comp., Brussels.

Comanor, W. S., & Wilson, T. A. (1979). The effect of advertising on competition: A survey. *Journal of Economic Literature, 17*, 453–476.

Cook, M., & Farquharson, C. (1998). *Business economics*. Pitman Publishing.

Dekimpe, M., & Hanssens, D. (1995). The persistence of marketing efforts on sales. *Marketing Science, 14*(1), 1–21.

DIW – Deutsches Institut für Wirtschaftsforschung. (2016). Die ökonomische Bedeutung der Werbung. Reihe Politikberatung kompakt Nr. 115.

Encyklopaedia Britannica. (Hrsg.). (2011). Stichwort: Creativity. www.britannica.com/EBchecked/topic/142249/creativity. Zugegriffen: 26. Apr. 2011.

Gijsenberg, M. J., van der Heerde, H. J., Dekimpe, M. G., & Steenkamp, J.-B. M. E. (2009). *Advertising and price effectiveness over the business cycle*. Department of Marketing and Organisation Studies, Universität Leuven, Leuven.

Greuner, M. R., Kamerschen, D. R., & Klein, P. G. (2000). The competitive effects of advertising in the U.S. automobile industry, 1970–1994. *International Journal of the Economics of Business, 7*, 245–261.

Gunn, D. (1998). Do Award winning commercials sell? In J. P. Jones (Hrsg.), *How advertising works* (S. 266–276). Sage.

Heine, M., & Bachem, Ch. (2012). Die Mär von der Messbarkeit. http://www.horizont.net/aktuell/digital/pages/protected/Online-Die-Maer-von-der-Messbarkeit_106158.html?id=106158&page=1&params. Zugegriffen: 10. Mai 2012.

Hood, J. (2005). *Selling the dream. Why advertising is good business.* Praeger Publishers.

IPA. (2010). *The link between creativity and effectiveness.* IPA.

Keane, M. P., Erdem, T., & Sun, B. (2008). The impact of advertising on consumer price sensitivity in experience goods markets. *Quantitative Marketing and Economics, 6*, 139–176.

Lenskold Group. (2009). *Marketing ROI & measurements study.* Lenskold Group.

Lilien, G. L., & Srinivasan, R. (2010). Marketing spending strategy in recessions. *Australasien Marketing Journal, 18*, 181?182.

Lipczynski, J., Wilson, J., & Goddard, J. (2005). *Industrial Organization.* Pearson Education.

Maex, D. (2012). *Sexy little numbers. How to grow your business using the data you already have.* Crown Business.

Nayaradou, M. (2004). *L'impact de la regulation publicité sur la criossance economique.* Dissertation, Université Paris Dauphine, Paris.

Nayaradou, M. (2006). *Advertising and economic growth.* Union des Annonceurs, Paris/World Federation of Advertisers.

Nelson, P. (1974). Advertising as information. *Journal of Political Economy, 82*, 729–754.

Nichols, W. (2013). Wirksam Werben. *Harvard Business Manager, April*, 30–41.

Perry, J., Wagener, N., & Wallmann, C. (2007). *Kreativität + Content Fit = Werbeerfolg. Die zwei Gesichter effektiver Kampagnen.* In McKinsey & Comp (Hrsg.), *Akzente, No. 3* (S. 16–21). McKinsey.

Porter, M. E. (1974). Consumer behavior, retailer power and market performance in consumer goods industries. *The Review of Economics and Statistics, 56*, 419–436.

Prognos. (2010). *Werbung und Wirtschaftswachstum. Der Stellenwert der Werbung in Deutschland.* Unveröffentlichte Studie im Auftrag von GWA und OWM.

Reinartz, W., & Saffert, P. (2012). *The sales effect of creativity in advertising.* Unpublished Working Paper, University of Cologne, Seminar for Retailing and Customer Management.

Sethuraman, R., & Tellis, G. J. (1991). An analysis of the trade-off between advertising and price discounting. *Journal of Marketing Research, 8*(2), 160–174.

Smith, R. E., MacKenzie, S. B., Yang, X., Buchholz, L. M., & Darley, W. K. (2007). Modeling the determinants and effects of creativity in advertising. *Marketing Science, 26*(6), 819–833.

Steenkamp, J.-B. E. M., Nijs, V. R., Hanssens, D. M., & Dekimpe, M. G. (2005). Competitive reactions to advertising and promotion attacks. *Marketing Science, 24*(1), 35–54.

Srinivasan, R., & Lilien, G.L. (2009). *R&D, advertising and firm performance in recessions.* ISBM Report 3–2009, Institute for the Study of Business Markets.

Tellis, G. J., & Fornell, C. (1988). The relationship between advertising and product quality over the product life cycle: A contingency theory. *Journal of Marketing Research, 25*(1), 64–71.

Thomas, L. A., Shane, S., & Weigett, K. (1998). An Empirical examination of advertising as a measure of product quality. *Journal of Economic Behaviour and Organization, 37*, 415–430.

Till, B. D., & Baack, D. W. (2005). Recall and persuasion: Does creative advertising matter? *Journal of Advertising, 34*(3), 47–57.

Trommsdorff, V., & Becker, J. (2001). *Werbekreativität und Werbeeffektivität. Eine empirische Untersuchung. Arbeitspapier des Lehrstuhls Marketing I.* Technische Universität Berlin.

Van der Wurff, R., Bakker, P., & Picard, R. G. (2008). Economic growth and advertising expenditures in different media in different countries. *Journal of Media Economics, 21*, 28–52.

Ökonomische Analyse der Agenturen 4

4.1 Zum Begriff „Werbeagentur“

Verlassen wir nunmehr die Ebene der Gesamtwirtschaft und beschäftigen uns im Folgenden auf einzelwirtschaftlicher Ebene mit den Dienstleistern, die Werbung oder Marketing-Kommunikation als ihr Tätigkeitsfeld ausweisen. Tatsächlich ist dies bisher in der ökonomischen Forschung kaum geschehen. Über das Innenleben einer Agentur erfährt man in der akademischen Welt bisher wenig bis nichts. Zunächst aber gilt es, sich über den Begriff Werbeagentur klar zu werden. Und das ist gar nicht so einfach. Schauen wir, um Klarheit zu erhalten, erst einmal in die Historie (vgl. dazu ausführlich Nöcker, 2017).

Die ersten Werbeagenturen waren nach heutigem Begriffsverständnis gar keine; es handelte sich vielmehr um das, was man heute als Mediaagentur bezeichnet. In Deutschland wurden solche Unternehmen anfangs auch nicht als Werbeagentur, sondern als „Annoncen-Expedition“ bezeichnet.[1] Je nach Quelle wird mal diese, mal jene als erste Agentur genannt, beispielsweise nennt Kloss das 1841 von V.A. Palmer in Philadelphia gegründete Unternehmen hier als Vorreiter. Palmer widmete sich, wie die im amerikanischen Bürgerkrieg gegründete Agentur von J. Walther Thompson, der Vermittlung von Anzeigenraum in Zeitungen und Zeitschriften. Thompson bot jedoch zusätzlich auch die Gestaltung der Anzeigen mit an und gilt somit als Erfinder der „Full-Service-Agentur“, die also Mediaberatung und -einkauf mit Kreation gemeinsam anbot. Heute wird unter einer Werbeagentur ein Dienstleistungsunternehmen verstanden, das Werbemaßnahmen plant, umsetzt und den Einsatz von Werbung kontrolliert. Diese

[1] Der Begriff geistert auch heute noch in der Welt der Agenturen herum, wenn auch nur in Form seiner Initialen. Wenn in Mediaagenturen von „15 Prozent AE-Provision“ die Rede ist, meint dies eine an das Media-Volumen gekoppelte Provision in Höhe von 15 %.

R. Nöcker, *Ökonomie der Werbung*, https://doi.org/10.1007/978-3-658-33692-9_4

Dienstleistung bleibt der Öffentlichkeit weitgehend verborgen, nur in Ausnahmefällen gibt sich die Agentur im Rahmen von Werbemaßnahmen zu erkennen (vgl. Botzenhardt & Pätzmann, 2012, S. 20. Manchmal wird die Agentur in Anzeigen genannt.). Das ist jetzt erst einmal eine sehr formale Definition. Tatsächlich aber muss eine generelle Begriffsbestimmung sehr allgemein ausfallen, wird unter dem Begriff Werbeagentur doch mittlerweile ein äußerst breites Spektrum verschiedener Dienstleister gefasst. Darauf wird später (in Kap. 5) näher eingegangen.

Genauer betrachtet ist der Begriff „Werbeagentur" heute eigentlich doppelt obsolet. Kaum noch eine Agentur modernen Zuschnitts bietet heute nur „Werbung" an, nahezu alle Werbeagenturen sind Spezialisten für mehrere Kommunikationsdisziplinen. Und diese Dienstleister als „Agenturen" zu bezeichnen, trifft die Sache auch nicht. Das wird deutlich, wenn man das Tätigkeitsfeld einer Werbeagentur mit demjenigen anderer „Agenturen" vergleicht – beispielsweise mit der Bundesagentur für Arbeit oder der Bundesnetzagentur, aber auch mit Model- oder Mode-Agenturen. Solche Unternehmen vermitteln etwas oder vertreten jemanden und erhalten dafür eine Provision. Das haben Werbeagenturen früher, nämlich zu Zeiten der „Annoncen-Expeditionen", auch getan. Sie vermittelten gegen Provision Anzeigenplätze in Printmedien. Heute stehen dagegen die kreative Beratung und deren Umsetzung im Fokus der Arbeit von (Werbe-)Agenturen (vgl. Henderson, 2010, S. 25). „Werbeagentur" ist als Begriff also denkbar unzutreffend. In der Praxis ist zunehmend von „Kommunikationsagenturen" die Rede – auch nicht sehr überzeugend, weil viel zu allgemein. Wir bleiben hier also beim Begriff Werbeagentur, weil er erstens etabliert ist, zweitens den meisten erheblich mehr sagt als der Begriff „Kommunikationsagentur" und drittens auch in der im Folgenden zitierten Forschung ganz überwiegend verwendet wurde.

Um die Dienstleistung der Unternehmen namens „Werbeagentur" besser verstehen zu können, lohnt es, sich zunächst mit dem Kernprodukt dieser Dienstleister näher auseinanderzusetzen, nämlich mit der Idee.

4.2 Der Wert der Idee

Die Idee ist das Kernprodukt der Kommunikationsbranche. Wäre die Idee ein Gut wie jedes andere, brauchten wir keine spezielle Ökonomie der Werbung. Sicherlich hat aber jeder das Gefühl, dass sie das nicht ist, ohne wahrscheinlich genau und vor allem ökonomisch argumentiert sagen zu können, warum nicht. Im Folgenden erörtern wir die speziellen Eigenschaften des Gutes „Idee" und zeigen, warum wir eben nicht annehmen können, dass die unsichtbare Hand des Adam Smith bei diesem Gut schon alles regelt, also Angebot und Nachfrage über den Preismechanismus zur Deckung bringt. Dass das nicht so ist, liegt in der speziellen Natur dieses Gutes, die es nun zu untersuchen gilt. Dazu holen wir einige Ökonomen und ihre Theorien ins Boot. Besonders die neue Institutionenökonomie ist geeignet, die Probleme und Fragen rund um die Werbung zu analysieren.

Ideen als öffentliche Güter?

Die ökonomische Theorie unterscheidet zwischen sogenannten privaten und öffentlichen Gütern. Ob ein öffentliches Gut vorliegt oder nicht, entscheidet sich anhand zweier Kriterien: Zum einen Rivalität oder Nicht-Rivalität im Konsum und zum anderen nach der Möglichkeit, andere vom Konsum eines Gutes auszuschließen, nachdem man es erworben hat. Ein privates Gut, wie etwa eine Hose, zeichnet sich dadurch aus, dass der Erwerber andere vom Konsum ausschließen kann. Meine Hose ist meine Hose. Wenn jemand kommt, der stärker ist als ich und sie mir abnimmt, ändert das nichts an diesem Merkmal, die Möglichkeit zum Konsumausschluss überträgt sich lediglich auf den neuen Besitzer. Zugleich besteht Rivalität im Konsum – dieselbe Hose können nicht zugleich der Erwerber und jemand anderer tragen.[2] Anders liegt der Fall bei Gütern wie Straßenbeleuchtung, Verteidigung oder einem Hörfunkprogramm. Sie können gleichzeitig von praktisch unbegrenzt vielen Menschen genutzt werden, ohne dass diese einander in die Quere kommen. Ökonomisch gesprochen liegen die Grenzkosten, die für die Nutzung dieser Güter entstehen, aus Sicht des Anbieters bei praktisch null. Einmal erstellt, können beliebig viele Konsumenten das Gut nutzen. Und vom Konsum ausschließen kann man bei den genannten Gütern auch niemanden. Das wiederum wirft ein echtes Problem auf. Denn warum soll jemand für ein Gut zahlen, an dessen Nutzung ihn niemand hindern kann? Das wiederum führt dazu, dass es kaum Produzenten solcher Güter geben würde, wenn es nicht eine andere Lösung gäbe, das Angebot zu gewährleisten. Natürlich gibt es diese – Öffentliche Güter werden häufig steuer- oder gebührenfinanziert angeboten.

Die Frage ist nun, inwieweit Ideen zu den öffentlichen Gütern zählen. Wäre dem so, wäre es für Produzenten dieses Gutes schwierig bis unmöglich, Geld mit Ideen zu verdienen. Es gilt also, das Gut „Idee" dahin gehend zu beurteilen, ob die beiden Merkmale öffentlicher Güter – Nicht-Ausschlussfähigkeit vom Konsum und Nicht-Rivalität im Konsum – hier vorliegen. Das Thema Rivalität ist schnell erledigt. Es liegt nicht in der Natur der Sache, dass man jemanden vom Konsum einer Idee ausschließen kann – es sei denn, man behält sie für sich. In diesem Falle ist jedoch sehr fraglich, ob es sich bei der geheim gehaltenen Idee überhaupt um ein Gut handelt. Aus Sicht eines auch noch so eng definierten Marktes existiert das Gut in diesem Falle schlicht nicht. Um jemanden also wirklich vom Konsum ausschließen zu können, bedarf es vielmehr eines besonderen Schutzes der Idee, also beispielsweise eines Urheberrechts (dazu später mehr). Wie es sich mit der Fähigkeit zum Ausschluss vom Konsum verhält, erläutert der folgende Abschnitt.

Arrow's Paradoxon

Ideen verkaufen zu wollen ist nicht leicht. Bei genauerem Hinsehen kann die Absicht, dies zu tun, sogar zu paradoxen Situationen führen, wie der Nobelpreisträger Kenneth

[2] Halbwegs rationales und gesittetes Verhalten der Akteure vorausgesetzt.

Arrow veranschaulicht hat. Er beschreibt dabei eine Situation, in der ein Anbieter auf einen potenziellen Nachfrager nach einer Idee trifft. Der, der die Idee hat, möchte damit Geld verdienen. Derjenige, der die Idee gerne hätte, möchte möglichst wenig, am liebsten nichts, dafür bezahlen. Nun wird es aus der Sicht des Ideenproduzenten misslich. Damit der potenzielle Käufer überhaupt eine Vorstellung für den Wert der angebotenen Idee entwickeln kann, muss er die Idee kennen. Warum aber soll er, wenn er die Idee kennt, noch dafür zahlen, zumal er genau das ja schließlich vermeiden möchte? Dies wiederum weiß der, der die Idee hat. Er wird sie also dem potenziellen Käufer tunlichst nicht verraten, denn er möchte dessen Zahlungsbereitschaft natürlich erhalten. Ein Geschäft kommt in dieser Situation nicht zustande. Ähnlich verhält es sich übrigens bei anderen immateriellen Gütern dieser Art, beispielsweise beim Gut „Nachricht" (vgl. hierzu Arrow, 1984, S. 142).

Die geschilderte Situation zeigt, welche besonderen Schwierigkeiten entstehen, wenn es um den Handel mit Ideen geht. Die Konsequenzen dieser als „Arrow'sches Informationsparadoxon" bezeichneten Situation sind schwerwiegend. Denn es entfällt schlicht die Möglichkeit, Ideen auf einem Markt zu handeln. Es fehlt im Vorhinein ein Wertmaßstab, den Käufer und Verkäufer teilen. Im Übrigen geht das Gut Idee, da ihm die Ausschlussfähigkeit vom Konsum fehlt, auch ohne begleitende finanzielle Transaktion auf einen potenziellen Konsumenten über. Eine Branche wie die Kommunikationsagenturen, deren Kernprodukte Ideen sind, ist davon natürlich in besonderer Weise betroffen.

Arbeitsstunden als Wertmesser?

Das Gut „Idee" hat also Eigenschaften, die Handel und Bewertung erschweren, wenn nicht verunmöglichen. Und es kommt noch dicker: Die Idee ist ein nicht-stoffliches, also ein immaterielles Gut. Damit entfällt auch die Möglichkeit, Materialwerte zumindest als Ausgangsbasis für eine Wertermittlung zu verwenden. Wenn aber schon nicht Materialwerte zur Wertermittlung herangezogen werden können, vielleicht helfen Arbeitsstunden? Wer x Stunden für eine Idee gearbeitet hat, nimmt einen Stundensatz in Höhe von y Euro mal x und erhält den Wert der Idee. Leider verfängt auch das nicht, jedenfalls für den Prozess der Ideenfindung. Agenturen stellen ihren Kunden Arbeitsstunden in Rechnung, selten aber für die Ideenfindung, häufiger für die Umsetzung dieser Einfälle. Denn die reine Ideenfindung kann tatsächlich nur Sekunden in Anspruch nehmen, und trotzdem großen Wert haben.

Die Schwierigkeit, seinen Kunden Arbeitsstunden als relevante Währung für Kreativleistung auszureden, hatte übrigens schon Pablo Picasso. Dieser hatte in wenigen Stunden ein Porträt gemalt, das ein Kunstfreund erwerben wollte. Dieser staunte aber nicht schlecht, als der Maler einen hohen Millionenbetrag aufrief. Auf die Frage, warum er sich wenige Stunden Arbeit mit derart viel Geld entlohnen lassen wollte, antwortete Picasso, er habe Jahrzehnte daran gearbeitet, diese Leistung in dieser kurzen Zeit zu erbringen. Ähnlich sieht es bei Agenturen aus. Nicht der Geistesblitz allein, sondern die

Bedingungen, die diesen hervorbringen, sind eigentlich bei der Bewertung der Idee zu berücksichtigen. Und natürlich die Wirkung, die eine Idee entfalten kann.

Wertermittlung ex post?

Damit sind wir bei der Frage, inwieweit sich der Wert einer Idee ex post, also im Nachhinein, ermitteln lässt (zu den Schwierigkeiten bei der Ermittlung des Wertbeitrags von *Marketingkommunikation* siehe Abschn. 3.1). Ein Claim entspringt vielleicht einem Prozess, der wenige Sekunden in Anspruch nimmt, kann aber einen enormen Hebel auf den Umsatz eines Werbung treibenden Unternehmens haben. Wie groß dieser Effekt ist, lässt sich allerdings auch nicht hundertprozentig nachweisen. War es wirklich die Kampagne, die einen Umsatzschub verursacht hat? Oder die Preisaktion? Oder eine Vertriebsoffensive? Oder Glück? Eine günstige Marktlage? Oder – am wahrscheinlichsten – alles zusammen? – Damit handelt es sich bei der Idee um ein Gut, das die Ökonomen Darby und Karni als „Credence Good" bezeichnen, also als ein Gut, bei dem auch ex post bzw. nach Gebrauch die Qualität nicht sicher bestimmt werden kann (vgl. Darby & Karni, 1973, S. 67 ff.).

Die Schwierigkeiten bei der Wertermittlung von Ideen und übrigens auch von Informationen haben dazu geführt, dass die Ertragsmodelle von Anbietern dieser immateriellen Güter andere Wege gesucht und gefunden haben, zu ihrem Geld zu kommen, als über die direkte Bezahlung. Anders formuliert: Ideen und andere immaterielle Güter wie Informationen werden in aller Regel quersubventioniert, häufig gleich auf mehreren Wegen. Für alle gilt, dass die Digitalisierung und das Internet diesen Quersubventionierungswegen den Garaus gemacht haben. Musik wurde beispielsweise über den Verkauf materieller Träger (Vinyl, CD) verkauft. Jetzt, im Zuge der Digitalisierung, haben sich Konzerte und damit der Verkauf von Eintrittskarten zur Haupterlösquelle gemausert. Verlage haben bedrucktes Papier und Anzeigenplatz verkauft, um Erlöse für Informationen zu erzielen. Ein wirklich tragfähiges Erlösmodell für den Online-Bereich haben Verlage bisher noch nicht gefunden. Der Erfolg von Bezahl-Angeboten von Zeitungen und Zeitschriften im Internet hält sich bisher in engen Grenzen.

Wie sieht es aber in der Werbebranche aus? Historisch gesehen haben Kommunikationsagenturen ihren Kunden zunächst ein Gesamtpaket geschnürt, bei dem die Idee und deren Umsetzung über eine Provision in Höhe von 15 % entgolten wurden, die sich am Media-Schaltvolumen orientierte – die berühmte „AE"-Provision (AE steht für Annoncen-Expedition und damit für ein antikes Begriffspaar aus der Agenturgeschichte). Doch dieses Modell hat deutlich an Bedeutung eingebüßt. Auch die Umsetzung in Form von Reinzeichnungen oder Filmproduktionen dienten und dienen der Quersubventionierung von Ideen.

Fehlender rechtlicher Schutz

Die Schwierigkeiten, mit Ideen Geld zu verdienen, werden zusätzlich verstärkt, weil der Gesetzgeber dieses Gut nur wenig oder überhaupt nicht schützt. Im Urheberrecht ist klipp und klar festgelegt, dass eine Idee an sich nicht schutzfähig ist. Um urheberrechtlichen Schutz zu erlangen, muss ein Werk vorliegen[3]. Dabei ist relativ genau beschrieben, wann ein Werk ein Werk ist. Wichtig ist in diesem Zusammenhang der Begriff der „Schöpfungshöhe". Ein Kunstwerk muss hier wesentlich weniger bieten als ein Werk der Gebrauchskunst, um als Werk anerkannt zu werden. Selbst Kommunikationskonzepte, die mehrere Ideen zu einem Gesamtgewerk vereinen, sind nicht schutzfähig. Das Urheberrecht schützt aktuell künstlerische Leistungen und beurteilt diese unabhängig von Aufgabenkontext und Zweck der Leistung. Es orientiert sich allein an der zweckfreien Kunst. Dies ist eine wesentliche Hürde im Kontext des Schutzes von Kommunikationskonzepten, die stets zweckgerichtet sind. Ihre Leistung zeigt sich gerade in der kreativen Beantwortung einer relevanten Aufgabenstellung und in einer zweckgerichteten, marken- und marketingbezogenen Wertschöpfung.

Fazit

Die vorstehenden Ausführungen sollten zeigen, dass es sich bei dem Wirtschaftsgut „Idee" um ein Gut handelt, mit dem sich nicht so leicht Geld verdienen lässt. Es ähnelt damit dem Wirtschaftsgut „Nachricht", mit dem es die Medien zu tun haben. Bei beiden handelt es sich dem Charakter nach um „öffentliche" Güter, und die Anbieter beider Wirtschaftsgüter verdienen ihr Geld, indem sie auf Möglichkeiten der Quersubventionierung zurückgreifen. Zeitungsverlage erzielen Erlöse nicht mit Nachrichten, sondern indem sie bedrucktes Papier (nämlich Zeitungen) und Anzeigenplätze verkaufen. Agenturen verdienen nicht in erster Linie am Verkauf ihrer Ideen, sondern mit der Umsetzung derselben – in Form von Beratung und Kreation, also Gestaltung. Nicht umsonst haben beide Wirtschaftszweige – Medien und Werbung – die Veränderungen aus der Digitalisierung der Kommunikation in besonderem Maße zu spüren bekommen. Im Netz ist die Zahlungsbereitschaft für Nachrichten in aller Regel gering und auch die Anzeigenerlöse liegen deutlich hinter denen in der Offline-Welt. Wie genau Agenturen mit Ideen Geld verdient haben und künftig möglicherweise verdienen werden, ist Gegenstand der folgenden Kapitel.

4.3 Agenturen und Transaktionskostentheorie

Die Frage nach dem Grund, warum überhaupt Agenturen existieren, klingt nur im ersten Moment trivial. Denn gerade auf dem Gebiet der Marketing-Kommunikation tummeln sich tausende von Klein- und Kleinstanbietern, mit teilweise nicht mehr als einem Mitarbeiter. Man könnte auf die Idee kommen, mit einem Netzwerk aus solchen Kleinstbetrieben zu arbeiten, statt eine Agentur zu beauftragen. Warum tun das aber Unternehmen so oft nicht?

[3] Vgl. §§ 1 und 2 Urhebergesetz.

Es stellt sich also aus theoretischer Sicht die Frage, warum es eigentlich Agenturen überhaupt gibt. Um das zu beantworten, muss man zunächst einen Schritt zurücktreten. Denn so, wie es in der klassischen Ökonomie keine Werbung gab, gab es dort auch keine Unternehmen. Im ersten Schritt muss man sich also damit beschäftigen, warum es aus der Perspektive der ökonomischen Theorie betrachtet überhaupt Unternehmen gibt. Die Antwort auf diese Frage gibt die sogenannte Transaktionskosten-Theorie.

4.3.1 Der Transaktionskostenansatz

So naheliegend die Frage nach der Existenz von Unternehmen klingt, so lange blieb sie von der ökonomischen Forschung unbeantwortet. Erst 1937 wagte sich der amerikanische Ökonom Ronald Coase an die Formulierung einer Antwort. Nebenbei begründete der spätere Nobelpreisträger damit einen gänzlich neuen Forschungszweig, die Institutionenökonomik, von der bereits die Rede war. In der klassischen ökonomischen Theorie kommen Unternehmen nicht vor. In der Realität natürlich schon, aber warum? Coase beantwortet die Frage, indem er eine Annahme der klassischen ökonomischen Theorie aufgab – dass nämlich Verträge kostenlos zustande kämen. Ein Automobil kann theoretisch auch entstehen, indem jeder Hersteller von Teilkomponenten und jeder Zulieferer miteinander Verträge schließen – der Hersteller der Achsen mit dem Hersteller der Räder, der Hersteller des Motors mit dem des Chassis und so weiter. Klar ist jedoch, dass diese Vertragswerke gigantische Kosten aufwerfen – für Anbahnung und Suche, für Kontrolle und Nachbesserung und so fort – die sogenannten Transaktionskosten. Eine hierarchische Lösung, bei der eine Stelle alles koordiniert, ist hier aus ökonomischer Sicht vorzuziehen, auch wenn die Hierarchie mit ihren teuren Angestellten und Verwaltungskosten auch nicht unentgeltlich zu haben ist. Unternehmen entstehen also schlicht dann, wenn die Transaktionskosten auf einem Markt höher sind als die Summe aus Produktions- und Koordinationskosten einer Hierarchie. Das klingt plausibler, als es im Unternehmensalltag ist. Ein Manager, der eine „Make or buy"-Entscheidung zu treffen hat, kann nicht beurteilen, ob er richtig entschieden hat. Er kann schließlich nur den Erfolg der von ihm gewählten Lösung überprüfen, denjenigen der anderen nicht. Ein Vergleich von Transaktions- und Koordinationskosten ex ante (also im Vorhinein) erscheint ebenfalls schwierig bis unmöglich (vgl. Poppo & Zenger, 1998 S. 854).

Im Rahmen der Transaktionskostentheorie werden auch einige Annahmen hinsichtlich der Akteure getroffen. Dabei handelt es sich um Menschen, deren Rationalität begrenzt ist, die also, weil ihnen Informationen fehlen und ihre Wahrnehmung des Marktgeschehens nicht frei von Verzerrungen ist, keine hundertprozentig rationalen Entscheidungen fällen können. Zudem sind sie auch auf den eigenen Vorteil aus und setzen dabei auch auf List und Tücke, um ihren Nutzen zu maximieren. Es gilt also abzuschätzen, inwieweit der Hang zum Opportunismus, wie diese Haltung in der Transaktionskostentheorie bezeichnet wird, mittels Verträgen einzudämmen ist. Oder ob es vielleicht doch besser ist, einen Koordinationsrahmen einer Hierarchie zu nutzen.

Eigenschaften von Transaktionen

Die Höhe der Transaktionskosten hängt von verschiedenen Eigenschaften der Transaktion selbst ab (vgl. zum Folgenden beispielsweise Williamson, 1985, S. 32 ff.). Je nach der durch diese Eigenschaften beschriebenen Art der Transaktion lohnen sich mal hierarchische, mal hybride (wie Kooperationen), mal Marktlösungen. Die wichtigsten Eigenschaften sind:

- **Spezifität:** Im Zusammenhang mit Transaktionen kommt es in der Regel zu Investitionen in bestimmte Einsatzfaktoren. Wenn also beispielsweise ein Zulieferer einem Unternehmen bestimmte Teile liefert, die dieses weiterverarbeitet, muss es zuvor entsprechende Produktionsanlagen bereitgestellt haben. Für den Zulieferer kann es, was die Produktionskosten angeht, günstig sein, sich derart zu spezialisieren. Das macht ihn aber abhängiger von seinem Kunden, was dieser wiederum bei Vertragsverhandlungen ins Spiel bringen könnte (opportunistisches Verhalten!). Umgekehrt lohnt es sich angesichts der Spezifität des bestimmten Faktors nur für einen Anbieter, den Faktor bereit zu stellen. Damit wäre nun der Kunde von seinem Lieferanten abhängig, was wiederum dieser nun zu seinen Gunsten ausnutzen könnte, indem er beispielsweise Mondpreise erhebt. Spezifität begünstigt also opportunistisches Verhalten der Transaktionspartner und lässt damit Vertrags- (also Markt-)beziehungen als wenig effizient erscheinen.
- **Häufigkeit:** Wird eine Transaktion zwischen Vertragspartnern häufig wiederholt, sorgt dies für geringere Transaktions- und Produktionskosten. Synergien können in diesem Falle ausgenutzt, Größenvorteile (Economies of Scale) realisiert werden.
- **Unsicherheit:** Transaktionen sind stets mit einem gewissen Maß an Unsicherheit verbunden. Wie wird sich mein Vertragspartner wohl verhalten? Wie entwickelt sich die für die Transaktion relevante Umwelt? Da der Transaktionskostenansatz opportunistisches Verhalten der Vertragspartner annimmt, sind das durchaus relevante Fragestellungen. Liegt keine Unsicherheit bezüglich der Umweltzustände vor, kann man mittels Vertragsgestaltung die Verhaltensunsicherheiten komplett ausschließen – aber das kostet. Beispiel: Mit einem Lieferanten in Südamerika, den ich noch niemals gesehen habe und mit dem noch niemand Erfahrungen in Geschäftsbeziehungen gemacht hat, ist die Formulierung eines Vertrags in der Regel schwieriger und kostspieliger als mit dem Lieferanten nebenan. Und auch die Transaktionskosten ex post – also für Kontrolle, Anpassung und die Durchsetzung der Verträge – liegen im ersten Falle sicherlich deutlich höher. Je höher also das Maß an Unsicherheit, desto höher die Transaktionskosten.
- **Transaktionsatmosphäre:** Hierunter fallen die Rahmenbedingungen, unter denen eine Transaktion stattfindet. Dazu zählt beispielsweise das politische und gesellschaftliche Umfeld, aber auch der rechtliche Rahmen.

Im Folgenden wird aus Sicht der Transaktionskostentheorie analysiert, warum Agenturen existieren und von Unternehmen mit der Entwicklung von Marketing-Kommunikationsmaßnahmen betraut werden. Zunächst lesen sich beide Fragen, als beleuchteten sie zwei Seiten der gleichen Medaille. Das stimmt aber nur bedingt. Denn dass Unternehmen Teile ihrer Marketing-Kommunikation auslagern, heißt nicht zwingend, dass sie dies an „Agenturen" tun müssen – sie könnten schließlich auch Freelancer jeweils für Teilaufgaben beauftragen. Wir müssen also beides erklären – die Entscheidung auf Unternehmensseite, Werbung oder andere Teilaufgaben ihrer Marketingkommunikation Dritten zu überlassen (eine klassische „Make-or-Buy"-Entscheidung), und die Entstehungsgründe für Agenturen (eine „Markt- oder Hierarchie"-Entscheidung).

4.3.2 Warum gibt es Agenturen?

Nun wissen wir, warum es im weiten Meer des Marktes hierarchische Inseln namens „Unternehmen" gibt. Im nächsten Schritt sollten wir nun klären, warum es spezielle Unternehmen namens „Agenturen" gibt. Anders formuliert: Welche spezifischen Eigenschaften der Transaktionen, die innerhalb der Hierarchie einer Agentur vollzogen werden, lassen eine Marktlösung hier als nicht sinnvoll erscheinen? Ein Unternehmen könnte ja auch ein Heer spezialisierter Einzelkämpfer beauftragen sich um seine Werbung zu kümmern. Möglich wäre auch, dass ein einzelner Partner des Unternehmens ein Netz von Vertragsbeziehungen steuert, das alle erforderlichen Kompetenzen (Strategische Planung, Beratung, Kreation, Umsetzung/Produktion) abbildet, wie es beispielsweise bei größeren Bauprojekten üblich ist. Tatsächlich gibt es dergleichen bereits (vgl. Kap. 6).

Damit stellt sich die Frage, wie Transaktionen innerhalb von Agenturen genau aussehen und welche Transaktions-, Produktions- und Koordinationskosten hier anfallen. Um dies zu klären, müssen wir die oben genannten Eigenschaften von Transaktionen heranziehen. Da es Agenturen gibt, so müsste man aus Sicht der Transaktionskostentheorie argumentieren, scheinen die Transaktionskosten für bestimmte Agenturleistungen so hoch zu sein, dass sich hierfür eine hierarchische Struktur namens Agentur lohnt. Die Frage ist dabei, was die Transaktionskosten treibt.

Das Argument der hohen Faktorspezifität spielt in Agenturen sicherlich die größte Rolle. Eine Kommunikationsagentur besteht im Wesentlichen aus qualifizierten Mitarbeitern. In aller Regel hat die Agentur in diesen spezifischen Faktor am meisten investiert, hierin spiegelt sich also der wesentliche Teil der Produktionskosten einer Agentur wider. Daneben entstehen in Agenturen Koordinationskosten für die Abstimmung der einzelnen am Agenturprozess beteiligten Mitarbeiter. Diese Koordinationskosten sind offenbar geringer als die Transaktionskosten, die entstehen würden, wenn einzelne Freelancer sich zusammenfinden müssten. Dass dies tatsächlich der Fall ist, kann man mit Blick auf die Agenturprozesse leicht nachvollziehen. Diese sind durch ineinandergreifende Prozessschritte mit hohem Koordinationsaufwand gekennzeichnet.

Um es sich einmal bildlich vor Augen zu führen: Ohne das hierarchische Gebilde namens Agentur müsste sich etwa ein Berater, der einen Kunden gewonnen hat, auf die Suche nach Kreativen, strategischen Planern, Textern, Online-Experten etc. machen und jeweils mit diesen Verträge schließen. Wie das genau aussehen soll, ist überaus fraglich. Die Schwierigkeiten liegen hier vor allem im Gut „Idee", um dessen Entstehung und Umsetzung es ja im Wesentlichen geht. Konkret und am Beispiel: Ein Texter und ein Art-Director haben sich im betreffenden Fall per Vertrag zusammengetan und ein kreatives Konzept entwickelt, das nun von einem Reinzeichner umgesetzt werden soll. Zu welchem Preis sollen sie das Konzept nun an den Reinzeichner verkaufen (wir sprechen schließlich von Marktbeziehungen!)? Hier spielt opportunistisches Verhalten eine große Rolle. Der Reinzeichner würde im Extremfall für das Kreativkonzept überhaupt nichts bezahlen, sobald er es gesehen hat (man erinnere sich an Arrow's Informationsparadoxon). Man sieht leicht, dass schon mit der Anbahnung von Verträgen große Schwierigkeiten verbunden sind. Hinzu kommt, dass der arme Berater im Weiteren sämtliche Prozessschritte innerhalb dieses losen Netzes freier Mitarbeiter koordinieren müsste. Das so etwas nicht oder jedenfalls nicht effizient funktionieren kann, wenn keiner der Beteiligten wirklich etwas miteinander zu tun hat, liegt auf der Hand (vgl. Poppo & Zenger, 1998, S. 854). Besser also, ein hierarchisches Gebilde namens Agentur übernimmt die Koordination der einzelnen Prozessschritte.

Hinzu kommt, dass die Investition in spezifische Faktoren – in Agenturen also in Mitarbeiter – sich auch rechnen muss. Die spezifischen Faktoren rechtfertigen das Investment aber nur dann, wenn sie auch entsprechend ausgelastet sind. Agenturen schaffen das, weil sie für mehrere Kunden arbeiten. Das motiviert sie auch, in die Weiterbildung ihrer Mitarbeiter zu investieren. Insofern lohnt sich das Investment in eine spezialisierte Mannschaft auf Agentur-, in der Regel nicht aber auf Unternehmensseite. Doch dazu später mehr.

Inwieweit Wertschöpfung in einem hierarchischen Gebilde namens Agentur stattfinden sollte, hat auch im Agenturalltag hohe Relevanz. Agenturen stehen permanent vor „Make-or-Buy"-Entscheidungen. Sie arbeiten häufig mit sogenannten Freelancern zusammen, also mit freien Beratern oder Kreativen, beispielsweise, um Spitzenlasten abzufangen. Vor der Entscheidung, Dinge „inhouse" zu machen oder an Externe zu vergeben, stehen Agenturmanager praktisch täglich. Wir kommen auf diesen Punkt zurück, wenn wir uns mit den Geschäftsmodellen von Agenturen und hier speziell mit den Wertschöpfungsketten beschäftigen (siehe Kap. 5).

Ob die Transaktionskostentheorie letztlich wirklich geeignet ist, die Existenz von Werbeagenturen abschließend zu erklären, ist nicht unumstritten (vgl. Horsky et al., 2008, S. 4; Poppo & Zenger, 1998). Es deutet einiges darauf hin, dass Agenturen nicht deshalb existieren, weil die Koordinationskosten geringer ausfallen als die Transaktionskosten einer Markt- oder Vertragslösung, sondern weil es die Alternative der Marktlösung überhaupt nicht gibt. Anders formuliert: Agenturen sind vielleicht doch eher Gebilde aus komplexen Ressourcen, die überhaupt nicht auf einem Markt gehandelt werden können. Dazu später mehr.

4.3.3 Werbung – selbst machen oder zukaufen?

Mit der Transaktionskostentheorie haben wir nun auch das theoretische Rüstzeug an der Hand, um eine Fülle weiterer in der Praxis sehr relevanter Fragestellungen zu erörtern. Aus der Perspektive der Marketingabteilung eines Unternehmens stellt sich hinsichtlich des Themas Werbung die Make-or-buy-Entscheidung: „Sollen wir eine eigene Werbeabteilung aufbauen und betreiben oder das Thema an Dritte auslagern?" Auch für diese Art Fragestellungen wird die Transaktionskostentheorie herangezogen. Sie ist also nicht nur eine Theorie der Unternehmung, sondern macht auch Aussagen zu den Unternehmens*grenzen*.

Aus Sicht des Auftraggebers von Werbeagenturen ergeben sich in dieser Hinsicht unter anderem folgende Fragen:

- Warum überlässt das Marketing eines Unternehmens das Thema Marketing-Kommunikation überhaupt Externen – also etwa Agenturen – statt sich selbst dieses Themas anzunehmen?
- Überlässt man die gesamte Marketing-Kommunikation einer Agentur oder lieber nur Teilbereiche?
- Bindet man Agenturen besser über längerfristige Verträge fester an sich oder vergibt man lieber nur fallweise Projektaufträge?

„Make or buy" aus Unternehmenssicht

Werbung gehört zu den sicherlich am häufigsten ausgelagerten Unternehmensfunktionen. Nur selten vernimmt man dagegen, dass ein Unternehmen seinen Vertrieb, seine Produktentwicklung oder andere Marketingfunktionen outsourct. Statt einer Agentur die Zuständigkeit für seine Werbung zu übertragen, könnte das Unternehmen theoretisch diese Aufgabe ebenso gut selbst erledigen. Tatsächlich leisten sich einige Unternehmen solche Inhouse-Agenturen, aber das ist zumindest in Deutschland keine Mehrheit. Maßgeblich für diese „Make-or-buy"-Entscheidung ist aus Sicht der Transaktionskostentheorie eine Abwägung zwischen verschiedenen Arten von Kosten. Für das Unternehmen entstehen bei der Beauftragung von Agenturen **Transaktionskosten,** die sie einsparen könnten, wenn sie eine Werbeabteilung unterhielten, die deren Aufgaben vollumfänglich übernähme. Allerdings entstehen anstelle der Transaktionskosten einer Agenturbeauftragung **Koordinations- und Produktionskosten** einer Inhouse-Lösung. Aus Sicht der Transaktionskosten-Theorie ist die Beauftragung einer Werbeagentur somit nur dann sinnvoll, wenn die Transaktionskosten niedriger sind als die Summe aus Produktions- und Koordinationskosten. Dies scheint zumindest hierzulande in der Regel der Fall zu sein, denn die Zahl Unternehmen mit eigener Inhouse-Agentur ist überschaubar. In den Vereinigten Staaten sieht die Sache offenbar etwas anders aus. Dort verfügt laut einer Studie rund die Hälfte der Werbung treibenden über Inhouse-Lösungen für ihre Werbung (vgl. hierzu ausführlich Horsky et al., 2008).

Es ist also zu prüfen, aus welchen Gründen und in welchen Fällen es aus Unternehmenssicht sinnvoll ist, der Marktlösung gegenüber der Hierarchielösung den Vorzug zu geben, also lieber eine Agentur einzuschalten, als seine Werbung selbst zu machen. Zunächst einmal spart das Unternehmen Geld, wenn es auf die Beauftragung von Agenturen verzichtet. Denn diese wollen ihrerseits Geld verdienen, werden ihre Dienstleistung also nicht zu Selbstkosten anbieten, sondern einen Gewinnzuschlag erheben. Diesen Gewinnzuschlag spart das Unternehmen ein, wenn es die Werbung inhouse anfertigt. Dem stehen jedoch erhebliche Produktionskosten einer eigenen Inhouse-Agentur gegenüber. Oder, in der Terminologie des Transaktionskostenansatzes formuliert, es sind Investitionen in spezifische Einsatzfaktoren notwendig. Es müssen Räume zur Verfügung gestellt werden, vor allem aber muss das Unternehmen entsprechendes Personal rekrutieren und bezahlen. Es ist fraglich, ob diesen Investitionen entsprechende Nachfrage gegenübersteht, ob also eine Inhouse-Werbeagentur überhaupt ausgelastet werden kann (vgl. Horsky et al., 2008, S. 4). Dies gilt umso mehr dann, wenn Mitarbeiter mit anspruchsvollen und vielschichtigen Fähigkeiten benötigt werden. Braucht man also viele verschiedene Spezialisten, fällt es schwerer, diese stets mit genug Arbeit zu versorgen. Dieser Bedarf an spezialisiertem Know-how dürfte aber gerade für Marketing-Kommunikation typisch sein (vgl. Poppo & Zenger, 1998, S. 861). Wenn also das Marketing-Budget einen bestimmten Wert unterschreitet, lohnt sich die Inhouse-Agentur nicht mehr, da die Kostenersparnisse – etwa durch Wegfall der Gewinnzuschläge von Agenturen – durch die Größennachteile der Inhouse-Agentur gegenüber einer externen Agentur mehr als kompensiert werden.

Untersuchungen zeigen, dass es sich erst ab einer bestimmten Größe des Gross Income (Rohertrags) einer Agentur lohnt, überhaupt den Betrieb aufzunehmen (vgl. Poppo & Zenger 1998, S. 861). Die Autoren einer Studie rechnen vor, dass die Mindest-Betriebsgröße einer Agentur in den Vereinigten Staaten bei einem Gross Income von drei bis vier Millionen Dollar (im Jahr 1987, damals war der Dollar im Jahresdurchschnitt 1.79838 DM wert) liegt. Dies bedeutet ein Werbebudget in Höhe von zwischen 25 und 33 Mio. Dollar. Nur wenige Unternehmen verfügen über ein derartiges Werbebudget. Mithin ist in nur wenigen Unternehmen ein effizienter Betrieb einer Inhouse-Agentur möglich. Anderseits gibt es laut Studie auch in sehr kleinen Unternehmen die Tendenz, Inhouse-Agenturen zu betreiben. Diese Firmen profitieren dadurch vom Wegfall der Gewinnaufschläge externer Agenturen (vgl. Horsky et al., 2008, S. 24).

Es gibt somit gute Gründe, die dafür sprechen, dass diese Kosten in einer Inhouse-Agentur höher ausfallen als in einer Agentur, die am Markt agiert. Denn anders als die Inhouse-Kollegen kann die externe Agentur sogenannte ‚Economies of Scope' realisieren. Hierunter versteht man Kostenvorteile, die sich aus der breiten Nutzung eines Produktionsfaktors ergeben. Die hoch-qualifizierten Kreativen und Berater einer Werbeagentur können für mehrere Kunden eingesetzt werden, es können mithin Synergien genutzt werden. Dieser Vorteil steht einer Inhouse-Agentur, die naturgemäß nur über einen Kunden verfügt, nicht zur Verfügung (vgl. Horsky, 2006, S. 374). Ein ähnliches Argument gilt für den Media-Einkauf. Full-Service-Agenturen und Mediaagenturen sind

Tab. 4.1 Agentur oder Inhouse-Lösung? (Quelle: Eigene Darstellung)

Argumente für eine Inhouse Agentur	Argumente für die Beauftragung einer externen Agentur
Vermeidung der Zahlung von Gewinnmargen, die eine Agentur auf ihre Leistungen erheben würde. Gerade kleinere Werbung treibende können hier erhebliche Einsparungen realisieren	Einsparung von Kosten für spezialisierte Mitarbeiter in Kreation und Strategie, die möglicherweise nicht ausgelastet werden können
Beispielsweise in technologieintensiven Branchen ist die Übermittlung des notwendigen Know-hows an Externe schwierig bzw. unmöglich	Nutzung von Economies of Scale auf Agenturseite, da dort die spezialisierten Mitarbeiter für mehrere Kunden arbeiten
Schutz von unternehmensspezifischem Know-how	Nutzung des Branchen-Know-hows und der externen Perspektive einer Agentur

in der Lage, Einkaufsvolumina mehrerer Kunden zu bündeln. Damit verfügen sie über eine wesentlich stärkere Verhandlungsposition gegenüber den Medien als das einzelne Unternehmen und können Größenvorteile (Economies of Scale) nutzen.

Ein Argument für Inhouse-Lösungen stellt auf die Branchenzugehörigkeit von Werbung treibenden Unternehmen ab. Sind diese in einer besonders technologieintensiven Branche tätig, mag das für Inhouse-Agenturen sprechen. Denn um Werbung für komplexe Produkte zu machen, braucht man entsprechende technische Expertisen. In der Sprache der Transaktionskostentheorie müsste eine Agentur, die einen Kunden aus einer solchen Branche betreut, also in sehr spezifische Faktoren – nämlich Branchenspezialisten – investieren. Es ist jedoch anzunehmen, dass der Kunde die Agentur irgendwann wechselt. Die Investitionen der Agentur in die Branchenexpertise wären auf einen Schlag nahezu wertlos. Daher werden Agenturen auf solche Investitionen verzichten. In Branchen, in denen also tiefes Know-how auch in der Marketing-Kommunikation notwendig ist, sind Inhouse-Agenturen eher zu finden als in anderen Sektoren. Ein Beispiel hierfür ist die Inhouse-Agentur von General Electric, die mehr als ein halbes Jahrhundert lang für die Kommunikation der GE-Produkte zuständig war (vgl. Horsky et al., 2008, S. 12 ff.). Tab. 4.1 gibt einen Überblick über die wichtigsten Argumente, die aus Sicht eines Werbung treibenden Unternehmens für und gegen die Beauftragung einer Agentur beziehungsweise die Einrichtung einer Inhouse-Werbeagentur sprechen.

Nur vergleichsweise wenige große Unternehmen leisten sich in Deutschland eigene Agenturen, teilweise mit einem speziell auf das jeweilige Unternehmen zugeschnittenen Angebotsportfolio. So war die Inhouse-Agentur von Bayer spezialisiert auf Unternehmens-Events und -broschüren. Red Blue, die Agentur von Media Markt/Saturn, verfolgt einen speziellen Ansatz, die Filialen des Handelsunternehmens mit Material zur Erstellung je eigener Werbemittel zu versorgen. Weitere Beispiele für Inhouse-Agenturen finden sich in einigen koreanischen Unternehmen. So betreiben die Automobilhersteller Kia/Hyundai (Agentur Innocean) und Samsung (Cheil) relativ große interne Agenturen, die international tätig sind. Horsky kommt in ihrer Untersuchung des amerikanischen Markts zu dem Ergebnis, dass 86,4 % aller Unternehmen ihre Werbung komplett ausgelagert haben. Nur etwas mehr als jedes zehnte amerikanische Unternehmen leisteten sich also damals eine Inhouse-Agentur (vgl. Horsky, 2006, S. 375). Es gibt auch Unternehmen, die einen Teil ihrer Marketing-Kommunikation auslagern, einen anderen Teil aber selbst übernehmen – wahrscheinlich ist das sogar die Regel. Gerade diese Vorgehensweise findet zunehmend Verbreitung. Mehr als drei Viertel der Mitgliedsunternehmen der amerikanischen Association of National Advertisers (ANA) verfügen mittlerweile über die eine oder andere Form einer Inhouse-Agentur, die große Mehrheit von ihnen arbeitet aber weiterhin auch mit Agenturen zusammen (vgl. ANA, 2018). Tchibo lässt beispielsweise die gesamte Kreativleistung von Agenturen erledigen, gestaltet und druckt aber Broschüren und Werbematerial für die Verkaufsstätten selbst. Das Volumen und die Häufigkeit dieser Produktionsleistungen sind so groß, dass sich die Inhouse-Abwicklung lohnt. Zudem vermeidet man Abstimmungsprozesse mit einer externen Agentur, wie sie bei aufwendigen Printprodukten anfallen. Das mindert Transaktionskosten.

In der Praxis haben sich mittlerweile auch Zwitterlösungen zwischen Agentur und Inhouse-Abteilung etabliert. Die Agentur Thjnk betrieb beispielsweise von Ende 2016 bis April 2020 ein Joint Venture mit Thyssen-Krupp unter dem Namen „Bobby & Karl", bei Mercedes ist die auf die eigenen Bedürfnisse zugeschnittene Agentur „Antoni" zuständig, für Media Markt wirbt die Agentur „Zum roten Hirschen", für McDonald's „Leo's Think Tank". Am Beispiel lassen sich einige Merkmale dieser Spezialisten aufzeigen: „Bobby und Karl" bestand zur Hälfte aus Mitarbeitern der Agentur und von Thyssen und sollte mittelfristig auch andere Kunden für sich begeistern, was letztlich aber nicht in gewünschtem Umfang gelang. Das Modell ist ohnehin nicht unumstritten (vgl. o. V., 2017). Vorteil ist aus Agentursicht, dass man den Kunden lange an sich bindet. Die Nachteile entsprechen denen der Inhouse-Agentur.

Eine Agentur oder mehrere?

Die Frage nach dem Für und Wider der Beauftragung einer Agentur greift in der Unternehmensrealität oft zu kurz. Tatsächlich beauftragen Unternehmen oft einige Agenturen gleichzeitig, die jeweils bestimmte Teilaufgaben übernehmen oder, wenn das Unternehmen über mehrere Marken verfügt, jeweils eine Einzelmarke betreuen. Zumindest die separate Beauftragung einer Agentur für die Kreationsleistung und einer anderen für den Mediaeinkauf ist weit verbreitet. Die nächste aus theoretischer und empirischer Sicht zu erörternde Frage ist also, wann die Beauftragung einer einzelnen Agentur sinnvoll ist und unter welchen Umständen die Beauftragung eines Bündels von Agenturdienstleistern sich lohnen mag (vgl. hierzu ausführlich Horsky, 2006). Die Vorteile, die ein Unternehmen aus Sicht der Transaktionskostentheorie realisieren kann, wenn sie ihre Marketing-Kommunikation an eine Agentur auslagert, lassen sich nur dann in vollem Umfang realisieren, wenn das Outsourcing mehr oder weniger vollständig an einen Dienstleister erfolgt. Denn die Koordination der verschiedenen Agenturen und die Integration der Arbeitsergebnisse dieser Agenturen verursacht Koordinationskosten.

Damit entstehen dem Werbung treibenden Unternehmen sowohl Transaktions- als auch Koordinationskosten. Die Frage ist, wann sich so etwas aus Unternehmenssicht lohnt.

Dieses Entscheidungsproblem soll beispielhaft für die Frage erörtert werden, ob ein Unternehmen Kreativ- und Medialeistung an eine oder aber an zwei jeweils spezialisierte Agenturen auslagern soll. Bis in die achtziger Jahre des zwanzigsten Jahrhunderts hinein galt die „Full-Service-Agentur" als typisch für die Branche. Agenturen dieses Typs bildeten die gesamte Wertschöpfungskette von der Strategie über die Kreation und Umsetzung bis hin zum Einkauf der nötigen Werbeplätze ab. Mit der zunehmenden Komplexität des Mediageschäfts gingen immer mehr Agenturen dazu über, sich von diesem – ungeliebten – Teil der Wertschöpfungskette zu trennen und den Einkauf von Werbeplätzen in den einschlägigen Medien spezialisierten Anbietern zu überlassen. Seitdem gibt es die Unterscheidung zwischen Werbeagenturen und Mediaagenturen, wobei einige Werbeagenturen immer noch auch Medialeistung in ihrem Angebot haben, also als „Full-Service-Agentur" gelten können. Hierzu zählt in Deutschland beispielsweise die Serviceplan-Gruppe.

Die Entscheidung eines Unternehmens, ob es seine Marketing-Kommunikation komplett an einen Full-Service-Anbieter oder an Spezialisten für Kreation und Media überlässt, hängt von mehreren Faktoren ab (vgl. zum Folgenden Horsky, 2006, S. 372 ff.).

- Für die **Bündelung** beider Dienstleistungen (Kreation und Media) bei einer Agentur spricht, dass die Koordinationskosten dieser Lösung aus Sicht des Werbung treibenden Unternehmens geringer ausfallen als bei getrennter Auftragsvergabe. Jemand auf Kundenseite muss die Schnittstelle zwischen Kreation und Media betreuen, eine Aufgabe, die innerhalb der Agenturen häufiger anfällt und von einem Agenturmitarbeiter für mehrere Kunden übernommen wird und daher günstiger erbracht werden kann.
- Für die **getrennte Beauftragung von Kreativ- und Mediaagentur** spricht beispielsweise, dass der Auftraggeber von der jeweils höheren Spezialisierung der jeweiligen Agenturtypen profitieren kann. Dies zeigt sich aufseiten der Mediaagenturen beispielsweise in deren Fähigkeit, durch Bündelung von Einkaufsvolumina und entsprechendes Verhandlungs-Know-how bessere Konditionen bei den Medien zu erwirken als Full-Service-Anbieter. Zudem profitieren die Auftraggeber in stärkerem Maße vom Wettbewerb unter den jeweiligen Agenturen als im Falle einer Full-Service-Agentur. Man könnte beispielsweise annehmen, dass es sich beim Media-Einkauf eher um eine „Commodity" handelt als beim Angebot einer Kreativagentur, die letztlich eher „Gewerke" anbietet. Die Drohung des Auftraggebers, die Mediaagentur zu wechseln, wenn der Preis nicht stimmt, ist also glaubwürdiger als im Falle der Kreativagentur. Dies kann ein Werbung treibendes Unternehmen natürlich nur dann nutzen, wenn sie beide Dienstleistungen getrennt beauftragt.

Die Frage, ob die Beauftragung einer Agentur oder das Aufsplitten eines Etats auf mehrere Agenturen der bessere Weg aus Sicht eines Unternehmens ist, bezieht sich natürlich nicht nur auf die Themen Kreation und Media. Mit ähnlichen Argumenten kann das Marketing eines Unternehmens auch über andere Themen nachdenken, etwa über die Frage, ob man Strategie und Kreativkonzept der einen Agentur überlässt, die digitale Umsetzung und die Umsetzung am „Point of Sale" einer anderen und die Produktion der Werbemittel vielleicht selbst erledigt. Diese Aufgabe ist komplex und sehr abhängig vom jeweiligen Unternehmen.

Projekte oder Komplettbetreuung?
Das Marketing muss ferner eine Entscheidung treffen bezüglich des Umfangs der Aufgaben, die an Agenturen ausgelagert werden sollen. Ein Unternehmen ersetzt die Koordinations- und Produktionskosten einer Inhouse-Lösung komplett durch die Transaktionskosten einer Agenturbeauftragung, wenn sie dieser Agentur mehr oder weniger die komplette Verantwortung für die Marketing-Kommunikation überträgt. Tatsächlich geschieht dies aber immer seltener. Wie Untersuchungen zeigen, gibt es in der Praxis einen eindeutigen Trend zum Projektgeschäft. Statt also einen „Werbeetat" zu gewinnen, der mit einem „Retainer" (also einem Pauschalhonorar) entgolten wird, erhalten die Agenturen immer häufiger den Auftrag zur Abwicklung einzelner Projekte. Auf das eine Projekt folgt, teilweise mit einer mehrmonatigen Pause, das nächste Projekt. Zwar haben die Agenturen häufiger mit ihren Kunden einen Rahmenvertrag vereinbart, der verhindert, dass diese Projekte auch an andere Agenturen vergeben werden können, wirkliche Planungssicherheit haben sie aber häufig nicht. Das Geschäft wird damit also kleinteilig. Aus Sicht der Agenturen resultiert daraus ein geringeres Maß an Planungssicherheit, für die Unternehmen steigen ceteris paribus die Koordinationskosten.

4.4 Warum gibt es Agenturen: Ressourcenansatz

Mit dem Transaktionskostenansatz kommt man bei der Klärung der Frage, warum es Werbeagenturen gibt, nicht zu einem völlig überzeugenden Ergebnis. In der Literatur hat sich mittlerweile ein weiterer Erklärungsansatz für die Existenz von Unternehmen herausgebildet, der als Fortentwicklung des Transaktionskostenansatzes gesehen werden kann – der Ressourcenansatz der Strategieforschung (englisch Resource-based view of Strategy). Der Ressourcenansatz untersucht die spezifischen Ressourcen eines Unternehmens als Quelle möglicher Wettbewerbsvorteile. In unserem Falle heißt das, als Frage formuliert: Welchen Wettbewerbsvorteil hat die Werbeagentur gegenüber der Werbeabteilung eines Unternehmens, also gegenüber der Inhouse-Lösung? Zweitens kann man den Ressourcenansatz natürlich auch nutzen, um Wettbewerbsvorteile einer Agentur gegenüber anderen Agenturen zu erklären.

Die Transaktionskostentheorie hat, wie gesehen, erklärt, warum es Unternehmen gibt. Der Ressourcenansatz erklärt, warum sich Unternehmen hinsichtlich ihrer

Wettbewerbsfähigkeit voneinander unterscheiden. Der Ansatz erklärt dies mit der unterschiedlichen Ausstattung von Unternehmen mit sogenannten Ressourcen. Eine Ressource ist dabei wie folgt definiert:

„Firm resources include all assets, capabilities, organizational processes, firm attributes, information, knowledge, etc. controlled by a firm that enable the firm to conceive of and implement strategies that improve its efficiency and effectiveness." (Barney, 1991, S. 101).

Damit aus solchen Ressourcen die Basis eines (nachhaltigen) Wettbewerbsvorteils werden kann, müssen bestimmte Bedingungen erfüllt sein. Zunächst einmal müssen sich die Unternehmen einer Branche in ihrer jeweiligen Ausstattung mit Ressourcen unterscheiden **(Annahme der Ressourcenheterogenität).** Logisch – wenn alle über die gleichen Produktionsmittel, Verfahren, Prozesse etc. verfügen, kann sich keiner besonders hervortun. Coca-Cola konnte dagegen einen Weltkonzern auf der einzigartigen Ressource ihrer Rezeptur aufbauen. Zweite Bedingung: Die Ressource kann nicht einfach von einem Unternehmen zum anderen wandern, ist also mit diesem auf irgendeine Art eng verbunden **(Annahme der Ressourcen-Immobilität).**[4] Im Idealfall kann eine solche Ressource nicht gehandelt werden. Ein überlegener Produktionsprozess ist ein Beispiel hierfür. Oft aber hat eine Ressource für ein Unternehmen schlicht einen höheren Wert als für andere, da sie nur im Zusammenspiel mit anderen Ressourcen ihre volle Wirkung entfaltet.

Da nicht jede Ressource, über die ein Unternehmen verfügt, einen strategischen, also nachhaltigen Wettbewerbsvorteil begründet, muss man sich die Eigenschaften von vorteilsbasierenden Ressourcen genauer ansehen. Von einem nachhaltigen Wettbewerbsvorteil spricht man, wenn Wettbewerber nicht in der Lage sind, den Vorteil durch Implementierung einer ähnlichen Strategie zu beseitigen. Solche Ressourcen sollen im Folgenden als „strategische Ressourcen" bezeichnet werden.

4.4.1 Eigenschaften strategischer Ressourcen

Die beiden oben skizzierten Annahmen kann man weiter auffächern und konkretisieren. In der Literatur werden vor allem folgende Eigenschaften strategischer Ressourcen unterschieden:

- **Wert:** Einen Wettbewerbsvorteil begründen nur solche Ressourcen, die für das betreffende Unternehmen einen Wert haben, also entweder Effizienz und Effektivität des Unternehmens erhöhen oder ihm helfen, Chancen am Markt zu nutzen oder

[4]Deshalb hält Coca-Cola seine Rezeptur strengstens geheim. Denn natürlich könnte ein Wettbewerber theoretisch in den Besitz des Rezepts kommen und Coca-Cola bedrohlich werden. Glücklicherweise verfügt das Unternehmen aber noch über andere strategische Ressourcen, allen voran die Marke, die zu den wertvollsten der Welt gehört.

Risiken abzuwenden. Die Frage nach dem Wert einer Ressource klärt sich letztlich auf dem Absatzmarkt.

- **Seltenheit:** Um beim Coca-Cola-Beispiel zu bleiben: Es gibt nicht viele Rezepturen für ein derartiges Erfrischungsgetränk, sondern streng genommen genau eins, auch wenn es Nachahmer gibt, die ein ähnliches Getränk produzieren. Eine Ressource, die sich im Prinzip jeder aneignen kann, wird natürlich niemals einem ihrer Besitzer einen Wettbewerbsvorteil bescheren. Sie muss also selten und nicht für jeden verfügbar sein. „Seltenheit" ist allerdings nicht so zu verstehen, dass nur ein Unternehmen über die entsprechende Ressource verfügen darf. Wann genau eine Ressource noch als „selten" zu bezeichnen ist, darüber herrscht in der Literatur Uneinigkeit.
- **Mangelnde Imitierbarkeit:** Damit ein Wettbewerbsvorteil entstehen kann, der nicht gleich nach einer Woche wieder verloren ist, müssen die ihm zugrunde liegenden Ressourcen ein gewisses Maß an Schutz vor Imitation durch Wettbewerber genießen. Es gibt einige „Imitationsbarrieren", die dies gewährleisten können. Dazu zählt beispielsweise die *Unternehmenshistorie* (vgl. Diericks & Cool, 1989, S. 1506 ff.). Wenn ein Unternehmen sich in einem über Jahrzehnte währenden Prozess bestimmtes Know-how über Produktionsverfahren angeeignet hat und sich dieses Know-how in bestimmten Routinen und Prozessen materialisiert, kann ein anderes Unternehmen diese Ressourcen nur schwer imitieren, da es nicht die gleiche Vorgeschichte durchlaufen hat. Dazu zählen etwa auch die strategischen Entscheidungen, die ein Unternehmen über die Jahre getroffen hat. Diese Entscheidungen führten zu einer bestimmten Ausstattung mit Ressourcen im Unternehmen, und diese imitieren zu wollen hieße, die Entscheidungen nachvollziehen zu müssen. Das aber dürfte in den allermeisten Fällen unmöglich sein.
  Auch *Unklarheiten über Kausalzusammenhänge* können als Imitationsbarriere dienen. Wenn der Konkurrent eines Unternehmens nicht von außen erkennen kann, wie genau der Zusammenhang zwischen den Ressourcen eines Unternehmens und seinem Wettbewerbsvorteil beschaffen ist, sieht er sich außerstande, diese Ressourcen zu imitieren. Er wüsste schließlich überhaupt nicht, welche Maßnahmen er zu ergreifen hätte, um die Ressourcen seines Wettbewerbers zu imitieren. Das klingt relativ abstrakt, ist in der Praxis aber durchaus häufiger zu beobachten. Selten beruht der Vorteil eines Unternehmens auf einigen wenigen, klar erkennbaren Ressourcen. Oft genug handelt es sich vielmehr um ein Geflecht unterschiedlichster Faktoren, die den Wettbewerbsvorteil begründen. Oft kennt nicht einmal das Unternehmen, das über diese Ressourcen verfügt, diese Zusammenhänge ganz genau.
  Diese *Interdependenzen zwischen Ressourcen* bilden ebenfalls eine Imitationsbarriere. So entsteht überlegenes technisches Know-how möglicherweise aus einer hochkompetenten Forschungs- und Entwicklungsabteilung gekoppelt mit Anregungen, die der Kundenservice an die Produktentwicklung weiterreicht und einer Kultur, die innovatives Denken besonders belohnt. Erst das Geflecht dieser Ressourcen begründet den Wettbewerbsvorteil und ist natürlich nur schwer zu imitieren. Auch das Abwerben der besten Forscher würde einem Wettbewerber hier nur wenig helfen.

- **Mangelnde Substituierbarkeit:** Der Wettbewerbsvorteil eines Unternehmens ist auch dann verloren, wenn ein Konkurrent sich zwar nicht die exakt gleichen Ressourcen angeeignet hat, aber auf anderem Wege, also mithilfe ähnlicher Ressourcen, zu einem ähnlichen Ziel gekommen ist. Um also einen nachhaltigen Wettbewerbsvorteil begründen zu können, darf es zu der Ressourcenbasis des betreffenden Unternehmens keine „strategischen Äquivalente" geben (vgl. Barney, 1991, S. 111). Vor allem Wettbewerbsvorteile, die auf materiellen Ressourcen und spezifischem technischen Know-how beruhen, sind in Zeiten stetiger technischer Umwälzungen besonders durch Substitution bedroht. Das herausragende Know-how in der analogen Fotografie nutzte Anbietern wie Eastman Kodak oder Leica nur wenig, als sich die digitale Fotografie durchsetzte.

4.4.2 Arten von Ressourcen

Es sind vor allem drei Arten von Ressourcen, die – in unterschiedlichem Ausmaß – einen Wettbewerbsvorteil begründen können: **Materielle, immaterielle** und **organisatorische** Ressourcen.

Zu den **materiellen** Ressourcen zählen physische Ressourcen, wie Maschinen, der Standort oder auch die finanziellen Möglichkeiten eines Unternehmens. In der Literatur wird oft die Auffassung vertreten, materiellen Ressourcen fehlten in der Regel die oben skizzierten Eigenschaften, die notwendig sind, um einen Wettbewerbsvorteil zu begründen. Auch in Agenturen dürfte dies der Fall sein. Interessanter wird es schon bei den **immateriellen** Ressourcen. Hierzu zählen beispielsweise die Reputation eines Unternehmens, dessen Patente, sein technisches und sein Management-Know-how. Unter den Ökonomen herrscht weitgehend Einigkeit, dass solche Ressourcen in den allermeisten Fällen die wertvollsten sind, wenn es um Wettbewerbsvorteile geht. Für immaterielle Ressourcen gibt es in der Regel keinen funktionierenden Markt, denn sie sind in aller Regel schwer zu bewerten. Außerdem haben sie den besonderen Charme, dass sie nicht – wie materielle Ressourcen – bei ihrem Einsatz an Wert verlieren, sondern ganz im Gegenteil im Gebrauch eine Anreicherung erfahren. Der Einsatz einer Maschine führt zu Abnutzung, der Einsatz von Management-Know-how führt dagegen in aller Regel zu einer weiteren Ergänzung beziehungsweise Optimierung dieses Wissens.

Besondere Bedeutung als Grundlage zur Erlangung von Wettbewerbsvorteilen haben **organisatorische** Ressourcen. Damit sind nicht nur besondere Fähigkeiten bei der Gestaltung von Aufbauorganisation und Abläufen im Unternehmen gemeint. Es geht hierbei vielmehr um überlegene Fähigkeiten in sämtlichen Unternehmensfunktionen, also Forschung und Entwicklung, Beschaffung, Produktion oder Marketing und die Fortentwicklung dieser spezifischen Fähigkeiten. Es leuchtet ein, dass gerade organisatorische Ressourcen über die oben beschriebenen Merkmale strategischer, also einen nachhaltigen Vorteil begründender, Ressourcen verfügen. Sie sind häufig komplex und in einem längeren Prozess entstanden, mithin also schwer imitierbar. Ihr Wert ergibt sich aus Effizienz- und Effektivitätssteigerungen. Einzig mit der fehlenden Substituierbarkeit ist es nicht so weit her, denn es gibt quasi unendlich viele Möglichkeiten, organisatorische Ressourcen zu gestalten, und also auch unendlich viele Wege, sie zu substituieren (vgl. Collis, 1994, S. 146).

4.4.3 Strategische Ressourcen in Agenturen

Nachdem geklärt ist, welche Ressourcen einem Unternehmen zu einem Wettbewerbsvorteil verhelfen können, soll im Folgenden erörtert werden, inwieweit es solche Ressourcen in Agenturen gibt und wie sie ausgestaltet sind. Während also die Transaktionskostentheorie erklärt, warum überhaupt ein Unternehmen (beziehungsweise eine Agentur) existiert, beschreibt der Resource-based View die Möglichkeiten, wie ein solches Unternehmen sich eine nachhaltig erfolgversprechende Wettbewerbsposition erarbeiten kann. In unserem Falle heißt das auch zu klären, inwieweit Agenturen einen Wettbewerbsvorteil gegenüber Inhouse-Werbeabteilungen von Unternehmen haben und was hierfür die Grundlagen sind. Was also sind die strategischen Ressourcen einer Agentur?

Die Frage lässt sich nicht für sämtliche Agenturen einheitlich beantworten. Verschiedene Agenturtypen unterscheiden sich in der Ressourcenausstattung teils erheblich voneinander. Wir werden darauf noch eingehen, wenn die Geschäftsmodelle von Agenturen behandelt werden sollen. Dennoch gibt es eine Art kleinster gemeinsamer Nenner, den wir gleich behandeln werden. Fest steht zudem, dass nicht eine herausragende Ressource den Wettbewerbsvorteil einer Agentur begründet, sondern ein mehr oder weniger komplexes Geflecht von Ressourcen, zwischen denen zum Teil Interdependenzen bestehen. Folgende Kategorien von Ressourcen dürften in der Praxis besondere Bedeutung haben und insbesondere in ihrer Vernetzung mögliche Wettbewerbsvorteile von Agenturen begründen:

Prozesse und Routinen

Anders als der Transaktionskostenansatz, der die nachlassende Effizienz von Markttransaktionen im Falle hoher Faktorspezifität betont, stellt der Ressourcenansatz die zunehmende Effektivität und Effizienz hierarchischer Lösungen im Zuge von Investitionen in unternehmensspezifische Ressourcen in den Vordergrund. Weniger akademisch formuliert: Organisationen wie beispielsweise Agenturen werden in diesem Ansatz als „Communities" verstanden, die wegen einer einheitlichen Sprache den Austausch unter spezialisierten Experten besonders reibungslos und damit effizient ermöglichen. Unternehmen (und somit auch Agenturen) verfügen also gegenüber dem Markt über einen entscheidenden Vorteil: Da alle in der Agentur tätigen Spezialisten eine eigene spezifische Sprache sprechen und nach spezifischen unternehmenseigenen Routinen arbeiten, sind sie besser in der Lage als der Markt, neues Wissen hervorzubringen. Dabei hilft, dass Hierarchien strikt von oben nach unten definieren und durchsetzen können, wie neues Wissen hervorgebracht werden soll. Dies ist auf einem Markt natürlich nicht möglich.

Eine besondere Rolle spielen hierbei organisatorische Ressourcen wie unternehmensinterne Prozesse und Routinen. Jedes Unternehmen hat auch wegen seiner jeweiligen Historie eine bestimmte Art und Weise, mit Herausforderungen umzugehen. Das gilt auch und erst recht für Agenturen. Zwar unterscheiden sich die Prozesse in Agenturen nur wenig voneinander. Dies gilt aber eher für den konkret beschreibbaren formalen Teil. Diesem wird in der Literatur jedoch nur eine vergleichsweise geringe Rolle beim Streben nach Wettbewerbsvorteilen zugesprochen. Wichtiger sind „implizite“ Routinen, in der Literatur auch als „Tacit Knowledge“ bezeichnet. Denn da diese nicht kodifizierbar, also nicht dokumentier- und daher nur begrenzt erklärbar sind, können sie auch nicht imitiert oder transferiert werden, bleiben also im hohen Maße unternehmensspezifisch. Von Reinhard Springer, Gründer und Chef der legendären Agentur Springer & Jacoby ist überliefert, dass er in seiner Agentur zum einen eine „Community“ aus Gleichgesinnten gesehen hat, zum anderen eine Ausbildungsstätte, die allen Mitarbeitern die spezielle Art der Agentur nahegebracht hat. Gerade im Bereich der Kreation liegt hier sicher eine ganz wesentliche Grundlage für Wettbewerbsvorteile von Agenturen. Umso erstaunlicher, dass es hierzu – wie insgesamt zu kreativen Prozessen – kaum Forschungsresultate gibt (vgl. Averdung, 2013, S. 87 und die dort zitierte Literatur). Immerhin kommt eine Studie aus den Niederlanden zu dem Resultat, dass immer wieder die gleichen Agenturen bei Kreativwettbewerben gewinnen (vgl. Verbeke et al., 2008). Die Autoren der Studie führen dies auf bestimmte Routinen und Prozesse in den betreffenden Agenturen zurück, die diese befähigen, immer wieder einen Output von hoher kreativer Qualität zu erbringen.[5]

Damit wäre auch die von Kreativen gerne vorgebrachte These widerlegt, nach der sich Kreativität gerade gegen Routinen und standardisierte Prozesse sperre. Allerdings sind sich Organisationstheoretiker weitgehend darin einig, dass Strukturen und Prozesse, die Kreativität befördern, sich erheblich von solchen unterscheiden, die in erster Hinsicht Effizienz zum Ziel haben. Zudem sind offenbar bestimmte Kontroll- und Anreizsysteme notwendig, wenn eine Organisation kreativen Output zum Ziel hat. Diese Systeme sind häufig nicht kompatibel mit den Strukturen „herkömmlicher“ Unternehmen (vgl. Horsky et al., 2008, S. 15).

Kultur

Die Unternehmenskultur wird in der Literatur als eine der wichtigsten strategischen Ressourcen gesehen. Die Kultur eines Unternehmens ist nur schwer bis gar nicht imitierbar, da sie historisch gewachsen ist und aus unklaren und komplexen sozialen

[5]Möglicherweise ist diese Interpretation aber auch zu hoch gegriffen. Vielleicht verfügten die betreffenden Agenturen einfach nur über die Gabe, besonders gut auf die Anforderungen von Jurys der Kreativwettbewerbe einzugehen und damit über eine Spezialkompetenz.

Zusammenhängen besteht. Sie ist auch nicht wirklich substituierbar, etwa durch bestimmte Anreizsysteme. Gerade Kreative reagieren mitunter allergisch auf die Einführung von Anreizsystemen, Zeiterfassung und andere Formen eher formaler Führung (vgl. dazu Woodman et al., 1993, S. 300). Agenturen unterscheiden sich zum Teil deutlich voneinander, was die jeweiligen Unternehmenskulturen betrifft (Eindrücke verschiedener Agenturkulturen vermitteln beispielsweise Neukirchen, 2011; Femina, 2011). Welcher Geist in einer Agentur herrscht, ahnt man meist schon, wenn man deren Räumlichkeiten betritt. Die Kultur hat dabei in sehr starkem Maße Einfluss auf den Erfolg von Agenturen und stellt somit wahrscheinlich die wichtigste strategische Ressource auch in dieser Branche dar. Sie entscheidet auch darüber, welche Mitarbeiter sich von einer Agentur angezogen fühlen beziehungsweise von dieser ausgewählt werden. Dies wiederum stärkt die bestehende Kultur (vgl. Woodman et al., 1993, S. 305).

Ein besonderer Treiber, was die Ausgestaltung der jeweiligen Agenturkultur betrifft, dürfte im Verhältnis zwischen den Kreativen einer Agentur und den übrigen Mitarbeitern – hier insbesondere den Beratern – bestehen. Agenturen haben es typischerweise mit dem Aufeinandertreffen zweier völlig verschiedener Mitarbeitertypen zu tun. Die Kultur einer Agentur wird wesentlich davon geprägt, welche dieser Gruppen im Zweifelsfall das Sagen hat. Bei Kreativagenturen wie Jung von Matt und Heimat oder ehemals Springer & Jacoby ist das leicht zu entscheiden – es sind die Kreativen. Allerdings zeichnen sich diese Agenturen oft durch strengste Regelwerke aus, es gibt zu allem und jedem Checklisten, Ablaufpläne, Formulare, nicht zuletzt auch, um die Zentrifugalkräfte, die eine von Kreativen bestimmte Kultur entwickeln kann, im Zaum zu halten. Einige wenige Studien zeigen weitere Faktoren einer Organisation, die Kreativität befördern. So sollte die Hervorbringung kreativer Lösung und die Bewertung dieser Lösungen organisatorisch getrennt werden. Weitere Merkmale kreativitätsfördernder Organisationen: Sie befördern die Übernahme von Risiken durch die Mitarbeiter, sie erleichtern den freien Informationsfluss und erleichtern das Austragen von Konflikten, und sie setzen auf intrinsische Motivation statt auf Anreizsysteme (vgl. Woodman et al., 1993, S. 306 und die hier zitierten Untersuchungen).

Reputation

Für Kunden ist die Reputation einer Agentur ein wichtiges Auswahlkriterium. Wer also einmal eine Reputation für besondere Kreativität oder andere Kompetenzen besitzt, hat eine strategische Ressource von großem Wert. Selten ist sie außerdem ebenso schwer zu imitieren und zu substituieren. Der steile Aufstieg vieler Newcomer-Agenturen erklärt sich daraus, dass sie es relativ schnell geschafft haben, sich mittels besonders auffallender Kampagnen einen Ruf für herausragende Kreativität zu erarbeiten. Diese Reputation kann eine Agentur dadurch erhärten, dass sie möglichst viele ihrer Arbeiten bei den einschlägigen Kreativfestivals einreicht und dort möglichst auch erfolgreich ist. Agenturen, die hier häufig punkten, liegen auch in den Ranglisten der Fachzeitschriften vorne (Tab. 4.2). Kunden orientieren sich bei der Agenturauswahl häufig an diesen Kreativrankings.

Tab. 4.2 Die kreativsten deutschen Agenturen im Jahr 2019. (Quelle: Horizont)

Agentur	Index-Punkte[a]	Awards[a]
DDB Gruppe	1,816	105
Scholz & Friends	1,796	106
Serviceplan	1,688	118
Heimat/TBWA	1,188	89
Ogilvy Deutschland	1,016	63
Accenture Interactive	976	73
Antoni Garage	828	43
BBDO	596	49
Fischer Appelt	428	29
Grabarz & Partner	408	42

[a]Nicht jeder Werbepreis ist gleich bedeutsam. Daher werden die Awards in der Rangliste auch nicht gleich gewichtet. Mit einer geringeren Zahl gewonnener Awards kann man also trotzdem vor einer Agentur liegen, die mehr Awards gewonnen hat

Diese Ranglisten fokussieren allerdings auf einem einzigen Faktor – Kreativität – und lassen viele andere Facetten des Agenturgeschäfts unbeleuchtet. Wichtig für die Reputation einer Agentur ist der Ruf einzelner herausragender Mitarbeiter. Das können zum Beispiel die Gründer beziehungsweise Inhaber einer Agentur sein.

Lieferantennetz

Agenturen machen längst nicht alles selbst, sie steuern vielmehr ihrerseits ein Netz von Lieferanten. Dazu zählen, je nach Geschäftsmodell der Agentur beispielsweise Fotografen, Filmproduktionen, Reinzeichner, Programmierer und so weiter. Der Markt für diese Zulieferleistungen ist unübersichtlich, die Qualität der Lieferanten im Vorhinein kaum zu beurteilen. Die Investitionen, die eine Agentur in die Auswahl und den Aufbau von Beziehungen zu diesen Dienstleistern getätigt hat, können im Ergebnis zu einer unternehmensspezifischen Ressource führen. Gerade ein belastbares Netzwerk von freien Mitarbeitern (Freelancer) kann sich als echte Vorteilsquelle erweisen, die zudem relativ schwer zu imitieren ist.

Die Bedeutung dieser Ressource wird vermutlich zunehmen. Denn gerade im Bereich digitaler Kommunikation sind Experten immer weniger zu Festanstellungen zu bewegen und arbeiten entsprechend lieber als Freelancer. Häufig ist es auch gar nicht sinnvoll, hoch spezialisierte Menschen per Festanstellung an sich zu binden, wenn deren Know-how nur für wenige Projekte benötigt wird. Und dies wird im Digital-Bereich immer mehr zur Regel. Solche freien Digitalexperten dennoch möglichst eng an sich zu binden, könnte in Zukunft wettbewerbsentscheidend sein. Da der Markt sehr unübersichtlich und kleinteilig ist, bedarf es auf Agenturseite besonderer Kompetenzen, um ein derartiges Netz aufzubauen und zu pflegen.

Kundenstamm

Kann ein Kundenstamm eine strategische Ressource eines Dienstleisters sein? Auf den ersten Blick würde man sicherlich mit „nein" antworten, denn die Kunden „gehören" der Agentur in einem strengen Wortsinne natürlich überhaupt nicht. Doch das ist zu kurz gesprungen. Es ist das Wesen einer Dienstleistung, dass die Wertschöpfung des Dienstleisters stets in Zusammenarbeit mit dem Kunden geschieht. Anders als in Industrieunternehmen, wo dem Kunden ein fertiges Produkt überlassen wird, arbeiten Dienstleister und Kunde im Wertschöpfungsprozess eng zusammen.

Aus Sicht des Ressourcenansatzes stellt sich die Frage, inwieweit Kundenbeziehungen wertvoll, selten, schwer zu imitieren und schwierig zu substituieren sind (vgl. Gouthier & Schmidt, 2003, S. 127 ff.). Die Frage nach dem Wert ist schnell beantwortet. Er ist natürlich hoch und äußert sich zunächst schlicht in den Cash-Flows, die eine Kundenbeziehung hervorbringt. Je stabiler die Beziehung, desto wertvoller ist diese Ressource. Agenturen, die Kunden langfristig an sich binden können, erhalten damit neben den regelmäßigen Einzahlungsströmen auch Planungssicherheit (und damit möglicherweise auch einen Vorteil beim Rekrutieren von Mitarbeitern). Bei börsennotierten Agenturen – in Deutschland eindeutig die Ausnahme, in den Vereinigten Staaten aber häufiger anzutreffen – hat die Ankündigung eines Etatgewinns sogar positive Folgen für den Aktienkurs (vgl. Kulkarni et al., 2003, S. 84). Zudem baut die Agentur hier Know-how über den Kunden auf, den sie sowohl bei der Arbeit für diesen Kunden als auch für andere nutzen kann. Angesichts der hohen Fluktuation im Marketing auf Kundenseite entsteht in vielen Agentur-Kundenbeziehungen die etwas seltsam anmutende Situation, dass in den Agenturen mehr Know-how über die jeweilige Marke und deren Historie vorhanden ist als bei den Entscheidungsträgern im Marketing.

Zudem hilft eine Kundenliste, auf der sich möglichst viele möglichst große Namen finden, bei der Gewinnung neuer Kunden. Dabei müssen die Kunden nicht unbedingt aktuell betreut werden, viele Agenturen führen auch Kunden in ihrer Liste, für die sie in der Vergangenheit einmal gearbeitet haben. Ein eindrucksvolles Kundenportfolio hat außerdem akquisitorisches Potenzial nicht nur auf Neukunden-, sondern auch auf Mitarbeiterseite. Mitarbeiter wählen Agenturen auch danach aus, welche Kunden sie betreuen und wie lange und wie stabil die Kundenbeziehungen sind. Umgekehrt verlassen gerade Schlüsselpersonen eine Agentur oft, wenn wichtige Kunden verloren gehen und nicht adäquat ersetzt werden können.

Der Wert dieser Ressource hängt jedoch eindeutig vom Committment und der Integration des Kunden in den Produktionsprozess ab. Agenturen, die nur lose über Projektverträge mit ihren Kunden verbunden sind und lediglich einzelne Kommunikationsmaßnahmen liefern, können hier sicherlich nicht von einer eigenen strategischen Ressource sprechen. Bei stärkerer Bindung sieht das anders aus. Gerade im Bereich Marketing-Kommunikation handelt es sich hier häufig um eine rare Ressource. Für Agenturen sind Kunden aus bestimmten Branchen für die Reputation besonders wichtig. Daher sind etwa Automobilhersteller und Brauereien als Agenturkunden ausgesprochen beliebt. Die Zahl der großen Player in diesen Branchen ist aber naturgemäß begrenzt. Die Knappheit wird zusätzlich durch den sogenannten Konkurrenzausschluss verstärkt. Wer also ein Unternehmen einer bestimmten Branche zu seinen Kunden zählt, muss in der Regel auf andere Unternehmen derselben Branche als Kunde verzichten (vgl. hierzu ausführlich Villa-Boas, 1994).

Während die Frage nach der Knappheit und dem Wert der Ressource „Kundenbeziehung" schnell geklärt ist, ist die Beurteilung des Faktors „fehlende Imitierbarkeit" schwieriger. Auch hier gilt aber: Je stabiler die Kundenbeziehung, desto stärker wirkt diese Eigenschaft der Ressource. In jahrelanger Zusammenarbeit wächst die Komplexität des Beziehungsgeflechts zwischen Kunde und Agentur, es entsteht ein Vertrauensverhältnis. Das kann ein Wettbewerber so nicht einfach imitieren (vgl. Gouthier & Schmidt, 2003, S. 128). Anders sieht die Sache aus, wenn wichtige Ansprechpartner des Unternehmens auf Agenturseite den Arbeitgeber wechseln. Es ist alles andere als eine Seltenheit, dass Kunden den abtrünnigen Mitarbeitern zur neuen Agentur folgen. Die Frage nach der Substituierbarkeit dieser Ressource stellt sich nicht. Eine Kundenbeziehung, die als strategische Ressource einer Agentur verstanden wird, kann man nicht durch etwas anderes substituieren, ohne das Geschäftsmodell der Agentur grundlegend zu verändern. Was sollte dieses Substitut sein?

Das Agenturmanagement muss dieser Ressource große Aufmerksamkeit schenken, damit sie ihre Wirksamkeit voll entfalten kann und als halbwegs stabile Erfolgsgrundlage erhalten bleibt. Es gilt, neue Kunden zu gewinnen, die Bestandskunden zu pflegen und gegebenenfalls verlorene Kunden zurückzugewinnen. Das ist keine triviale Aufgabe. Das Gewinnen neuer Kunden ist aufwendig und zeitintensiv. Auch die Pflege aktueller Kundenbeziehungen erfordert erhebliche Anstrengungen und ist trotzdem in vielen Fällen vergeblich – Studien haben ergeben, dass Agenturen etwa alle fünf Jahre zwei Drittel ihrer Etats ersetzen müssen (vgl. Kulkarni et al., 2003, S. 77). Man bedenke nur die relativ kurze Verweildauer von Marketing-Managern auf ihrer Position – Studien sprechen von durchschnittlich 21 Monaten. Die Agentur muss sich also möglicherweise auf immer neue Personenkonstellationen auf Kundenseite einstellen. Die Pflege dieser Ressource gehört zu den Kernaufgaben des Agenturmanagements. Der Verlust eines wichtigen Kunden kann die Agentur schnell in Existenznöte bringen. Hat dieser einen großen Anteil am Gesamtumsatz der Agentur, brechen die Erlöse nach seiner Kündigung sehr viel schneller weg, als die Kosten der Agentur reduziert werden können. Zudem führt die Verlautbarung eines Etatverlustes häufig zu Unsicherheit bei den anderen bestehenden Kunden.

Standort

Auch wenn der Standort nicht unbedingt eine strategische Ressource im oben beschriebenen Sinne darstellt, ist es für die Erfolgsaussichten und die Nachhaltigkeit von Wettbewerbsvorteilen aus Sicht von Agenturen keineswegs egal, wo sie ihre Pforten öffnen. Natürlich kann Agentur A einen Standort in der Nähe von Agentur B eröffnen, weil sie der Ansicht ist, B verdanke ihren Wettbewerbsvorteil dem Ort ihrer Tätigkeit. Damit kann man nicht von einer fehlenden Imitierbarkeit dieser Ressource sprechen.

Aber auch wenn der Standort als eigenständige Ressource nicht trägt, hat er doch auf andere Ressourcen von Agenturen erheblichen Einfluss. Dabei spielt weniger die Nähe zu aktuellen und potenziellen Kunden eine Rolle, auch wenn diese ursprünglich bei der Standortwahl vieler Agenturen eine gewisse Bedeutung gehabt haben dürfte. Es hängt in der Werbebranche vielmehr ganz besonders davon ab, wo man seinen Sitz hat, ob man geeignete Mitarbeiter rekrutieren kann oder nicht. Denn gerade Kreative haben an den Ort, an dem sie leben und arbeiten, besondere Ansprüche.

Der amerikanische Soziologe und Ökonom Richard Florida hat auf die große Bedeutung der Standortgegebenheiten auf den ökonomischen Erfolg von Kommunen verwiesen. Anders als in früheren Jahrzehnten, als es vor allem auf Rohstoffvorkommen, eine ausgebaute Infrastruktur und die Anbindung an Verkehrswege ankam, hängt heute laut Florida der ökonomische Erfolg von Standorten insbesondere von deren Fähigkeit ab, Kreative anzulocken (vgl. Florida, 2002, S. 223 ff.). Florida hat dabei untersucht, was attraktive Standorte aus Sicht von Kreativen ausmacht. Er kam dabei zu Ergebnissen, die so sicherlich zumindest teilweise auch für die Werbebranche in Deutschland zutreffen. Danach schätzen Kreative vor allem jene Städte, die unter anderem folgende Kennzeichen aufweisen:

- **Lifestyle:** Wichtig für Kreative ist das Vorhandensein einer lebendigen Musik- und Kunstszene. Laut Florida wählen Kreative den Ort, an dem sie leben wollen, nach diesem Kriterium aus, um erst anschließend dort auf Jobsuche zu gehen. Die früher übliche Trennung zwischen dem Ort, an dem man arbeitet, und jenem, an dem man Spaß hat, sei zunehmend obsolet. Die häufig sehr flexiblen und auch teils langen Arbeitszeiten, denen sich Kreative häufig ausgesetzt sehen, machen es erforderlich, dass entsprechende Freizeitangebote vor Ort verfügbar sind.
- **Soziale Interaktion:** Die beiden wichtigsten Horte von Stabilität – die Familie und der Arbeitsplatz – haben im Leben der kreativen Klasse dramatisch an Bedeutung verloren. Immer mehr Menschen leben alleine, immer häufiger wechseln sie den Arbeitsplatz. Daher gewinnen „Third Places", also Orte, die weder Wohnung noch Arbeitsplatz sind, an Bedeutung für die soziale Interaktion. Dazu zählen Cafés, Buchläden etc. Städte, die eine besonders gute „Third-Places"-Infrastruktur aufweisen, werden von Kreativen besonders geschätzt.
- **Diversity:** Kreative schätzen laut Florida Städte, in denen eine möglichst bunte Mischung ethnischer Gruppen lebt. Auch ein Mix verschiedener Altersgruppen wird als attraktiv angesehen. Grund für die Wertschätzung von „Diversity" seitens der Kreativen ist zum einen, dass damit ein gewisses Maß an Toleranz vorausgesetzt werden kann. Zudem schätzen sie die mit dem Ethno-Mix einhergehenden verschiedenartigen Einflüsse.

Auch deutsche Städte unterscheiden sich deutlich in der Ausprägung solcher Faktoren und sind deshalb für Kreative unterschiedlich attraktiv. Abb. 4.1 aus einer GWA-Studie zeigt, wo Studierende nach ihrem Abschluss am liebsten arbeiten würden. Es zeigt sich,

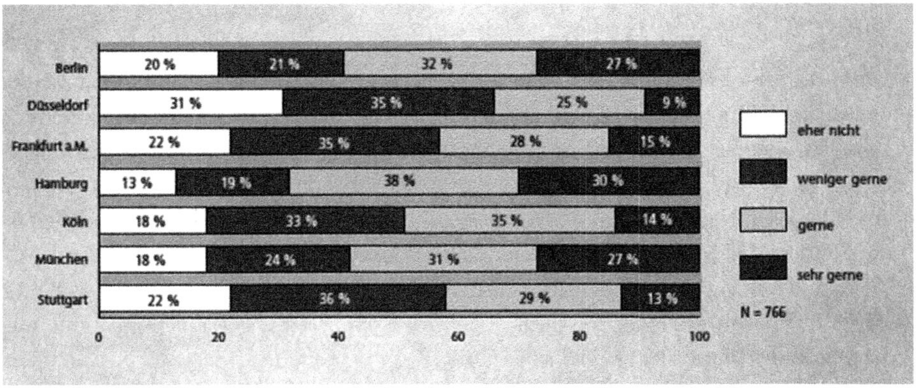

Abb. 4.1 Wo Studierende am liebsten arbeiten würden. (Quelle: GWA)

dass Hamburg und Berlin in der Gunst der Absolventen besonders weit vorn liegen. Die Studie bestätigte die Thesen Floridas, was die Bedeutung des Standorts für die Wahl des Arbeitgebers anbetrifft. Für 69 % der Befragten ist der Standort wichtig oder sehr wichtig für die Wahl des Arbeitsplatzes (vgl. GWA/Hochschule der Medien Stuttgart, 2011, S. 28 f.).

Ressourcenmix als Vorteilsbasis
Es ist wichtig festzustellen, dass gerade bei Dienstleistungsunternehmen wie Agenturen häufig erst ein Geflecht verschiedener Ressourcen einen Wettbewerbsvorteil begründet. Ein Standort, der zur Positionierung und zur Kultur der Agentur passt, hilft, die richtigen Mitarbeiter zu rekrutieren, die wiederum die vorhandene Agenturkultur verstärken. Starke Beziehungen zu ihren Kunden bedeuten für die Agentur sichere Einzahlungsströme, was sie wiederum für Talente attraktiv macht. Beides verstärkt die Reputation der Agentur, ebenso wie Kreativawards. Diese wiederum helfen, kreative Mitarbeiter zu gewinnen, denn für diese ist der Gewinn eines ADC-Nagels oder eines Cannes-Löwen auch für das persönliche Fortkommen wichtig. Es lässt sich also feststellen, dass Wettbewerbsvorteile von Agenturen auf mitunter komplexen Geflechten verschiedener vor allem immaterieller Ressourcen basieren. Dabei bildet die kreative Kompetenz, die aus den Ressourcen Mitarbeiter, Kultur und Routinen und Prozesse besteht, sicher den Kern der Agentur. Das folgende Beispiel der Berliner Agentur Heimat soll zeigen, wie das konkret in der Praxis aussieht. Die Agentur hat eine eindrucksvolle Liste von Kreativ- und Effektivitäts-Awards vorzuweisen und hat nicht zuletzt für ihre Kampagnen für die Baumarktkette Hornbach für Furore gesorgt.

Strategische Ressourcen von Agenturen: Heimat

Die in Berlin ansässige Agentur Heimat gehört zu den kreativsten Unternehmen der deutschen Werbebranche. Gegründet im Jahr 1999, kann sie bereits auf eine Vielzahl gewonnener Kreativpreise verweisen, unter anderem auf einen „Grand Prix" beim Festival in Cannes. Die Agentur wurde bis 2019 geführt von den drei Gründern Andreas Mengele, Matthias von Bechtolsheim und Guido Heffels. Mittlerweile haben die Gründer den Staffelstab an eine jüngere Führungsmannschaft weitergegeben.

Versucht man die Ursachen für den Erfolg der Agentur zu ergründen, so zeigt sich im Gespräch mit Mengele, dass vor allem die Kultur und die besondere Zusammensetzung des Führungsteams hier eine große Rolle spielen. Der Standort, ausgerechnet Berlin-Kreuzberg, spiele keine Rolle als Erfolgsfaktor, sagt Mengele. „Die Agentur hätten wir auch in Lüdenscheid aufmachen können". Später betont er allerdings, dass der Standort schon eine Rolle spiele, allerdings eher als Einflussgröße, die auf einen anderen Faktor wirke, nämlich auf die Mitarbeiter. „Kreuzberg zieht eine bestimmte Art von Leuten an. Diese Leute passen in der Regel besser zu uns als die ‚Fashion Victims' in Mitte". Zudem sei Kreuzberg ein relativ normaler Stadtteil, was sich unter anderem daran zeige, dass man in Cafés und Kneipen nicht dauernd über Werbung sprechen müsse – wie dies teils in Hamburg durchaus der Fall war. Mengele kennt Hamburg und die Agenturszene dort genau, hat er doch mehrere Jahre in der berühmten Agentur Springer & Jacoby gearbeitet.

Kreuzberg stehe zudem eher für Bescheidenheit, und das passe besser zu Heimat. Mengele betont denn auch die relative Normalität seiner Agentur und trägt alles andere als dick auf. Spezifische Prozesse, also vielleicht den besonderen „Heimat-Weg" an Aufgaben heranzugehen, gebe es nicht. Es existiere auch kein Planungs-Handbuch oder ein Werkzeugkasten mit bestimmten Tools, die zum Einsatz kämen. Was es gebe, sei allerdings eine bestimmte Haltung, und die ziehe sich durch die gesamte Heimat-Mannschaft. Unbequem ist man, kritisch auch dem Kunden gegenüber, und man erwartete einen ebenso kritischen Kunden. „Wir liefern keine objektive Lösung, sondern eine bestimmte Meinung zu einem Thema", sagt Mengele. „Pitches, in denen allein das kreative Produkt entscheidet, verlieren wir". Es sei am Kunden, sich dieser Meinung anzuschließen – oder eben nicht. Nur so können Arbeiten entstehen wie die für die Baumarktkette Hornbach, die eigentlich komplett am Kundenbriefing vorbei entwickelt wurden. Einen Baumarkt als Marke zu begreifen und diese vor allem aus den Eigenarten der Baumarkt-Kunden heraus aufzuladen, war neu und so nicht vom Kunden vorgesehen. Hornbach hat es aber mitgemacht, und der Erfolg gibt der Baumarktkette und der Agentur Recht.

Herausragend ist dagegen die Rolle der Gründer. Die drei Köpfe der Agentur könnten unterschiedlicher nicht sein, und gerade darin sieht Mengele die besondere Stärke der Agentur. Bei der Charakterisierung des Führungsteams fallen Begriffe wie „bodenständig", „bescheiden", „selbstbewusst" und natürlich „heterogen". „Sich darauf einzulassen, in dieser Konstellation die Selbständigkeit zu wagen, war schon ein gewisses Abenteuer", sagt Mengele. Es hat geklappt. Die Ko-Existenz charakterlicher Gegensätze prägt die Heimat-Kultur stärker als jeder andere Faktor – und wirkt sich auf den Rest der Mannschaft aus. Es blieben nur die Mitarbeiter kleben, die zu diesem Führungstrio und zu dessen Haltung passen würden, sagt Mengele. Das wiederum verstärke die spezielle Heimat-Kultur.

Es zeigt sich weiterhin, wie wichtig die Kundenbasis für den Heimat-Erfolg war. Gerade der Vorzeige-Kunde Hornbach wirkt nach außen stark markenprägend und zieht neue Kunden an – „und schreckt auch Kunden ab", wie Mengele betont. Nicht jeder kann etwas mit dem speziellen Heimat-Stil anfangen, und dieser Stil wird in der Hornbach-Kampagne besonders exemplarisch sichtbar. ◀

Andere Agenturen könnten Ähnliches berichten. Der Erfolg einer Agentur basiert also offenkundig auf einem je eigenen Geflecht spezifischer Ressourcen. Allerdings scheinen diese Geflechte nicht immer stabil zu sein. Eine Besonderheit der Branche liegt in der Flüchtigkeit der Ressourcen(bündel), was bedeutet, dass die Wettbewerbsvorteile von Agenturen noch stärker bedroht sind als in vielen anderen Branchen. Wie in nur wenigen anderen Branchen handelt es sich bei der Werbung um ein „People's Business". Ob das Netz aus Ressourcen, über das eine Agentur verfügt, sich tatsächlich nachhaltig in einem Wettbewerbsvorteil niederschlägt oder nicht, hängt oft von nur wenigen Schlüsselpersonen und deren (Fehl-)Entscheidungen ab.

Die Agenturbranche ist gekennzeichnet durch ein ständiges Kommen und Gehen von Anbietern. Gestern noch völlig unbekannte Agenturen wachsen quasi über Nacht zu Stars der Branche heran, scheinbar unantastbare Marktführer implodieren in kürzester Zeit. Zwei besonders krasse Beispiele für letzteres sind die Agenturen Lintas und Springer & Jacoby. Lintas – die Wortschöpfung ergibt sich aus der Abkürzung von „Lever International Advertising Services" – war zu Beginn der neunziger Jahre unbestrittene Nummer eins im deutschen Agenturmarkt. Heute existiert diese Agentur, die eine ganze Generation von Agenturmanagern und -inhabern geprägt hat, nicht mehr. Wie konnte es dazu kommen? Springer & Jacoby war vor allem in den achtziger und neunziger Jahren des 20. Jahrhunderts vielleicht die deutsche Vorzeigeagentur in Inhaberhand. Beide Beispiele zeigen vor allem eindrucksvoll, wie wichtig die Besetzung von Schlüsselpositionen mit herausragenden Führungskräften ist und welch verheerende Konsequenzen der Verlust dieser Manager haben kann. Ein paar falsche Personalentscheidungen, und schon löst sich das Netz der Ressourcen, die den Vorteil einer Agentur begründen, in Nichts auf. Wichtige Ansprechpartner für die Kunden einer Agentur gehen, was häufig zu Kundenverlusten führt, was wiederum die Kultur der Agentur ruiniert, was wiederum die Qualität des kreativen Produkts beeinträchtigt – so in etwa kann der typische Weg in die Krise oder das Ende einer Agentur beschrieben werden. So, wie sich Ressourcen gegenseitig positiv verstärken können, können sie auch das auch im Negativen. Wobei das Ende der einen oft den Beginn einer anderen Agentur bedeutet, wie im Falle der von den ehemaligen Springer & Jacoby-Managern

André Kemper und Michael Trautmann gegründeten und sehr erfolgreichen Agentur Thjnk (vormals KemperTrautmann), die in vielen Merkmalen – etwa der Gestaltung der Agenturräume – wie ein Springer & Jacoby-Klon wirkt.

4.5 Warum gibt es Network-Agenturen?

Nun haben wir einigermaßen Klarheit darüber gewonnen, warum es Agenturen gibt (und wie sie Wettbewerbsvorteile erzielen können). Ein kurzer Blick auf die Rangliste der größten Agenturen offenbart jedoch, dass noch weiterer Klärungsbedarf besteht. Die meisten der größten Agenturen in Deutschland sind nämlich Tochtergesellschaften ausländischer – meist amerikanischer – Mutterkonzerne. Und es zeigt sich, dass die Branche vergleichsweise stark international ausgerichtet ist. Die Agentur Ogilvy & Mather verfügt über 450 Büros in sage und schreibe 169 Ländern. BBDO kommt auf 289 Niederlassungen in 81 Ländern, Leo Burnett ist in 84 Ländern mit insgesamt 104 Niederlassungen präsent, bei den anderen Networks sieht die Sache ähnlich aus. Damit dürfte die Werbebranche der am stärksten internationalisierte Teil des Dienstleistungssektors sein. Die Frage ist: Warum sind die Agenturen damals nicht daheim in Amerika geblieben?

Die amerikanischen Agenturen verfügen schon vergleichsweise lange über Tochtergesellschaften im Ausland. Einer der Vorreiter war die Agentur J. Walther Thompson, die als erste Agentur mit Auslandstöchtern schon im Jahr 1945 mehr als die Hälfte ihres Werbevolumens im Ausland betreute. Seit 1933 besaß die Agentur auch eine Niederlassung in Berlin. BBDO startete die grenzüberschreitende Tätigkeit im Jahr 1956 mit der Gründung einer Tochtergesellschaft in Toronto, McCann Erickson ist bereits seit 1927 mit einer Tochteragentur in Europa tätig, seit 1935 ist sie in Lateinamerika, seit 1959 in Australien präsent. Die Internationalisierung der Agenturen verlief dabei in Schüben: Zwischen 1915 und 1959 gab es gerade einmal 50 Auslandsbüros von Agenturen, in den folgenden zwölf Jahren kamen dann 210 neue Niederlassungen hinzu. Vor allem die sechziger Jahre des zwanzigsten Jahrhunderts waren ein Jahrzehnt der starken Internationalisierung der Branche (vgl. Mueller, 2011, S. 16 f.).

Die nächste Frage muss also lauten: Warum gibt es international tätige Agenturen mit Tochtergesellschaften im Ausland? Schließlich gibt es ja auch andere – weniger aufwendige – Formen der Internationalisierung, etwa den Export oder die Lizenzvergabe. Oder, aus Sicht des deutschen Marktes: Warum haben amerikanische und französische Werbekonzerne Tochtergesellschaften in Deutschland gegründet?[6] Um hier zu einer

[6] Es wird daneben auch zu klären sein, warum deutsche Agenturen in so geringem Maße im Ausland investiert haben. Denn es ist schon merkwürdig – in vielen anderen Branchen gibt es weltweit tätige deutsche Unternehmen, in der Werbung aber kaum.

Antwort zu kommen, müssen wir – wie bei der Klärung der Frage nach der Existenzberechtigung von Unternehmen – wiederum einen Schritt zurücktreten und der Frage nachgehen, warum es eigentlich überhaupt internationale Unternehmen gibt, also solche, die einen Auslandsmarkt mittels Aufkauf oder Neugründung einer Tochtergesellschaft vor Ort erschließen (vgl. dazu ausführlich Nöcker, 2000).

4.5.1 Der eklektische Erklärungsansatz

Den etabliertesten Ansatz für die Erklärung der grenzüberschreitenden Geschäftstätigkeit von Unternehmen liefert der Ökonom John Dunning mit der „Eklektischen Theorie der Internationalisierung" (vgl. hierzu beispielsweise Dunning, 1988, S. 1 ff. oder Dunning & Lundan, 2008, S. 573 ff.). Danach erschließt ein Unternehmen einen Auslandsmarkt mittels Direktinvestition, also mittels Neugründung oder Aufkauf einer Tochtergesellschaft vor Ort, wenn folgende drei Faktoren vorliegen:[7]

- Es verfügt über einen spezifischen Eigentumsvorteil **(„Ownership Advantage")**. Dazu zählen beispielsweise ein bestimmtes Know-how, Patente, Technologie, Innovationen, Größenvorteile, Finanzierungsvorteile etc. Der Eigentumsvorteil ist im Prinzip die Grundlage für eine erfolgreiche Marktbearbeitung sowohl im In- als auch im Ausland. Der „Ownership Advantage" sollte im Zielland so relevant sein, dass die Nachteile des Aufbaus oder des Aufkaufs einer Tochtergesellschaft in der Fremde (kulturelle Distanz, fehlende Vernetzung mit der lokalen Wirtschaft und Politik etc.) überkompensiert werden.
- Es gibt im Zielland einen Standortvorteil **(„Location specific Advantage")**. Häufig entscheidet sich, wo eine Tochtergesellschaft gegründet wird anhand der jeweiligen Standortbedingungen. Hierbei spielen beispielsweise die Größe und Attraktivität des Absatzmarktes oder der Zugang zu qualifizierten Mitarbeitern eine Rolle. Aber auch kulturelle und politische Bedingungen sind hier wichtig.
- Es liegen Internalisierungsvorteile **(„Internalization Advantages")** vor. Hier greift im Prinzip das Argument der Transaktionskostentheorie (vgl. hierzu Abschn. 4.3.1). Grenzüberschreitende Transaktionen erfolgen dann über die Gründung oder den Zukauf einer Tochtergesellschaft, wenn sie über einen Markt nicht gut oder überhaupt nicht funktionieren.

Nur dann, wenn alle drei Vorteile vorliegen, lohnen sich unter der Annahme, dass das Unternehmen im Ausland bei vertretbarem Risiko einen ordentlichen Gewinn erwirtschaften möchte, die Investition in eine Tochtergesellschaft vor Ort. Denn es gilt zu bedenken, dass die Gründung einer Tochtergesellschaft die mit Abstand teuerste und

[7]Wegen der Anfangsbuchstaben der drei Faktoren spricht man auch vom „OLI"-Paradigma.

riskanteste Form der Internationalisierung darstellt. Man setzt sich, anders als bei Export und Lizenzvergabe, den Gegebenheiten und nicht selten Widrigkeiten des Gastlandes voll und ganz aus. Und das verbunden mit hohen Investitionen vor Ort, die im Falle des Scheiterns der Auslandsmission verloren gehen. Fehlen also beispielsweise Internalisierungs- oder Standortvorteile, ist die Markterschließung per Export in der Regel eine bessere Idee. Fehlt sogar der „Ownership Advantage", bleibt man am besten gleich ganz zuhause. Nun fragt sich, ob dieser Ansatz geeignet ist, die Existenz internationaler Agenturnetzwerke zu erklären. Dunning hatte bei seiner Formulierung in erster Linie Industrieunternehmen im Blick, weniger den Dienstleistungssektor und erst recht keine Werbeagenturen.[8]

4.5.2 Eigentumsvorteile internationaler Agenturen

Um die spezifischen Eigentumsvorteile internationaler Agenturen zu verstehen, muss man sich kurz vor Augen führen, um was es im internationalen Marketing und speziell bei internationaler Werbung eigentlich genau geht. Einfach formuliert muss eine Werbe- oder Markenbotschaft die jeweilige Zielgruppe erreichen. Das Besondere im internationalen Zusammenhang ist, dass der Werbung treibende diese Botschaft an Empfänger richten muss, die sich möglicherweise in vielerlei Hinsicht unterscheiden. Das beginnt bei den unterschiedlichen Sprachen, reicht über die unterschiedliche Art und Weise, in der Worte, Symbole und Farben mit Bedeutung aufgeladen sind und reicht in der unterschiedlichen Bedeutung und Verfügbarkeit der Mediakanäle.

Das Grundproblem: Standardisierung versus Differenzierung

Unternehmen reagieren auf diese Heterogenität ihres internationalen Betätigungsfeldes auf verschiedene Art und Weise. Einige setzen auf Zentralisierung und Standardisierung. Das heißt, sie steuern ihr globales Marketing vom Stammland aus und betrauen auch weltweit nur eine oder wenige Agenturen mit der Marketing-Kommunikation. Andere Unternehmen setzen auf eine dezentrale Struktur. Sie übertragen weitgehend unabhängig agierenden lokalen Tochtergesellschaften Budgets und Verantwortung auch für das Marketing. In der Regel beauftragen solche vergleichsweise unabhängigen Tochtergesellschaften jeweils lokale Agenturen. Ob die Standardisierungs- oder Lokalisierungsstrategie mehr Erfolg verheißt, hängt von vielen Faktoren ab und wird in der Literatur heiß diskutiert. Simpel formuliert gilt sicherlich, dass je homogener die Zielgruppe weltweit, desto eher lohnt sich eine Standardisierungsstrategie. Für Coca-Cola gibt es eine weltweit ähnliche Zielgruppe. Für Verkehrsflugzeuge, viele Pharmazeutika, Werkzeugmaschinen und viele andere Produkte ebenso. Für manche

---

[8]Komisch eigentlich. Denn auch zu der Zeit, als Dunning seinen Ansatz formuliert hat, war die Agenturbranche außerordentlich stark internationalisiert.

Automobile (untere Mittelklasse, Luxusklasse) auch, für andere (obere Mittelklasse) eher nicht. Ein Maserati ist überall auf der Welt ein Luxusauto. Ein Mercedes nicht. Dass in Deutschland Taxen dieser Marke herumfahren, ist in einigen anderen Ländern völlig unvorstellbar, denn hier gilt ein Mercedes ebenfalls als ein Luxusauto.

Eigentumsvorteil Nummer Eins: Größenvorteile

Worin könnte vor diesem Hintergrund der entscheidende „Ownership Advantage" der Network-Agenturen liegen? Dazu muss man zunächst einen Blick in die Geschichte werfen. Zu der Zeit, als die großen (zumeist amerikanischen) Unternehmen Tochtergesellschaften im Ausland gründeten, waren allein die großen amerikanischen Agenturen in der Lage, große Etats mit großer regionaler Abdeckung zu betreuen. Da der amerikanische Heimatmarkt dieser Agenturen wegen seiner Größe vor viele der Herausforderungen, denen sich internationale Agenturen gegenübersahen, stellte, waren sie für die grenzüberschreitende Tätigkeit am besten gewappnet – ein echter Wettbewerbsvorteil (vgl. Nachum, 1999, S. 19)! Betrachtet man die Stammländer der großen Agenturen, so stellt man schnell fest, dass deren Zahl außerordentlich begrenzt ist. Die großen Networks entstammen im Wesentlichen den Vereinigten Staaten, mit großem Abstand gefolgt von Großbritannien und Frankreich. Zwar gehört auch die japanische Dentsu zu den großen Netzwerken, ihre Geschäftstätigkeit ist aber stark auf den Heimatmarkt fokussiert.[9] Deutsche Agenturen spielen im internationalen Kontext praktisch keine Rolle. Interessant ist in diesem Zusammenhang sicherlich die Geschichte der amerikanischen Agentur DDB. Die Agentur machte in den späten fünfziger und frühen sechziger Jahren des vergangenen Jahrhunderts Furore mit ihren Arbeiten für Volkswagen, zunächst in den Vereinigten Staaten. Um den Kunden auch in seinem Stammland zu betreuen, gründete DDB im Jahr 1961 eine Niederlassung in Deutschland.

Das Hauptprodukt der internationalen Agenturen bestand in internationalen oder globalen Kampagnen für ihre ebenfalls international oder global tätigen Kunden. Der dahinterstehende Marketing-Ansatz folgte in der Tendenz eher der Globalisierungsthese, nach der man jeden Markt auf der ganzen Welt mit einer einheitlichen Marketing-Strategie und somit auch mit einer standardisierten Werbekampagne bearbeiten kann (vgl. zur Globalisierungsthese Levitt, 1983). Dieser Ansatz bringt erhebliche Größenvorteile („Economies of Scale") sowohl für das Werbung treibende Unternehmen als auch für die betreuende Agentur (vgl. Faulconbridge et al., 2008, S. 38). Zur Veranschaulichung: Ein vergleichsweise teures Team einer teuren Agentur in der Madison Avenue in New York, bestehend aus strategischen Planern, Beratern, Art-Direktoren und Textern, denkt sich eine Kampagne für ein neues global vertriebenes Produkt aus. Die Kosten der Adaption der Kampagne an die landesspezifischen Gegebenheiten war im Vergleich hierzu gering – häufig wird nur der Text der Anzeige oder des Fernsehspots

[9] Auch wenn sich das durch Übernahme der Aegis-Gruppe geändert hat.

übersetzt, der Spot muss zudem synchronisiert werden.[10] Dieses System ist wesentlich günstiger als das multilokale Vorgehen, also als das Beauftragen je einer Agentur für jeden Ländermarkt, in dem das Unternehmen tätig ist. Denn bei diesem Ansatz würde in jedem Markt ein teures Team aus Planern, Beratern und Kreativen eine teure Kampagne für jeden Markt entwickeln – für ein global tätiges Unternehmen unbezahlbar.[11] Nur große Agenturen waren in der Lage, ein solches System aufzubauen und aufrecht zu halten. Daraus folgt ein weiterer größenbedingter Vorteil insbesondere amerikanischer Agenturen: Nur sie waren überhaupt in der Lage, große international tätige Konzerne zu betreuen. Economies of Scale waren der wichtigste Treiber der Internationalisierung der Werbeagenturbranche zu Beginn der Globalisierung.

Wichtig ist in diesem Zusammenhang auch die Tatsache, dass die Möglichkeiten der amerikanischen Agenturen, ihren „Ownership Advantage" im *In*land auszuspielen, begrenzt waren. Ursache hierfür ist auch das Prinzip des Konkurrenzausschlusses. Eine Agentur, die einen großen Kunden beispielsweise aus der Automobilbranche hat, darf sich nicht um andere große Automobilhersteller bemühen, andernfalls riskiert sie die Kündigung ihres bestehenden Automobilkunden. Verfügt eine große Agentur über je einen großen Kunden in jeder der wichtigsten Branchen, ist es wegen dieses geltenden Prinzips nahezu vorbei mit dem Wachstum im Inland. Um also Wachstumspotenziale zu heben, muss die Agentur grenzüberschreitend für ihre bestehenden Kunden arbeiten. Da viele der großen Agenturen börsennotiert sind, übt sicherlich auch der Kapitalmarkt hier entsprechenden Druck aus.

Ein weiterer Größenvorteil der großen global tätigen Agenturen liegt in deren Finanzkraft. Durch ihre Tätigkeit in einem großen Heimatmarkt hatten ihre Geschäfte immer schon ein Volumen, von dem beispielsweise deutsche Agenturen nur träumen konnten. Viele der amerikanischen Agenturen waren und sind an der Börse notiert – auch das ist in Deutschland nicht üblich. Hieraus ergibt sich die für eine Internationalisierung mittels eigener Tochtergesellschaften – sei es durch Aufkauf oder durch Neugründung – notwendige Finanzkraft (vgl. Nachum, 1999, S. 28). Heute gehören die großen Agenturgruppen Finanzholdings an, was deren Finanzkraft teilweise zusätzlich erheblich gestärkt hat.

Eigentumsvorteil Nummer zwei: Strukturen und Prozesse

Größe allein genügt nicht. Eine Agentur muss auch über die Struktur und die Prozesse verfügen, große Kampagnen umsetzen zu können. Die Wertschöpfungsketten internationaler Netzwerk-Agenturen fallen um einiges komplexer aus als diejenigen nationaler Agenturen. Vor allem aber handelt es sich hier um grenz- und damit

---

[10] Auch heute noch sieht man gerade bei Fernsehwerbung für internationale Marken aus dem Konsumgüterbereich Spots, die offensichtlich für den deutschen Markt nachsynchronisiert wurden.

[11] Aus diesem Grund gibt es immer noch einen Hang in Unternehmen zu globalen Kampagnen, obwohl die Marketers dieser Firmen wissen, dass der multi-lokale Ansatz mit spezifischer Werbung für jeden Ländermarkt eigentlich der Bessere wäre. Ein echtes Dilemma!

kulturübergreifende Wertketten, was die Sache besonders schwierig macht. In der Fähigkeit, solche Prozessketten zu managen, liegt ein gewichtiger Internalisierungsvorteil und damit eine der Hauptursachen für die Existenz internationaler Agenturnetworks. Hierin lag auch ein bedeutender Eigentumsvorteil amerikanischer Agenturen zu Beginn der Globalisierung. Network-Agenturen sind straff organisierte Gebilde mit streng definierten Prozessen und Vorgaben. Diese Strukturen und Prozesse internationaler Agenturen ergeben sich im Spannungsfeld von Standardisierungsvorteilen und Lokalisierungserfordernissen. Diese Agenturen sind in der Lage, große globale Kunden und deren Kampagnen weltweit zu betreuen. Gelernt haben sie dies in ihrem großen Inlandsmarkt. Vielleicht liegt hierin auch eine Erklärung für die schwache Präsenz deutscher Agenturen im Ausland. Der Binnenmarkt war schlicht zu klein, um den Druck für den Aufbau solcher Strukturen und Prozesse zu spüren.

Da amerikanische Agenturgruppen besonders frühzeitig – teils in den zwanziger Jahren des vergangenen Jahrhunderts – eine grenzüberschreitende Tätigkeit aufgenommen haben, verfügen sie über den größten Erfahrungsschatz hinsichtlich der Bearbeitung von Auslandsmärkten und dem Umsetzen internationaler oder globaler Kampagnen (vgl. Nachum, 1999, S. 19). Den im großen Inlandsmarkt erarbeiteten Vorteil konnten sie also im Zuge ihrer Internationalisierung weiter ausbauen. Auch das mag die Dominanz der amerikanischen Agenturen erklären.

Es stellt sich die Frage, inwieweit dieser Eigentumsvorteil auch heute und in Zukunft noch Bestand hat. Es gibt Dienstleister wie die internationale Design- und Produktionsagentur TAG oder Hogarth Worldwide, die ähnliche Prozesse anbieten. Mithilfe solcher Dienstleister können auch national tätige Agenturen im Prinzip Kampagnen im globalen Maßstab ausrollen.

Eigentumsvorteil Nummer drei: Personal

Die großen amerikanischen Agenturen verfügten über besondere Anziehungskraft für Kreative und andere wichtige Schlüsselpersonen. Die global tätigen Agenturen hatten ihren Sitz nicht nur in Kundennähe, sondern auch an glamourösen Orten wie eben New York oder London. Damit waren sie attraktiv für kreative Talente, die wichtigste Ressource einer Agentur. Gerade die großen Agenturen konnten ihren Mitarbeitern auch bessere Karrieremöglichkeiten in Aussicht stellen als kleinere. Nicht zuletzt hatten auch die großen Kunden dieser Agenturen besonderes Zutrauen in die Fähigkeiten dieser Mitarbeiter. All dies befähigte sie in besonderem Maße, im Ausland mit eigenen Niederlassungen zu punkten. Da die großen Agenturgruppen aus nur wenigen Staaten kommen, liegt der Verdacht nahe, dass die Eigentumsvorteile auch irgendwie mit den jeweiligen Stammländern zusammenhängen. Dieser Zusammenhang konnte in Studien nachgewiesen werden. Mit zunehmendem Engagement im Ausland schwindet aber die Bedeutung des Stammlandes für die Wettbewerbsfähigkeit einer internationalen Agentur (vgl. Nachum, 1999, S. 16). Damit kommen wir aber nun zur zweiten Bedingung für die Gründung oder den Aufkauf einer Tochtergesellschaft im Ausland – dem Vorliegen von Standortvorteilen.

4.5.3 Standortvorteile internationaler Agenturen

Ein Blick auf die Historie der Network-Agenturen zeigt einen wichtigen Faktor in Bezug auf deren Internationalisierung auf. Es zeigt sich, dass die Agenturen stets die Nähe zu ihren wichtigen ebenfalls international tätigen Kunden gesucht haben. Das wird offensichtlich zunächst einmal im rein nationalen Zusammenhang. Dort, wo die großen, international agierenden Unternehmen ihren Sitz haben, liegen auch die Headquarters der großen internationalen Agenturen. Tab. 4.3 illustriert dies anschaulich.

Leider hat Advertising Age die Veröffentlichung dieses Städte-Rankings im Jahr 2002 eingestellt. Die Tabelle vermittelt aber dennoch einen guten Eindruck von der Dominanz der amerikanischen Städte unter den großen Werbemetropolen. Viel dürfte sich an der Rangreihe bis heute nicht geändert haben. Die Liste gibt zudem einen Hinweis auf die geschilderte räumliche Nähe der Agenturen zu ihren Kunden. Detroit ist deshalb ein gewichtiger Agenturstandort, weil dort die amerikanische Automobilindustrie konzentriert ist – traditionell ein großer Werbekunde. Lilam Nachum von der Universität

Tab. 4.3 Die Top-20-Werbemetropolen der Welt. (Quelle: Advertising Age Yearbook 2002, zitiert in Faulconbridge et al., 2008, S. 18)

Rang	Stadt	Werbevolumen (Billings in Milliarden US-Dollar)
1	New York	61,26
2	Tokyo	36,62
3	London	23,45
4	Chicago	17,38
5	Paris	13,16
6	Los Angeles	10,55
7	Detroit	7,95
8	Frankfurt	7,39
9	Mailand	6,15
10	Minneapolis	6,09
11	San Francisco	5,10
12	Sao Paulo	4,87
13	Madrid	4,82
14	Düsseldorf	4,78
15	Amsterdam	4,01
16	Boston	3,99
17	Toronto	3,96
18	Dallas	3,24
18	Sydney	3,23
20	Seoul	3,06

von Cambridge hat sich der Frage gewidmet, welche Bedeutung die Gegebenheiten des Ursprungslandes einer international tätigen Agentur auf deren Wettbewerbsfähigkeit hat (vgl. Nachum, 1999, insbesondere S. 21). Immerhin entstammen die wesentlichen internationalen Agenturnetze nur wenigen Ländern – allen voran die Vereinigten Staaten – was die Vermutung nahelegt, dass bestimmte Charakteristika dieser Länder diese Agenturgruppen befähigt, besonders erfolgreich zu sein.

Zu Beginn der Globalisierung der Agenturen wurden die großen Kunden durch Teams in den „Lead Offices" im Heimatmarkt betreut, verfolgten dabei also einen relativ zentralistischen Ansatz: Dieses „Lead Offices" lagen in unmittelbarer Nachbarschaft zum Großkunden, was eine enge Abstimmung der globalen Kampagnen mit dem Werbung treibenden Unternehmen gewährleistete. Das Ergebnis dieser Zusammenarbeit war typischerweise die globale standardisierte Kampagne, die von den Landesbüros der Agentur jeweils auf die nationalen Bedürfnisse hin angepasst wurde. Diese Anpassungen bewegten sich allerdings in einem überschaubaren Rahmen und innerhalb der von „Lead Office" formulierten Vorgaben (Wie genau ein solcher Prozess aussieht, erfährt man beispielsweise bei Burrack und Nöcker, 2008, S. 169 ff.). Die Landesbüros wurden dort gegründet, wo auch die Kunden Auslandsgesellschaften hatten. Die Nähe zum Kunden war somit auch ein wesentlicher Treiber der Internationalisierung der Agenturen. So folgte die Agentur McCann Erickson ihrem großen Kunden Standard Oil ins Ausland; die Internationalisierung der Agentur J. Walter Thompson erfolgte mehr oder weniger im Gleichschritt mit derjenigen von General Motors (vgl. Faulconbridge et al., 2011, S. 11). Auch Saatchi & Saatchi als britischer Vertreter der Zunft verdankt seine rasante grenzüberschreitende Ausweitung seinen internationalen Kunden British Airways und Toyota (vgl. Faulconbridge et al., 2011, S. 11).[12]

Dieses Muster ist typisch für den Dienstleistungssektor und für die Zuliefererindustrie (vgl. Faulconbridge et al., 2011, S. 11). Export ist naturgemäß keine geeignete Option für die Internationalisierung, da eine Dienstleistung stets ganz oder teilweise in Interaktion mit dem Kunden ausgeführt wird und sich somit der Exportstrategie sperrt. Die Agenturen folgten also den Internationalisierungsschritten ihrer großen und internationalen Kunden und sorgten dafür, dass internationale Kampagnen geführt und den Erfordernissen der jeweiligen Gastmärkte angepasst wurden. Daraus folgt ein ziemlich simpler „Locational Advantage" der internationalen Networks – die enge Beziehung zu den großen Unternehmen aus ihrem Heimatland. Die Kampagnen wurden im Heimatland gestaltet und mithilfe allgemeingültiger Regeln für die jeweiligen Landesbedürfnisse adaptiert (Abb. 4.2).

[12]Derartige Bewegungen gibt es auch in umgekehrter Richtung zu beobachten. Die Tendenz vieler großer Konzerne aus dem Bereich Fast Moving Consumer Goods, ihr europäisches Geschäft von London aus zu steuern, hat zuletzt zu einer Zunahme der Bedeutung des Agenturstandorts London und zu einer Bedeutungsabnahme anderer (kontinentaleuropäischer) Agenturstandorte geführt.

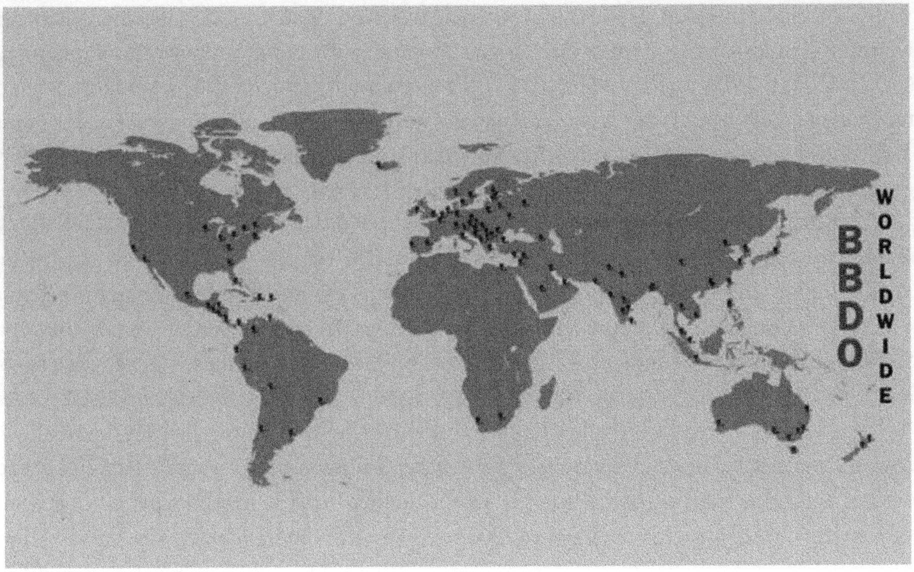

Abb. 4.2 Standortstruktur einer internationalen Agentur (BBDO). (Quelle: BBDO)

Die Vorteile dieses „Vor-Ort-Seins" für die Agenturen liegen auf der Hand. Beispiel Media: Es ist natürlich für ein Büro vor Ort, also im Auslandsmarkt, wesentlich besser einzuschätzen, welche Medien für welche Zielgruppe relevant sind und deshalb von einer Kampagne adressiert werden müssen. Die Mediennutzung ist in verschiedenen Ländern durchaus sehr unterschiedlich.

Diese Schwierigkeiten nehmen tendenziell zu. Damit aber gewinnen die „Locational Advantages" an Bedeutung, wohingegen der ursprünglich zentrale „Ownership Advantage", die Fähigkeit zur Verwaltung großer internationaler Etats und die entsprechenden „Economies of Scale" tendenziell an Gewicht verliert.

4.5.4 Internalization Advantages internationaler Agenturen

Internalisierungsvorteile haben als Motiv für die Gründung von Tochtergesellschaften von Agenturen eine große Bedeutung. Zwei Argumente spielen dabei eine wichtige Rolle. Generell gilt zunächst, dass immaterielle Güter wie Ideen oder spezifisches Know-how wegen ihrer Beschaffenheit innerhalb hierarchischer Gebilde wie Unternehmen besser transferiert werden können als über einen Markt. Wir hatten gesehen, wie sich das Gut „Idee" durch seine besonderen Eigenschaften gegen den Handel auf Märkten geradezu sperrt (vgl. Abschn. 4.2). Dies gilt auch und erst recht für grenzüberschreitende Transfers. Hinzu tritt hier als zweites Argument das Kernproblem des internationalen Marketing – das Spannungsverhältnis zwischen Standardisierungsvorteilen und Lokalisierungs-erfordernissen. Auch dieses Kernproblem lässt sich innerhalb der Grenzen eines Unternehmens besser bewältigen als über einen Markt, also mit voneinander unabhängigen Partnern.

Zunächst zum ersten Argument. Es scheint vernünftig, Tochtergesellschaften im Ausland zu gründen, um somit grenzüberschreitende Kampagnen innerhalb der Agenturgrenzen abzuwickeln. Die internationale Agentur muss sich in diesem Falle nicht um Qualitätsprobleme sorgen, die sie möglicherweise bei Verträgen mit Dritten hätte – sie setzt einfach interne Standards international durch. Auch das Know-how, das sie über ihren Kunden und dessen Kampagne, aber auch bezüglich eigener Prozesse angesammelt hat, verbleibt trotz Internationalisierung innerhalb der Agentur – ein wichtiges Argument! Kaum jemand wird seine Ideen freiwillig einem Dritten überlassen, denn man weiß ja nicht, was dieser damit anfängt. In unserem Fall hätte die amerikanische Agentur sicherlich große Bauchschmerzen dabei, beispielsweise einer lokalen chinesischen Agentur gegen Lizenzgebühr ihre Kampagnenideen zu überlassen. Sie könnte sich natürlich über den Abschluss von Verträgen absichern, allerdings zu sehr hohen Kosten – für die Anbahnung, die Durchsetzung und die Kontrolle der hierzu nötigen komplizierten Verträge. Zudem ist die Rechtslage in vielen Ländern unbekannt und unsicher. Es ist fraglich, dass die Agentur immer in der Lage sein wird, ihre Rechte auch durchzusetzen. Hier sind wir also wieder bei der Transaktionskostentheorie.

Internationale Agenturnetzwerke waren und sind darüber hinaus typischerweise „Full-Service"-Agenturen, das heißt, sie unterhalten das ganze Spektrum der Dienstleistungen im Bereich Marketing-Kommunikation unter einem Dach. Das hatte zur Folge, dass das Kampagnen-Know-how komplett innerhalb der Grenzen des Networks blieb, also keine Dritten damit in Berührung kamen. Das ist sicherlich ein wichtiger Punkt, denkt man daran, wie empfindlich Agenturen mit diesem Know-how umgehen, etwa mit Blick auf das Prinzip des Konkurrenzausschlusses. Insofern liegt es nahe, dass Kunden eine Internalisierung der grenzüberschreitenden Tätigkeiten einer Agentur fordern. Das soll genügen, um klarzumachen, dass die Internalisierung, also die grenzüberschreitende Geschäftstätigkeit quasi innerhalb der eigenen vier Wände, klare Vorteile birgt.

Nun zum zweiten Argument: Eine international tätige Agentur mit der entsprechenden Standortstruktur ist das ideale Vehikel, um die Vorteile einer weitgehend standardisierten Vorgehensweise bei Kampagnen für globale Kunden mit den Erfordernissen einer Anpassung der Kampagne an die lokalen Bedingungen zu vereinen. Unternehmen möchten, dass möglichst in jedem Land der Erde, in dem sie tätig sind, ihre Marke möglichst gleiche Assoziationen hervorruft. Mit einer simplen globalen „one fits all"-Kampagne ist das, wie oben geschildert, selten zu machen. Stattdessen entstehen Kampagnen aus der Zusammenarbeit internationaler Teams mit dem „Lead Office" der Agentur. Dabei haben sich die Rollen in vielen globalen Agenturen seit Beginn der Globalisierung verschoben. Teilweise haben die Büros im Ausland für bestimmte Kampagnen das Sagen und die Verantwortung, und nicht die Zentrale in New York (vgl. Faulconbridge, 2008, S. 43). Die Schwierigkeiten internationaler Kampagnen zeigen sich, wenn man den Prozess der strategischen Planung in den Agenturen betrachtet. Strategische Planer erarbeiten Vorgaben für die Kreativen einer Agentur, die sich auf dem Briefing des Kunden, Marktforschungsmaterial und „Customer Insights" stützen. Im internationalen Kontext ergibt sich für die Planer das Dilemma, dass sie nicht zugleich nahe beim Kunden, um mit ihm die globale Strategie zu formulieren, und in allen Landesmärkten, um Customer Insights zu gewinnen, sein können (vgl. Faulconbridge et al., 2008, S. 43). Anders formuliert: Globale Kunden wie etwa Ford oder Mastercard erwarten, dass mit ihren Marken weltweit ähnliche Merkmale assoziiert werden. Zugleich erwarten sie, dass Kampagnen auch die jeweiligen Landesgegebenheiten mitberücksichtigen.

Agenturen in China

Als Chef eines internationalen Agenturnetzes kommt man an China derzeit kaum vorbei. Der chinesische Werbemarkt wies im Jahr 2012 ein Volumen von rund 57 Mrd. US$ auf und ist damit der zweitgrößte Werbemarkt der Welt. Während die traditionellen Märkte Vereinigte Staaten und Europa nur noch geringe Wachstumsperspektiven bieten (mit Ausnahme des digitalen Geschäfts), ist der chinesische Werbemarkt noch vergleichsweise wenig entwickelt und weist entsprechend hohe Wachstumsraten auf. Er ist seit 1981 im Durchschnitt jedes Jahr um 30 % gewachsen, und auch für die kommenden zehn Jahre werden zweistellige Wachstumsraten erwartet.

Der chinesische Markt steht deshalb derzeit im besonderen Fokus der internationalen Werbenetzwerke wie WPP (Wire and Plastic Products Plc.)[13] und Publicis. Vor allem für Martin Sorrell, Chief Executive Officer von WPP, ist China der Wachstumsmarkt. Als „underbranded and underadvertised" bezeichnete er den chinesischen Markt und deutete damit auf das große Potenzial, das China auch für ausländische Agenturen darstellt. Man könnte sogar sagen, gerade für ausländische Agenturen. Denn die einheimischen Anbieter haben bislang weder die Größe noch die Qualität, große Marken ganzheitlich zu führen. Der chinesische Agenturmarkt ist ausgesprochen fragmentiert. Statistiken sprechen von 234.445 Werbeagenturen in China im Jahr 2010. Knapp die Hälfte dieser Agenturen hat ihren Sitz in den drei Werbehochburgen Peking, Shanghai und Guangdong. Die Agenturen beschäftigen knapp anderthalb Millionen Chinesen. Bei diesen Agenturen handelt es sich in der Regel um kleine, auf eine einzelne Kommunikationsdisziplin spezialisierte Anbieter.

[13]Warum heißt eine Werbeholding „Wire and Plastic Products"? Die Antwort hat mit der Börsennotierung dieses auf die Herstellung von Einkaufskörben spezialisierten Unternehmens zu tun. 1971 gegründet, wurde WPP 1985 von Martin Sorrell wegen seiner Notierung an der Börse in London übernommen und in den Folgejahren von einem Zwei-Mann Unternehmen zu einem weltweiten Werbekonzern mit 160.000 Mitarbeitern ausgebaut.

Der Markt ist hier gnadenlos überbesetzt. Es herrscht ein starker Verdrängungs- und Preiswettbewerb. Projektgeschäft herrscht vor, langfristige Kunden-Agenturbeziehungen sind die große Ausnahme.

Erst seit Dezember 2005 ist es ausländischen Agenturen erlaubt, in China eigene Agenturen zu betreiben zwischen internationalen und chinesischen Agenturen. Seitdem haben sich die Networks in China eine relativ starke Position erarbeitet. Ursache hierfür sind, wie schon bei der Internationalisierung dieser Agenturen in die europäischen Märkte, bestimmte „Ownership Advantages". Auch in China sind es fast ausschließlich die Tochtergesellschaften der Networks, die über ein ganzheitliches Angebot der Kommunikationsdisziplinen und zugleich die notwendige Größe verfügen. Ihre Finanzkraft ermöglicht es ihnen, aggressiv mittels Akquisition lokaler Anbieter zu wachsen und ihr Portfolio entsprechend zu erweitern.

WPP hat sich im chinesischen Markt eine gewisse Vormachtstellung erarbeitet – nicht zuletzt auch deshalb, weil man sehr früh in China investiert hat. JWT unterhält seit 1990 ein Büro in China, Ogilvy ist seit 1991 mit einem Büro in Shanghai in China präsent. Zuvor gab es bereits Ogilvy-Büros in Hong Kong (seit 1972) und Taipei (seit 1985). Zu den chinesischen Kunden der WPP-Agenturgruppe zählen chinesische Marken, wie Haier, China Mobile und Tencent. Diese Marken haben regionale, nationale und teils sogar internationale Bedeutung und brauchen daher die Unterstützung von Agenturen, die hierfür über die notwendigen Ressourcen verfügen. JWT, eine Agentur der WPP-Gruppe, erzielt bereits 45 % ihres Umsatzes in China mit lokalen (chinesischen) Kunden. Der Rest kommt von JWT-Kunden aus dem Ausland, die in den chinesischen Markt eingetreten sind und von ihrer Stammagentur auch in China begleitet werden wollen. Ogilvy eröffnete sein Shanghai-Büro ohne lokale Kunden – Unilever, ein wichtiger Kunde der Agentur, hatte sein Asien-Headquarter nach Shanghai verlegt und erwartete dort eine lokale Präsenz seiner Agentur. Die internationalen Unternehmen treffen in China auf Konsumenten, die Auslandsmarken gegenüber sehr positiv eingestellt sind. Für diese Kunden können die Networkagenturen globale Kampagnen an die Besonderheiten des chinesischen Marktes anpassen.

Allerdings ist in China längst nicht alles Gold, was glänzt. So erweisen sich chinesische Unternehmen aus Agentursicht oft als sehr schwierige Kunden. Es fehlt die Marketing-Orientierung des Top-Management, das sich immer noch oft aus Parteifunktionären rekrutiert (vgl. Doctoroff, 2013). Marketing ist in chinesischen Unternehmen häufig der Vertriebsabteilung unterstellt und verfügt über entsprechend wenig Durchschlagskraft. Und es fehlt – kein rein chinesisches Phänomen – weitgehend an einem Verständnis für den Erfolgsnachweis von Marketing-Kommunikation und der Werthaltigkeit von Marken. Und auch sonst ist China ein für Auslandsgesellschaften nicht nur wegen der kulturellen Besonderheiten alles andere als leicht zu bearbeitender Markt. Immer noch spielen undurchsichtige Netzwerke und persönliche Beziehungen eine große Rolle bei der Anbahnung von Geschäften. Vielleicht entwickeln sich einige der Kommunikationsmärkte aus diesen Gründen nicht so schnell, wie man es erwarten könnte. Trotz der gewaltigen Zahl von Internet-Nutzern in China (geschätzt 400 Millionen) hat digitale Marketing-Kommunikation hier noch einen relativ geringen Stellenwert. Der Anteil des digitalen Geschäfts am Gesamtumsatz von WPP liegt in China bei zwischen 15 und 20 % – weltweit beträgt er 27 %.

Zudem erweist sich der chinesische Markt als in sich sehr heterogen. Auch das macht es für ausländische Agenturen schwierig, den chinesischen Markt zu bearbeiten. Insgesamt gibt es in China 170 Städte mit mehr als einer Million Einwohner. Abseits der bekannten Metropolen haben sich dabei Märkte mit teils ganz unterschiedlichen Gegebenheiten herausgebildet. So ist das Einkommen sehr ungleich verteilt, was zu unterschiedlichem Konsumentenverhalten führt. Internationale Marken drängen zunehmend darauf, solche Märkte zu bearbeiten (und nicht nur Peking und Shanghai). Die Agentur Ogilvy ist dem begegnet, indem sie die chinesische Agentur Yindu Advertising übernommen hat, die von ihrem Sitz in Nanjing aus eine Agenturgruppe steuert, die in den wichtigsten Provinzen des Landes Büros unterhält. ◄

Nun haben wir uns ausgiebig mit der Frage beschäftigt, warum es (internationale) Agenturen gibt. Im Folgenden soll es um die speziellen Wettbewerbsverhältnisse der Agenturbranche gehen. Um solche Analysen vorzunehmen, bietet sich das auf der Industrieökonomik basierende Konzept der fünf Wettbewerbskräfte des Harvard-Professors Michael E. Porter an.

4.6 Strategieforschung: Agenturen im Wettbewerb

Nachdem wir geklärt haben, warum es internationale Agenturen gibt, wollen wir uns nun der Frage zuwenden, wie es um den Wettbewerb in der Agenturbranche bestellt ist. Der folgende Abschnitt widmet sich also einer ökonomischen Analyse des Marktes der Werbeagenturen. Wie ist es um die Marktmacht der einzelnen Anbieter bestellt? Ist der Wettbewerb hart? Um solche Fragen einigermaßen strukturiert abzuhandeln, bietet sich das Instrumentarium an, das der amerikanische Wirtschaftswissenschaftler Michael E. Porter entwickelt hat. Im Folgenden soll zunächst sein Modell vorgestellt und anschließend auf die Agenturbranche angewandt werden.

4.6.1 Das Modell der fünf Wettbewerbskräfte

Einer der bekanntesten Management-Gurus ist der Harvard-Professor Michael E. Porter (vgl. zum Folgenden Porter, 2008). Sein besonderes Verdienst ist es, industrieökonomische Forschungsergebnisse so zu übersetzen, dass auch ein Manager im Alltag etwas damit anfangen kann. Seine Überlegungen basieren auf den Erkenntnissen der Industrieökonomen und speziell auf dem dort formulierten „Structure-Conduct-Performance-Paradigma" und gehören mittlerweile zur Grundausbildung von Studierenden der Betriebswirtschaftslehre und Managern auf der ganzen Welt. Porters berühmtes „Five-Forces"-Modell wird im Folgenden verwendet, um die Wettbewerbskräfte innerhalb der Agenturbranche zu analysieren.

Michael Porter teilt mit den Industrieökonomen die Ansicht, dass Marktergebnis, Marktverhalten und Marktstruktur voneinander abhängen. Unternehmen reagieren mit einem bestimmten Verhalten auf die Bedingungen in ihrer Branche und dies wiederum bestimmt das Marktergebnis. Die Marktstruktur beschreibt er anhand der berühmten fünf Wettbewerbskräfte. Abb. 4.3 zeigt die Kräfte und das Modell Porters im Überblick.

Porters Instrumentarium ist, wie sich gleich zeigen wird, sehr gut geeignet, die Werbebranche und ihre Spielregeln genauer unter die Lupe zu nehmen. Die folgende Analyse soll zeigen, in welchem Wettbewerbsgefüge sich Agenturen befinden und mit welchen strategischen Herausforderungen sie konfrontiert sind. Schauen wir also mal auf die einzelnen Wettbewerbskräfte.

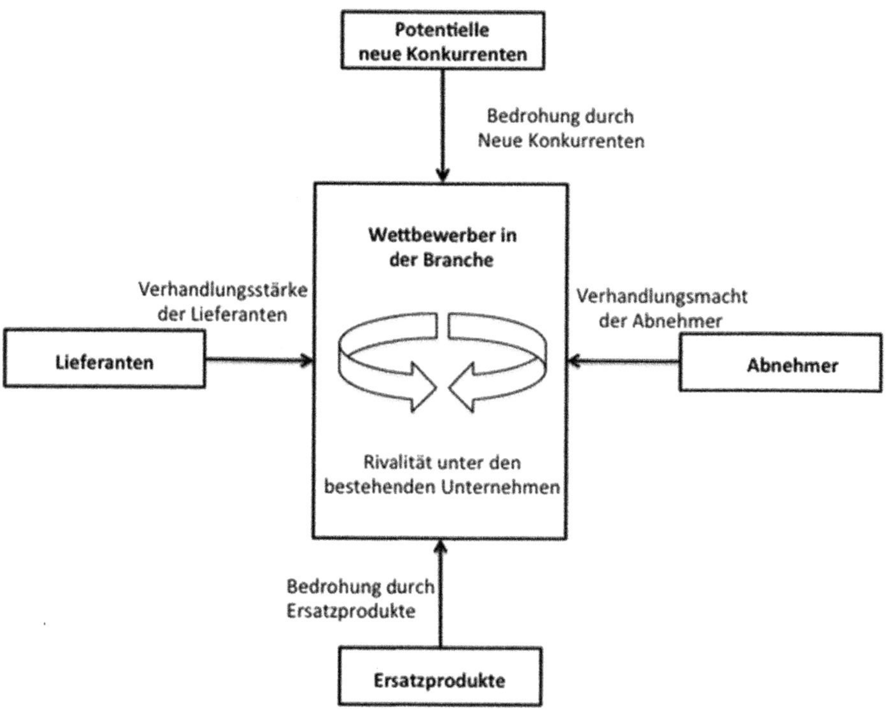

Abb. 4.3 Die fünf Wettbewerbskräfte. (Quelle: Eigene Darstellung nach Porter, 2008)

4.6.2 Wettbewerber in der Branche

Starker Wettbewerb innerhalb einer Branche senkt tendenziell die Profitabilität der Anbieter in dieser Branche. Das Ausmaß der Rivalität unter diesen Anbietern hängt dabei laut Porter von verschiedenen Faktoren ab. So ist sie beispielsweise umso höher, je geringer das **Branchenwachstum** ist. Wenn der Markt wächst, können auch die einzelnen Anbieter wachsen, ohne dem anderen etwas wegzunehmen. Stagniert der Markt, ist des einen Freud des anderen Leid. Wie sieht es hier für die Agenturen aus? Verschiedene Faktoren haben in den vergangenen Jahrzehnten immer wieder für starke Wachstumsschübe in der Werbebranche gesorgt. Dafür gibt es Gründe. Zum einen wuchs die Zahl der national oder international bedeutenden Marken insbesondere im zwanzigsten Jahrhundert sehr stark. Damit nahm auch der Bedarf an Agenturen, die auf nationaler und internationaler Ebene für die Marketing-Kommunikation beauftragt werden konnten, überdurchschnittlich zu. Ein weiterer Treiber ist in der zunehmenden Medienvielfalt zu sehen (vergleiche hierzu Abschn. 1.2.4). Durch das Privatfernsehen und die damit verbundene Explosion von Werbezeiten im Fernsehen war es plötzlich auch Unternehmen möglich, in Fernsehwerbung zu investieren, die darüber zuvor im Traum nicht nachgedacht hätten.

Zuletzt zeigten sich jedoch zumindest in den klassischen Werbeformen Sättigungstendenzen. Das Wachstum der Agenturen in diesem Sektor flacht ab. Damit nimmt die Wettbewerbsintensität in der Branche zu. Anders sieht es im digitalen Umfeld aus. Hier sind die Wachstumsraten hoch. Auf digitale Kommunikation spezialisierte Agenturen sehen sich einer üppigen Auftragslage gegenüber und haben auch bei den Honorarforderungen einen relativ großen Spielraum.

Auch die **Höhe der Fixkosten** spielt als Wettbewerbsfaktor innerhalb einer Branche eine Rolle. Hohe fixe Kosten zwingen zu hoher Kapazitätsauslastung, was zu einem zu großen Angebot und damit zu Preisdruck führen kann. Dieser Faktor hat in der produzierenden Industrie große Bedeutung, man denke an die Überkapazitäten im Automobilbau und den damit verbundenen Preiskämpfen. Im Dienstleistungssektor hat dieser Faktor dagegen eine geringe und in der Werbebranche praktisch keine Bedeutung. Im Gegenteil – Agenturen versuchen in der Regel, ihre Fixkostenbasis möglichst klein zu halten, um gegen Auftragsschwankungen gewappnet zu sein.

Auch **hohe Austrittshürden** führen zu starker Rivalität, denn es verbleiben auch unwirtschaftliche Unternehmen im Markt. Auch dieser Faktor ist eher im produzierenden Gewerbe von Bedeutung. Große Fabriken schließt man nicht so einfach, allein schon wegen der damit einhergehenden Personalthemen. Eine Werbeagentur zu schließen gehört zu den einfacheren Aufgaben, die Austrittshürden sind – wie die Eintrittshürden – vergleichsweise niedrig.

Und nicht zuletzt dann, wenn **viele ähnlich geartete Konkurrenten** in einem Markt tätig sind, erhöht dies die Rivalität in der Branche. Dieser Faktor spielt in der Werbung eine sehr große Rolle, er beschreibt vielleicht sogar eines der Kernprobleme der Branche. Die Möglichkeiten, sich durch ein spezifisches Leistungsangebot zu differenzieren, sind bei Werbeagenturen begrenzt. Doch auch eigene Versäumnisse der Agenturen sind hier zu bemängeln, was Holger Jung und Jean Remy von Matt so formulieren: „Zwei von drei Agenturen verstoßen gegen zwei von drei Markenregeln" (Jung & von Matt, 2002, S. 201). Studien zeigen immer wieder, dass Werbeagenturen auch aus Sicht der potenziellen Kunden wenig bis gar nicht zu unterscheiden sind. Eine Untersuchung des GWA hat beispielsweise ergeben, dass Werbung treibende Unternehmen hier eine besondere Schwäche der Agenturen sehen (vgl. GWA-Studie „Wie findet der Agenturauswahlprozess in Unternehmen statt?" auf www.gwa.de)[14]. Die aus Kundensicht schwierige Unterscheidbarkeit der Agenturen wirkt möglicherweise auch auf die Zahlungsbereitschaft der Werbung treibenden Unternehmen. Denn auch die Qualität der Dienstleistungen von Agenturen ist somit ex ante nicht ersichtlich. Wohin das führen kann, zeigt der Nobelpreisträger George Akerlof.

Rivalität in einer Branche: Der Markt für Zitronen

Der Markt für Werbeagenturen ist ausgesprochen unübersichtlich. Es gibt praktisch keine Eintrittsbarrieren in diesen Markt, jeder kann sofort einen Betrieb gründen, der „Werbeagentur" heißen darf, ohne dass hier irgendwelche Standesregeln beachtet werden müssen oder eine bestimmte Ausbildung absolviert worden sein muss, wie das etwa bei Wirtschaftsprüfern der Fall ist. Daraus folgt zum einen, dass die Anbieterkonzentration in diesem Markt sehr gering ist, es gibt also tendenziell ein Überangebot an Agenturen. Daraus folgt zum anderen, dass die Qualität der Agentur von deren potenziellen Kunden nur schwer oder überhaupt nicht ex ante beurteilt werden kann.

Eine vergleichbare Situation hat der amerikanische Ökonom George Akerlof (1970) beschrieben, um auf die Auswirkungen von Informationsasymmetrien zwischen Anbietern und Nachfragern und die Folgen für das Preisniveau hinzuweisen. Akerlof hatte die Situation auf dem amerikanischen Markt für Gebrauchtwagen beschrieben. Da ein potenzieller Käufer ex ante nicht feststellen kann, in welchem Zustand ein Fahrzeug ist, wenn es sich bei ihm nicht gerade um einen ausgesprochenen Auto-Experten handelt, ist niemand bereit, Spitzenpreise für Gebrauchtwagen zu zahlen. Vielmehr nehmen die Autokäufer eine Durchschnittsqualität an und orientieren an dieser Annahme ihre Zahlungsbereitschaft. Dies hat dummerweise zur Folge, dass die teuren und qualitativ hochwertigen Gebrauchtwagen irgendwann überhaupt nicht mehr angeboten werden, weil keiner dafür zahlen möchte. Qualitäts- und Preisniveau sinken. Übrig bleiben die „Zitronen" – so nennt man in Amerika die nicht ganz so tollen Gebrauchtfahrzeuge beziehungsweise

[14]Siehe hierzu auch die jährlich von der Absatzwirtschaft und dem Handelsblatt durchgeführte Befragung „Agentur-Images".

generell Automobile minderer Qualität.[15] Schuld daran sind nicht tatsächliche Produkteigenschaften, sondern Informationsasymmetrien zwischen Anbieter und Nachfrager. Doch es gibt Abhilfe: Gemildert werden solche Symmetrien beispielsweise durch „TÜV"-Plaketten oder Gutachten.

Auch für Agenturen gibt es Wege, Informationsasymmetrien mittels „Signalling" abzubauen. Ein aus Kundensicht besonders wichtiger Weg ist die Platzierung der Agentur in Kreativrankings. Hier beurteilt die Fachpresse die kreative Leistung der Agenturen anhand der eingeheimsten Auszeichnungen wie Cannes-Löwen oder ADC-Nägel. Die Kreativrankings haben den Platz früherer Agenturranglisten eingenommen, die die Agenturen nach Größenkriterien wie Umsatz und Mitarbeiterzahl aufgelistet haben. Seitdem die Netzwerkagenturen mit Hinweis auf den „Sarbanes Oxley Act" keine entsprechenden Zahlen mehr liefern, gibt es diese Rankings nicht mehr.

Ein weiterer Indikator für die Qualität des Leistungsportfolios einer Agentur ist die Mitgliedschaft in Branchenverbänden wie beispielsweise dem GWA in Deutschland oder dem IPA (Institute of Practioners in Advertising) in Großbritannien. Diese Verbände nehmen ausschließlich Agenturen auf, die bestimmte Kriterien hinsichtlich ihres Leistungsportfolios, der Mitarbeiterzahl und der Dauer, die sie am Markt bestehen erfüllen. ◀

Mit Blick auf die Rivalität innerhalb der Branche weist der Agenturmarkt eine Besonderheit auf: Es herrscht in weiten Teilen das Prinzip des sogenannten Konkurrenzausschlusses. Das heißt, für eine Agentur, die etwa einen Automobilkunden betreut, sind alle anderen Automobilhersteller als potenzielle Kunden tabu. Die Unternehmen vieler Branchen bestehen also auf exklusive Betreuung ihrer Agentur. Dies verhindert im Großen und Ganzen die Herausbildung von Branchenspezialisten, also von Agenturen, die beispielsweise auf den Automobil- oder den Finanzsektor spezialisiert sind. Auch von dieser Regel gibt es Ausnahmen. Gerade im Healthcare- beziehungsweise Pharmasektor sind spezialisierte Agenturen durchaus erwünscht und daher auch üblich (vgl. dazu Abschn. 5.4). Der Wettbewerb zwischen den Agenturen wird auf diese Weise künstlich abgemildert.

---

[15] Die amerikanische Gewohnheit, unzulängliche Autos als „Zitronen" beziehungsweise „Lemons" zu bezeichnen, hat ihren Ursprung übrigens in der Werbung, genauer gesagt in einer Kampagne, die DDB für Volkswagen entwickelte. Unter dem Foto eines VW Käfers fand sich in der Überschrift schlicht das Wort „Lemon". Die Aussage des restlichen Textes der Anzeige bestand in der Betonung der strengen Endkontrolle bei VW. Schon beim kleinsten Kratzer, so der Text, werde der entsprechende Käfer als nicht marktfähig aussortiert und mit dem Begriff „Zitrone" gekennzeichnet. Angeblich hat der VW-Mitarbeiter Kurt Kroner diesen Begriff für mangelhafte Käfer geprägt. Nun hat er also nicht nur Eingang in die Werbung, sondern auch in die Wissenschaft gefunden.

4.6.3 Potenzielle neue Konkurrenten

Märkte unterscheiden sich stark in dem Ausmaß, in dem Newcomer sie betreten können. Mal eben einen neuen Anbieter für Verkehrsflugzeuge zu gründen, dürfte vergleichsweise schwerfallen. Eine Werbeagentur zu gründen kann dagegen im Prinzip jedermann zu jeder Zeit. Die Höhe der Eintrittsbarrieren ist für die Wettbewerbsintensität in einer Branche von großer Bedeutung. Hohe Markteintrittsbarrieren sorgen in der Regel für Ruhe und ordentliche Renditen, niedrige Barrieren dagegen für hohen Wettbewerbsdruck und Renditeverfall. Porter identifiziert, aufbauend auf industrieökonomischen Erkenntnissen, die folgenden Barrieren, die einen Marktzugang erschweren oder verhindern können.

Eine genauere Betrachtung der Werbebranche zeigt ein etwas seltsames Bild. Denn obwohl überdurchschnittliche Renditen in der Agenturbranche üblich sind, gibt es kaum Markteintritte neuer Player. Die Rangliste der 100 größten Agenturen sieht seit Jahren nahezu gleich aus. Außerdem – auch das spricht für hohe Markteintrittsbarrieren – kaufen sich auch große Unternehmen benachbarter Branchen lieber in den Markt ein, als selbst eine Gesellschaft zu gründen. So hat die Unternehmens- und IT-Beratung Accenture mit den Agenturen SinnerSchrader und KolleRebbe gleich zwei namhafte Agenturen zugekauft.[16] Worin aber bestehen die offenbar hohen Markteintrittsbarrieren? Auf den ersten Blick scheint es, als könne die Höhe der Markteintrittsbarrieren in die Agenturbranche als durchaus überschaubar bezeichnet werden. Schauen wir uns also die einzelnen Faktoren, die solche Barrieren begründen können, mal näher an.

Skalenerträge

Diese Größenvorteile spielen im produzierenden Gewerbe eine große, in der Werbung aber eher unbedeutende Rolle. Mit Skalenerträgen wird der Umstand beschrieben, dass bei einer Ausweitung der Produktionsmenge die Gesamtkosten unterproportional zunehmen, da beispielsweise Fixkosten auf eine größere Stückzahl umgelegt werden können. Da es sich bei den Produkten einer Werbeagentur in der Regel um Gewerke, also Einzelanfertigungen handelt, ist der Spielraum für die Entstehung von Skalenerträgen äußerst begrenzt. Als Markteintrittsbarriere spielen diese Größenvorteile allenfalls unter den großen Network-Agenturen eine Rolle.

Produktdifferenzierung

Die etablierten Unternehmen haben Kundenloyalität und Bewusstsein für die eigenen Marken bereits aufgebaut, ein Newcomer müsste dies von Null aus erst noch tun. Daher

[16] Siehe https://www.horizont.net/agenturen/nachrichten/spektakulaerer-deal-accenture-uebernimmt-kolle-rebbe-170796, abgerufen am 02.12.20.

wirkt Produktdifferenzierung als Markteintrittsbarriere.[17] Wie Studien zeigen, gilt allerdings gerade die Werbebranche als wenig ausdifferenziert. In einer Umfrage des GWA wollten nur 19 % der befragten Marketingleiter deutscher Unternehmen der Aussage zustimmen, Agenturen seien am Markt klar positioniert. Und auch die regelmäßige Untersuchung des Handelsblatts und der Absatzwirtschaft zu den „Agentur-Images" ergibt regelmäßig, dass sich die meisten Agenturen aus Sicht ihrer Auftraggeber gleichen wie ein Ei dem anderen. So lagen zuletzt 29 von 32 der untersuchten Agenturen in einer Bewertung ihrer kreativen Leistung bei Schulnoten zwischen 2,0 und 2,5. Noch geringer fallen die Unterschiede in der Bewertung seitens der Agenturkunden bei einer Gesamtbewertung aus (vgl. Handelsblatt et al., 2013, S. 31 und 39).

Tatsächlich ist die Werbung ein klassisches „People's Business". Ist der Marketingleiter von Unternehmen X zufrieden mit dem Team, das in Agentur y arbeitet, so tauscht er häufig die Agentur aus, wenn auch das Team die Agentur wechselt oder eine neue Agentur gründet. In der Realität sind solche Ausgründungen nicht selten[18]. Die Beauftragung einer solcher Neugründung weist aus Sicht des Werbung treibenden Unternehmens einige Vorteile auf: Der Marketing-Leiter kann sich damit schmücken, einen jungen kreativen „Hot-Shop" beauftragt zu haben, häufig unterbieten diese Neulinge die etablierten Agenturen bei den Honoraren, und die Gründer kümmern sich in der Regel selbst um die wichtigsten Kunden, statt an nachgelagerte Hierarchieebenen zu delegieren (vgl. Pratt, 2006, S. 29). Die Wirkung der Positionierung beziehungsweise Differenzierung als Markteintrittsbarriere scheint angesichts all dieser Befunde also gering.

Kapitalerfordernisse

Wer aus dem Nichts eine Fabrik zur Montage von Verkehrsflugzeugen errichten möchte, hat mit großen Kapitalerfordernissen zu kämpfen. Hier wirkt dies also, wie sich leicht denken lässt, in besonders starkem Maße als Eintrittshürde. In vielen Branchen des produzierenden Gewerbes stellen die Kapitalerfordernisse aus diesem Grunde eine besonders hohe Markteintrittsbarriere dar. Wer dagegen eine Werbeagentur gründen möchte, braucht dazu kaum mehr als einen Schreibtisch und einen Laptop. Diese Markteintrittsbarriere ist also denkbar leicht zu überwinden. Was auch regelmäßig passiert. Das mag sich allerdings künftig ein wenig ändern. Da Marketing-Kommunikation sich immer mehr im digitalen Umfeld abspielt und das Thema „Big Data" eine immer größere Rolle spielt, werden die Kapitalerfordernisse wegen der notwendigen IT-Infrastruktur im Vergleich zu früher möglicherweise zunehmen.

[17]Wie wir in den Ausführungen zum „Pursuasive View" bereits gesehen haben.

[18]So gibt es etliche Agenturen, die von ehemaligen Mitarbeitern der Agentur Springer & Jacoby gegründet wurden, beispielsweise Thjnk, Huth & Wenzel etc.

Wechselkosten

Sind die Kosten, die einem Kunden entstehen, wenn er von einem Lieferanten zum anderen wechselt, aus Kundensicht hoch, senkt dies die Wettbewerbsintensität in einer Branche, denn die Käufer sind relativ loyal. So hat beispielsweise die relativ starke Kundentreue bei Stromanbietern mit den vergleichsweise hohen Wechselkosten zu tun. Es gibt theoretisch Gründe, warum auch eine Agentur-Kunde-Beziehung häufig vergleichsweise langlebig ausfällt. Im Zeitraum der Zusammenarbeit erhält die Agentur tiefe Einblicke in die Aktivitäten und Planungen ihres Kunden und hat Zugriff auf teils sensible Daten. Agentur-Kunde-Beziehungen gewinnen also über die Zeit an Stärke. Dies führt zu relativ hohen Wechselkosten (vgl. Horsky, 2006, S. 367).

Für die Kommunikationsbranche ergibt sich empirisch, was die Dauer der Beziehung zwischen Agenturen und ihren Kunden betrifft, ein relativ heterogenes Bild, allerdings mit einer eindeutigen Tendenz. So gibt es Agentur-Kunde-Verbindungen, die eine schiere Ewigkeit andauern – beispielsweise diejenige zwischen Opel und McCann Erickson, die im Jahr 1927 begann (!) und erst 2011 endete (und 2018 wieder aufgenommen wurde). Auch Jung von Matt und der Automobilverleiher Sixt arbeiten zusammen, seit es die Agentur gibt, also seit 1991. Studien haben für den amerikanischen Markt eine durchschnittliche Lebensdauer von Agentur-Kunde-Beziehungen von acht Jahren ergeben. Die Loyalität der Unternehmen zu ihren Agenturen scheint jüngst aber immer weiter abzunehmen, die Bereitschaft zu Agenturwechseln nimmt offenbar zu. Agenturchefs monieren, es sei eine regelrechte „Pitcheritis" ausgebrochen, das heißt die Zahl der Wettbewerbspräsentationen hat in den vergangenen Jahren erheblich zugelegt. Eine GWA-Studie kam ebenfalls zu dem Ergebnis, dass Agentur-Kundenbeziehungen kurzfristiger und austauschbarer werden (vgl. Bathen & Jelden, 2016, S. 27 ff.). Agenturen werden auch immer häufiger nur noch auf Projektbasis angeheuert; die früher übliche langfristige Übertragung eines Werbeetats auf eine Agentur findet man immer seltener. Etwas anders gelagert ist der Fall teilweise, wenn man organisatorisch eine Ebene tiefer geht. Denn Kunden sind Personen und Teams gegenüber schon eher loyal. Es ist nicht nur einmal vorgekommen, dass ein Kunde die Agentur gewechselt, hat, weil die sie betreuenden Personen sich einem anderen Arbeitgeber zugewandt haben.

Studien zeigen, dass es zumindest bei börsennotierten amerikanischen Unternehmen einen Zusammenhang gibt zwischen der Entwicklung des eigenen Marktanteils und der Bereitschaft, sich von seiner Werbeagentur zu trennen. Offensichtlich nehmen die Werbung treibenden Unternehmen die Kosten, die mit dem Wechsel ihrer Agentur verbunden sind, in Kauf, wenn sie in drei aufeinanderfolgenden Quartalen Marktanteile verloren haben (vgl. Kulkarni et al., 2003, S. 77 ff.). Eine wichtige Rolle für die Stabilität einer Kunde-Agentur-Beziehung liegt sicherlich auch in der Erklärungsbedürftigkeit der Produkte des Unternehmens. Es ist schlicht mühsam, immer neuen Agenturen die speziellen Eigenschaften komplizierter Produkte und die Besonderheiten der eigenen Branche zu erklären. Außerdem kommt es hier nicht so sehr auf frische Ideen an, sondern auf Produkt- und Branchen-Know-how. Ein Agenturwechsel wird aber, wie Studien zeigen, gerade wegen der Hoffnung auf neue Ideen vorgenommen. Beides gilt beispielsweise im „B-to-B"-Bereich, also im Geschäftskundensegment. Es ist sicher nicht vermessen anzunehmen, dass die Beziehungen zwischen B-to-B-Agenturen und ihren Kunden in der Tendenz stabiler sind als in vielen anderen Branchen. Eine empirische Überprüfung dieser These steht allerdings noch aus.

Zugang zu Vertriebskanälen

Eine Zeitung zu drucken, ist nicht schwer, eine Zeitung zum Leser zu bringen dagegen sehr. Häufig sind es die Vertriebswege, die einem potenziellen neuen Anbieter die Lust an den Eintritt in einen Markt verderben. Diese Markteintrittsbarriere, die in vielen Branchen eine bedeutende Rolle spielt, kann man in der Agenturbranche vernachlässigen, könnte man meinen. Doch das ist zu kurz gesprungen. In dem extrem unübersichtlichen Agenturmarkt haben die Etablierten auf den ersten Blick mit kaum geringeren Vertriebsproblemen zu kämpfen als Newcomer. Auch die von Porter beschriebenen Abwehrmaßnahmen etablierter Anbieter gegenüber potenziellen Konkurrenten spielen im Agenturmarkt bei erstem Hinsehen praktisch keine Rolle.

Aber was heißt hier eigentlich „Vertriebskanal"? Wie „vertreibt" man eine Dienstleistung, wie das Produkt Marken-Kommunikation? Der wichtigste Vertriebsweg sind persönliche Beziehungen. Etliche Studien haben gezeigt, dass solche persönlichen Beziehungen neben Empfehlungen und Online-Suchen die wichtigsten Faktoren bei der Agenturauswahl darstellen. Daneben spielen Platzierungen in Rankings eine gewisse Rolle. Für Agenturen heißt das: Wer nicht auf den wichtigen Branchen-Events auftaucht, gute Arbeit abliefert und Suchmaschinen-Marketing betreibt, der wird nicht gefunden. Tatsächlich kennt in der Welt der großen Agenturen und Kunden jeder jeden. Als Newcomer hier Fuß zu fassen, ist sehr schwer. Es ist auch nicht selten, dass Mitarbeiter einer Agentur sich mit einer neuen Agentur selbstständig machen und dabei ihre(n) dort betreuten Kunden „mitnehmen". Auf diese Weise umgehen sie die Markteintrittsbarriere einfach. Versteht man also den Zugang zu Vertriebskanälen wie beschrieben, handelt es sich hierbei um eine relativ hohe Eintrittshürde.

Fazit

Niedrige Markteintrittsbarrieren und damit die große Gefahr des Eintritts neuer Wettbewerber ist eine der (wenn nicht die) Hauptursache des starken Wettbewerbs in der Kommunikationsbranche. Es gibt aber, betrachtet man die einzelnen Elemente der Wertschöpfungskette von Agenturen, noch weitere Bedrohungen. Gerade in Produktion und Umsetzung geraten die Angebote immer mehr zu „Commodities". Und gerade hier entsteht wegen des Internet eine zunehmend auch internationale Konkurrenz. So gibt es Plattformen wie die australische „99designs", auf denen man für wenige Euro eine Anfrage für ein Logo-Design stellen kann. Man erhält daraufhin von der Designer-Community, die auf dieser Plattform versammelt ist, Angebote, von denen man nur dasjenige bezahlen muss, das man schließlich – inklusive aller Rechte – auch verwenden möchte. Für rund 200 € ist man dabei. Einen solchen Preis können seriöse Agenturen niemals anbieten. Auch Funktionen wie die Post-Production, also die Nachbearbeitung von Filmen, gibt es mittlerweile bei Billiganbietern zum Discount-Preis.

Rivalität droht aber nicht nur durch Billig-Konkurrenz. Auch Anbieter anderer Branchen könnten auf die Idee kommen, in den Agenturmarkt einzutreten oder zumindest Teile der dort geleisteten Wertschöpfung für sich zu reklamieren. Seit jeher haben auch Unternehmensberater ein Auge auf den Markt für Unternehmenskommunikation geworfen. Gerade bei Themen wie der Marken- und der Kommunikationsstrategie treten die Strategieberatungen wie McKinsey und Roland Berger gerne schon mal in Konkurrenz mit den Agenturen. Die Berater haben dabei den Vorteil, dass sie einen gegenüber den Agenturen deutlich besseren Zugang zur Geschäftsführungsebene von Unternehmen haben (vgl. Botzenhardt & Pätzmann, 2012, S. 60). Dadurch, dass die Digitalisierung der Kommunikation immer weiter fortschreitet, öffnet sich hier, bisher branchenfremden Anbietern. ein neues Feld. Unternehmen, die über Expertisen im Umgang mit großen Mengen von (Kunden-)Daten verfügen, könnten vermehrt dazu übergeben, diese Kompetenz um Kreativleistungen zu ergänzen und somit zu einem ernst zu nehmenden Konkurrenten der „klassischen" Agenturen werden (vgl. Bloching et al., 2012, S. 169 ff.). Beispiele gibt es bereits. Sapient war lange Jahre eine auf Marketing spezialisierte IT- und Managementberatung. Durch Zukauf der „Nitro-Group", einer Kreativagentur, entstand mit SapientNitro (mittlerweile wieder nur „Sapient") ein Kommunikationsdienstleister eigenen Zuschnitts. Es ist nicht abzusehen, dass sich nicht weitere IT-Dienstleister in diese Richtung entwickeln.

Zudem ist zu beobachten, dass aus Sicht „klassischer" Werbeagenturen immer häufiger Wettbewerber aus anderen Kommunikationsdisziplinen in ihr angestammtes Terrain eindringen. Spezialisten wie Design-, Digital- oder PR-Agenturen aber auch Media-Spezialisten ergänzen ihr Angebotsportfolio zunehmend mit weiteren Dienstleistungen aus dem Angebotsportfolio klassischer Agenturen. Eine wichtige strategische Frage wird für die Agenturen sein, wer beim Thema Markenführung das Sagen hat. Gelingt es den Agenturen nicht, diese Position zu erkämpfen oder zu verteidigen, wird es angesichts der potenziellen Konkurrenten eng.

4.6.4 Verhandlungsmacht der Lieferanten

Bedrohlich für die Etablierten einer Branche kann auch die Verhandlungsstärke der Lieferanten sein. Können sie glaubwürdig mit Preisanstieg für ihre Vorprodukte oder Zulieferungen drohen, übt dies gehörigen Druck in der Branche aus. Ein Unternehmen, das dies besonders zu spüren bekommt, ist beispielsweise die Deutsche Bahn. Fast sämtliche Zulieferer – sei es für Schienen, Fahrzeuge oder Strom – können wegen ihrer starken Wettbewerbsposition und der speziellen Verhältnisse in ihrem Markt Druck auf die Bahn ausüben. Ausbaden dürfen das dann die Bahnkunden.

Die Verhandlungsstärke der Lieferanten im Dienstleistungssektor im Allgemeinen und in der Werbebranche im Besonderen würde man auf den ersten Blick als gering bezeichnen. Denn was beziehen Agenturen schon an Vorleistungen? Da wird mal ein Fotograf bezahlt, mal eine Werbefilmproduktion. Sonderlich verhandlungsmächtig sind diese Lieferanten jedoch nicht, es gibt jeweils relativ viele Anbieter und intensiven Wettbewerb. Wo allerdings zunehmend Verhandlungsmacht ausgespielt wird, ist aufseiten der freien Mitarbeiter beziehungsweise „Freelancer". Gerade für Experten auf dem weiten Feld der Digitalen Kommunikation müssen die Agenturen mittlerweile gesalzene Stunden- oder Tagessätze aufrufen. Digital-Expertise ist ein knappes Gut, und Knappheit treibt auch hier die Preise.

4.6.5 Verhandlungsmacht der Abnehmer

Die Profitabilität innerhalb einer Branche wird auch von der Verhandlungsmacht der Abnehmer bestimmt. Ist diese groß, können die Abnehmer die Preise drücken, mehr Leistung für das gleiche Geld verlangen oder bessere Qualität einfordern. Tatsächlich gewinnt in der Werbebranche gerade diese Wettbewerbskraft immer mehr an Bedeutung. Aus Kundensicht sind die Dienstleister austauschbar und der Wechsel der Agentur verursacht vergleichsweise geringe Kosten. Die Verhandlungsmacht der Agenturkunden ist auch deshalb hoch, weil es eine große Zahl von Agenturen gibt, die um die Kunden buhlen. Der Wettbewerb ist daher sehr intensiv und verursacht einen hohen Preisdruck. Tab. 4.4 zeigt die wichtigsten Auftraggeber für Werbung in Deutschland aus Agentursicht.

Dem hatten die etablierten Agenturen zuletzt wenig entgegenzusetzen. Wie bereits mehrfach erwähnt, ist das Ausmaß an Differenzierung zwischen den Agenturmarken relativ begrenzt.

Die Schlagkraft der Wettbewerbskraft „Verhandlungsmacht der Abnehmer" zeigt sich auch in der starken Konjunkturabhängigkeit der Werbeausgaben. Nimmt die Profitabilität der Werbung treibenden Unternehmen aus konjunkturellen Gründen ab, senken diese geradezu reflexartig ihre Marketingbudgets, mit deutlich spürbaren Konsequenzen für die Werbebranche. Dies zeigt, dass die Dienstleistung von Agenturen bei ihren Abnehmern eine relativ geringe Wertschätzung genießt. Dies hängt sicher auch damit zusammen, dass die Nachweisbarkeit des konkreten Erfolgs beziehungsweise Wertsteigerungsbeitrags bei Marketing-Kommunikation immer noch sehr schwerfällt. Weder die Marketing-Abteilungen noch die Agenturen können bisher konkrete und überzeugende Aussagen darüber machen, welchen Beitrag sie zu einem betriebswirtschaftlichen Erfolg geleistet haben.

Hinzu kommt, dass sich innerhalb der Werbung treibenden Unternehmen eine Verschiebung der Zuständigkeiten beim Einkauf von Kreativleistungen vollzogen hat. Hatten früher die Marketing- oder Werbeabteilungen hier das Sagen, haben immer mehr Unternehmen in den vergangenen Jahren den Einkaufsabteilungen hier ein Mitspracherecht oder sogar (seltener) die alleinige Zuständigkeit für die Agenturauswahl zugesprochen. Damit einher geht das Problem, dass nunmehr Mitarbeiter auf

Tab. 4.4 Die fünfzehn wichtigsten Auftraggeber für Werbung in Deutschland (Umsatz in tausend Euro). (Quelle: Horizont 38/2020, S. 22)

Unternehmen	Umsatz 2019	Umsatz 2020
Procter&Gamble	615.970	727.677
Lidl	296.907	259.369
Aldi Gesamt	322.250	245.774
Rewe	177.428	205.218
ProSiebenSatEins Digital	659.420	200.200
Ferrero	304.315	199.767
Edeka	175.799	182.093
RTL Interactive	93.730	161.484
L'Oreal	235.012	149.325
Amazon	167.262	140.004
Telekom Deutschland	151.525	138.309
Kaufland	119.130	127.504
Norma	114.122	122.279
Mediashop	103.513	118.091
Beiersdorf	115.944	116.975

Unternehmensseite bei der Agenturauswahl mitreden, deren Know-how über Marketing und Kommunikation überschaubar ist. Hier steht der Preis im Vordergrund, nicht so sehr die Frage nach der Qualität der Agenturdienstleistung.

Besonders anschaulich zeigt sich die Verhandlungsmacht der Abnehmer beim Thema Agenturauswahl. Immer häufiger findet diese mittels Wettbewerbspräsentation („Pitch") statt. Trotz hoher Kosten auf beiden Seiten – also sowohl beim Werbung treibenden Unternehmen als auch bei den beteiligten Agenturen – erfreuen sich Pitches hoher Beliebtheit.

Der Pitch als Gefangenendilemma

Werbung treibende Unternehmen nutzen ihre Marktposition, indem sie eine bestimmte Form der Auftragsvergabe bevorzugen. Solche Unternehmen laden, wenn sie einen Etat zu vergeben haben, gerne mehrere Agenturen zu einer Wettbewerbspräsentation („Pitch") ein. Die Agenturen präsentieren dabei ihre Ideen und geben sie somit preis, was, wie wir schon an anderer Stelle gesehen haben, sich mitunter nicht günstig auf die Zahlungsbereitschaft der einladenden Unternehmen auswirkt.

Hinzu kommt, dass Agenturen relativ hohe Aufwendungen für die Vorbereitung der jeweiligen Präsentation entstehen. Agenturen fordern deshalb die Unternehmen immer wieder auf, ein Pitch-Honorar zu zahlen, das zumindest Teile der Kosten einer solchen Präsentation abdeckt. Allerdings entstehen auch Unternehmen im Zuge der Vorbereitung eines solchen Pitches relativ hohe Kosten. Studien sprechen hier von zwischen 150.000 und 300.000 € (vgl. Lindhoff, 2012, S. 66). Es gibt zumindest unter den im GWA versammelten Agenturen die Empfehlung, sich nicht an Präsentationen zu beteiligen, die ohne Honorar erfolgen. Nicht alle Agenturen halten sich jedoch daran, obwohl es für die Gesamtheit der Agenturen besser wäre – eine Situation vergleichbar mit dem Gefangenendilemma aus der Spieltheorie (siehe dazu die Ausführungen in Abschn. 2.3.2). ◄

4.6.6 Ersatzprodukte

Nicht nur die bestehenden Anbieter einer Branche, sondern auch die Anbieter ähnlicher – funktionsäquivalenter – Produkte aus anderen Branchen haben Einfluss auf das Gewinnpotenzial. Insbesondere wenn das Preis-Leistungsverhältnis des Ersatzproduktes gut ist und die Wechselkosten für den Kunden gering sind, ist diese Bedrohung akut. Ein Beispiel für ein solches Substitutionsprodukt ist ein elektronisches Überwachungssystem, das Wachpersonal ersetzen kann.

Die Beurteilung dieser Wettbewerbskraft gestaltet sich für die Agenturbranche als etwas schwierig. Denn was kann man als Ersatz für das Produkt „Werbung" oder „Marketing-Kommunikation" und für die diese Dienstleistung anbietenden Agenturen bezeichnen? Die Frage ist nur aus der Perspektive der einzelnen Kommunikationsdisziplinen zu beantworten. Hier kann man eine klare Aussage treffen: „Klassische" Werbeformen werden zunehmend durch digitale Formen verdrängt. Da aber die meisten Agenturen beides im Angebot haben oder sich auf diese Veränderung einstellen, ist eine „Bedrohung" dieses Ersatzprodukts nur für jene gegeben, die sich den Veränderungen nicht stellen. Für die übrigen stellt dies eher sogar eine Chance dar. Etwas anders verhält es sich bei Suchmaschinen. Hierbei handelt es sich um Angebote, die zumindest informierende Werbung teils ersetzen können. Suchmaschinen wie insbesondere Google bieten damit also eine Dienstleistung, die man durchaus als Substitutionsprodukt für Werbung und andere „klassische" Formen der Marketing-Kommunikation ansehen kann. Allerdings weisen aktuelle Untersuchungsergebnisse eher auf eine Komplementarität der digitalen mit den klassischen Werbemedien hin. Binet konnte zeigen, dass die Effektivität klassischer Werbeformen wie TV- und Printwerbung im Zuge der Digitalisierung zu- und nicht etwa abgenommen hat (vgl. Binet & Field, 2017, S. 48 ff.).

Porter belässt es nicht bei der schlichten Analyse einer Branche und der dort herrschenden Wettbewerbskräfte. Er schlägt auch gleich drei Wettbewerbsstrategien vor, mit denen sich Unternehmen in ihrer Branche behaupten können. Die **Kostenführerstrategie** setzt auf Effizienz im Produktionsprozess und damit auf geringe Kosten. Diese Kostenvorteile können als Preisvorteile an die Kunden weitergegeben werden und begründen eine vorteilhafte Wettbewerbsposition. Diese Strategie ist in der Agenturbranche – wie überhaupt im Dienstleistungssektor – selten anzutreffen. Ein Versuch, sich konsequent als Kostenführer zu positionieren, ist 2002 gescheitert. In diesem Jahr musste die im Jahr 1992 gegründete Agentur White Lion Insolvenz anmelden. Die **Strategie der Fokussierung** setzt konsequent auf das Besetzen von Marktnischen. Hier wird ein Teilmarkt, bestehend aus einer bestimmten Produktgruppe, einem Kundensegment oder einer bestimmten Region bearbeitet. Ein Beispiel für die konsequente Bearbeitung einer Nische bietet die Agentur Taste! aus Offenbach, die ausschließlich im Nahrungsmittel-Sektor tätig ist.

4.7 Zusammenfassung

- Das wichtigste Gut einer Agentur ist die Idee. Ökonomisch betrachtet, handelt es sich hierbei um eine ausgesprochen schwierige Materie: Der Wert des Gutes „Idee“ ist weder ex ante noch ex post eindeutig bestimmbar, die Idee ist zudem nur unzureichend rechtlich geschützt.
- Agenturen gibt es, weil die Kosten der Koordination von Prozessen innerhalb einer Hierarchie namens Agentur niedriger sind als die Kosten für die Anbahnung, Durchführung und Kontrolle von Verträgen zwischen unabhängigen Marktteilnehmern. Die Transaktionskostentheorie, mit der die Existenz von Unternehmen erklärt werden kann, ist bei näherer Betrachtung allerdings nur teilweise geeignet, auch die Bestimmungsgründe für die Entstehung von Agenturen anzuführen.
- Agenturen gibt es aber auch, weil sie über bestimmte Wettbewerbsvorteile gegenüber Inhouse-Anbietern verfügen. Der Ressourcenansatz der Strategieforschung zeigt auf, welche Faktoren einen solchen Vorteil begründen können. Diese Faktoren – beispielsweise bestimmte, schwer zu imitierende Routinen oder eine bestimmte Unternehmenskultur – erklären auch Wettbewerbsvorteile der Agenturen untereinander.
- Werbeagenturen gehören zu den Unternehmen mit dem höchsten Internationalisierungsrad. Die Existenz international tätiger Agenturen erklärt sich insbesondere durch die Internationalisierung ihrer wichtigsten Kunden.
- Es fällt jedoch auf, dass die wesentlichen internationalen Player aus nur wenigen Staaten stammen (Frankreich, Großbritannien, vor allem aber USA). Das deutet auf eine hohe Bedeutung der Gegebenheiten des Stammlands für die Wettbewerbsfähigkeit internationaler Agenturen hin.
- Die Wettbewerbsintensität in der Branche ist vergleichsweise hoch. Niedrige Eintrittshürden und eine große Zahl von Anbietern sorgen für intensiven Wettbewerb. Zudem mangelt es den Agenturen teilweise an Differenzierung, ihre Angebote sind häufig relativ austauschbar.

Literatur

Akerlof, G. A. (1970). The Market for “Lemons”: Quality uncertainty and the market mechanism. *The Quarterly Journal of Economics, 84*(3). (Aug., 1970), 488–500.

Association of National Advertisers. (2018). “The Continued Rise of the In-House Agency”. Paper zum Download unter https://www.ana.net/miccontent/show/id/rr-2018-in-house-agency. Zugegriffen: 22. Febr. 2021.

Arrow, K. (1984). *The economics of information*. Belknap Press of Harvard University Press.

Averdung, A. (2013). *Erfolgreiche Strategien für das kompetenzbasierte Management integrierter Marketingagenturen*. Dissertation. Hamburg.

Barney, J. B. (1991). Firm resources and sustained competitive advantage. *Journal of Management, 17*, 99–120.

Bathen, D., & Jelden, J. (2016). *Agentur-Kundenbeziehungen von Morgen*. GWA e.V.

Binet, L., & Field, P. (2017). *Media in focus. Marketing-Effectiveness in the digital era*. IPA.

Bloching, B., Luck, L., & Ramge, T. (2012). *Data Unser. Wie Kundendaten die Wirtschaft revolutionieren*. Redline.

Botzenhardt, F., & Pätzmann, J. U. (2012). *Die Zukunft der Werbeagenturen. Strategische Planung als Innovationsmotor*. Springer Gabler.

Burrack, H., & Nöcker, R. (2008). *Vom Pitch zum Award. Wie Werbung gemacht wird*. FAZ Buchverlag.

Collis, D. J. (1994). Research note: How valuable are organizational capabilities? *Strategic Management Journal, 15*, 143–152.

Darby, M. R., & Karni, E. (1973). Free Competition and the optimal amount of fraud. *Journal of Law and Economics, 16*(1), 67–88.

Diericks, I., & Cool, K. (1989). Asset stock accumulation and sustainability of competitive advantage. *Management Science, 35*(12), 1504–1514.

Doctoroff, T. (2013). Advertising agencies in China: Glorious opportunities, easily squandered. www.huffingtonpost.com/tom-doctoroff/advertising-agencies-in-c_b_121951.html. Zugegriffen: 4. Jan. 2013.

Dunning, J. H. (1988). The eclectic paradigm of international production: A restatement and some possible extensions. *JIBS, 29*, 1–31.

Dunning, J. H., & Lundan, S. M. (2008). Institutions and the OLI paradigm of the multinational enterpreise. *Asia Pacific Journal of Management, 25*(4), 573–593.

Faulconbridge, J. R., Beaverstock, J. V., Nativel, C., & Taylor, P. J. (2011). *The globalization of advertising*. Routledge.

Faulconbridge, J. R., Beaverstock, J. V., Taylor, P. J., & Nativel, C. (2008). The Globalization of the advertising industry. Research Report for the Sloan Foundation.

Femina, J. D. (2011). *Der letzte Mad Man. Bekenntnisse eines Werbers*. Berliner Taschenbuch.

Florida, R. (2002). *The rise of the creative class*. Basic Books.

Gouthier, M., & Schmid, S. (2003). Customers and customer relationships in service firms: The perspective of the resource-based view. *Marketing Theory, 3*(1), 119–143.

GWA, & Hochschule der Medien Stuttgart. (2011). Nachwuchsstudie Kommunikation.

Handelsblatt, Absatzwirtschaft, & Innofact AG (Hrsg.). (2013). Agentur Images 13. Studie.

Henderson, T. (2010). *Fluid networks: The next agency model? Master's Thesis*. Berlin School of Creative Leadership.

Horsky, S. (2006). The changing Architecture of advertising agencies. *Marketing Science, 25*, 367–383.

Horsky, S., Michael, S. C., & Silk, A. J. (2008). The internalization of advertising services: An inter-industry analysis. *Harvard Business School Working Paper Series, 6*(25).
Jung, H., & von Matt, J.R. (2002). *Momentum. Die Kraft, die Werbung heute braucht.* Lardon
Kulkarni, M. S., Vora, P.P., & Brown, T.A. (2003). Firing Advertising Agencies. Possible Reasons and Managerial Implications. Journal of Advertising, 32(3), 77 – 86.
Levitt, T. (1983). The globalization of markets. *Harvard Business Review, 61*(May-June) 92–102.
Lindhoff, N. (2012). *Überlegter Partnertausch. Markenartikel, 4*, 66–67.
Mueller, B. (2011). *Dynamics of international advertising: Theoretical and practical perspectives.* Lang.
Nachum, L. (1999). *The impact of home countries on the competitiveness of advertising TNCs.* Working Paper No. 149, ESRC Centre of Business Research, University of Cambridge.
Neukirchen, H. (2011). *Wer hat's erfunden? Die Geheimnisse von Europas einflussreichster Werbeagentur – Jung von Matt.* Redline.
Nöcker, R. (2000). *Internationalisierung als Wettbewerbsstrategie.* Kovac.
Nöcker, R. (2017). *Die Marken-Macher. Wie die deutsche Werbebranche erwachsen wurde.* FAZ-Buchverlag.
o. V. (2017). Uff, all die coolen Jungs. *On, November, 1*, 32–39.
Poppo, L., & Zenger, T. (1998). Testing alternative theories of the firm: Transaction costs, knowledge-based, and measurement explanations for make-or-buy-decisions in information services. *Strategic Management Journal, 19*, 853–877.
Porter, M. E. (2008). *Wettbewerbsstrategie.* Campus.
Pratt, A. C. (2006). Advertising and creativity, a Governance approach: A case study of creative agencies in London. *Environment and Planning A, 38*(10), 1883–1899.
Verbeke, W., Franses, P. H., Le Blanc, A., & Van Ruiten, N. (2008). Finding the keys to creativity in Ad agencies. *Journal of Advertising Research, 37*(4), 121–130.
Villa-Boas, J. M. (1994). Sleeping with the enemy: Should competitors share the same Advertising agency? *Marketing Science, 13*(2), 190–202.
Williamson, O. E. (1985). *The economic institutions of capitalism: Firms, markets, relational contracting.* The Free Press.
Woodman, R. W., Sawyer, J. E., & Griffin, R. W. (1993). Toward a theory of organizational creativity. *The Academy of Management Review, 18*(2), 293–321.

5 Etablierte Geschäftsmodelle von Agenturen

Im Folgenden wollen wir uns aus betriebswirtschaftlicher Sicht intensiver der Agentur als Wirtschaftssubjekt widmen. Ideen, so haben wir im Abschn. 4.2 festgestellt, haben an sich keinen Wert. Gleichzeitig sind sie das wesentliche Produkt einer Agentur. Daher ist die Frage nach einem Geschäftsmodell, das aus diesem im strengen ökonomischen Sinne wertlosen Produkt dennoch Erträge entstehen lässt, von großem Interesse.

Ein Geschäftsmodell bildet das betriebliche Leistungssystem ab, heißt es in einschlägigen Definitionen. Es beschreibt also, grob gesprochen, wie ein Unternehmen sein Geld verdient. Dazu gehört einerseits die Antwort auf die Frage, warum überhaupt das Unternehmen als Anbieter auftritt („Reason for being"), welche Teile der Wertschöpfung es erbringt und wie es mit seinen Leistungen Geld verdient. Zusammengefasst besteht ein Geschäftsmodell somit aus drei Hauptkomponenten:

- **Nutzenversprechen (Value Proposition)**: Welchen Nutzen können Kunden oder andere Partner des Unternehmens aus der Verbindung mit diesem Unternehmen ziehen?
- **Architektur der Wertschöpfung:** Wie wird die Leistung in welcher Konfiguration erstellt?
- **Ertragsmodell**: Welche Erlöse und Gewinne erwirtschaftet das Unternehmen aus welchen Quellen?

Wir werden auf den folgenden Seiten die Geschäftsmodelle verschiedener Agenturtypen anhand dieser Systematik betrachten. Wir betrachten dabei *etablierte* Geschäftsmodelle, das heißt solche, die sich in der Vergangenheit herausgebildet haben und heute noch gängig sind. In einem späteren Abschnitt werden wir auf mögliche Geschäftsmodelle der Zukunft eingehen.

R. Nöcker, *Ökonomie der Werbung*, https://doi.org/10.1007/978-3-658-33692-9_5

Nutzenversprechen
Hier kann man – wie so häufig übrigens – nicht alle Kommunikationsagenturen über einen Kamm scheren. Es treten vielmehr verschiedene Agenturen mit unterschiedlichen Nutzenversprechen am Markt auf. Es ist zu erwarten, dass diese Ausdifferenzierung künftig sogar noch zunehmen wird (siehe Abschn. 6.2). Die folgende Unterscheidung fällt daher relativ grob aus.

5.1 Kreativagenturen

Die Kreativagentur stellt das dar, was sich vielleicht der Zuschauer des Vorabendprogramms unter einer Werbeagentur vorstellt. Hier brodelt es, hier arbeiten vor allem junge Menschen, hier entstehen Kampagnen, die preisverdächtig sind. Beispiele für diesen Agenturtyp sind etwa Jung von Matt, Kemper Trautmann und Heimat. Kreativagenturen bieten traditionell schwerpunktmäßig die klassischen Werbeformen an, also Presse (Zeitungen, Zeitschriften), Außenwerbung (Plakate), Radio, Fernsehen und Kino, haben jedoch zunehmend das Thema „Online" für sich entdeckt. Sie sind in hohem Maße auf gute Kreative angewiesen.

Kreativagenturen funktionieren nur dann, wenn kaufmännische Expertise und Kreativität zusammenfinden, wenn es gelingt, tragfähige Strukturen aufzubauen und wenn Top-Kreative gewonnen werden können – und im Endeffekt, wenn Kunden akquiriert und gehalten werden können. Wenn nicht, verschwinden die Agenturen eben einfach wieder. Im Innenleben ist der Kreativ-Hot-Shop dadurch geprägt, dass er hungrige Leute anzieht, die heute schon genau diese neuen Dinge machen wollen. Allerdings muss eine solche Agentur die passenden Kunden finden, die ihr hier auch folgen wollen. So wie etwa der Autoverleiher Sixt, der so manche Verrücktheit seiner Agentur Jung von Matt mitmachte und dieser dadurch zum Aufstieg mit verhalf. Nicht jeder jungen Kreativagentur ist dieses Glück beschieden. Gerade am Anfang ist es schwierig mit den eigenen Ansprüchen an die Kreativität, denn unter Umständen gilt es auch Kunden zu bedienen, die ganz andere – weniger mutige, freche, kreative – Vorstellungen haben. Dann aber gerät man schnell in Gefahr, zu einer Mainstream-Agentur zu werden. Gerade auch deswegen wünschen sich Chefs von Kreativagenturen und deren Mitarbeiter immer wieder mehr Mut und mehr Pioniergeist auf Kundenseite. Und dürfen sich im Gegenzug anhören, man mache schließlich nicht in Kunst, sondern müsse Produkte verkaufen. Das Verhältnis zwischen Kunde und Agentur kann mitunter schwierig sein.

Die typische Kreativagentur arbeitet im nationalen Rahmen. Beispielsweise hatten Jung von Matt oder Heimat lange Zeit kein Auslandsgeschäft in nennenswertem Umfang, auch wenn sich das in den vergangenen Jahren bei Jung von Matt geändert hat. Vielleicht wichtiger als die Internationalisierung ist für diesen Agenturtyp die eigene Personalpolitik. Denn gerade für Kreativagenturen spielen die Menschen, die dort beschäftigt sind, eine entscheidende Rolle für ihre Reputation am Markt. Auch das Branding von Kreativagenturen zeigt, dass es sich hier um ein stark personenbezogenes

Geschäft handelt: Nicht selten tragen diese Agenturen auch die Namen ihrer Gründer, es sei denn, sie wollen auch hier schon ihre Kreativität beweisen („Etwas Neues entsteht", „Zum Goldenen Hirschen"). Die folgende Rangliste der kreativsten deutschen Agenturen zeigt indes, dass längst nicht mehr nur die Kreativagenturen bei den einschlägigen Wettbewerben punkten. Im Gegenteil – unter den Top Ten befinden sich nahezu ebenso viele gemeinhin als unkreativ beleumundeten Network-Agenturen wie Hot-Shops.

5.2 Networks

Vieles haben wir über die internationalen oder Network-Agenturen und deren Entstehungsgründe bereits im Abschn. 4.5 erfahren. Daher soll im Folgenden nur kurz skizziert werden, was heute das Leistungsangebot oder Nutzenversprechen dieses Agenturtyps ausmacht.

Im Wesentlichen besteht das Nutzenversprechen in einer Art „One-Stop-Shopping" – ein Ansprechpartner für alles, das vermindert Reibungsverluste und vereinfacht Abstimmungsprozesse beim Kunden. Zur Gruppe der Network-Agenturen gehören die ganz Großen der Branche. Unter den Top Ten der größten deutschen Werbeagenturen stellen sie (noch) die Mehrheit. BBDO, Grey, Ogilvy, Publicis und andere Network-Agenturen sind die Hüter der ganz großen internationalen Etats. Wie genau sich deren Wirtschaftskraft darstellt, ist seit dem Jahr 2002 nicht mehr genau zu erfahren. Seitdem berufen sich die Networks auf die Börsenregeln des sogenannten „Sarbanes–Oxley-Acts" und nennen keine Umsatz-, Gewinn- oder Mitarbeiterzahlen mehr. Der Agenturtyp des Networks zeichnet sich dadurch aus, dass die jeweilige Landesgesellschaft Teil eines internationalen Netzwerkes aus Agenturen ist. Dieses Netzwerk gehört in der Regel seinerseits zu einer Holding.

Die französische Netzwerkagentur Publicis agiert beispielsweise unter dem Dach einer Holding gleichen Namens, zu der unter anderem auch die Werbeagenturen Leo Burnett und Saatchi & Saatchi sowie die Mediaagentur Zenith-Optimedia gehören. Größte Holding ist derzeit die britische WPP (die Abkürzung steht für Wire and Plastic Products und verweist auf das frühere Betätigungsfeld der Firma, die Herstellung von Einkaufskörben). Zu ihr gehören die Agenturgruppen Grey Global Group, Ogilvy & Mather Worldwide, Young & Rubicam und JWT (früher bekannt unter J. Walter Thompson Co.). Zu den Wettbewerbern von WPP gehört die New Yorker Holding Interpublic mit Agenturgruppen wie Draft FCB und McCann Erickson, Omnicom (BBDO, TBWA) sowie Publicis (Saatchi & Saatchi, Leo Burnett, Publicis, Razorfish) und Havas (Euro RSCG) aus Frankreich (Tab. 5.1).

Network-Agenturen bieten in der Regel ein relativ breites Leistungsspektrum an, verfügen also unter einem Dach nicht nur über klassische Werbeagenturen, sondern auch beispielsweise über Dialog-, Promotion- oder Onlineanbieter. Die Holdings, die das Dach über den Network-Agenturen bilden, die selbst wiederum verschiedenste Agenturen unter sich versammeln, sind sogar aus dem Gedanken entstanden, Vielfalt

Tab. 5.1 Umsatz der größten Werbeholdings 2020. (Quelle: Advertising Age)

Rang	Werbeholding	Umsatz 2016 (in Mrd. Dollar)	Agenturmarken (Auswahl)
1	WPP	17,34	AKQA, BCW, Essence Global, Finsbury, Grey, GroupM, Hill + Knowlton Strategies, Kantar Group, Mindshare, Ogilvy, Wavemaker, Wunderman Thompson, VMLY&R
2	Omnicom	15,29	BBDO Worldwide, Diversified Agency Services (DAS), DDB Worldwide, Omnicom Media Group (OMG), TBWA Worldwide
3	Publicis	11,39	Publicis, Leo Burnett, Saatchi
3	Interpublic	9,71	Foote, Cone & Belding (FCB) McCann Worldgroup; MullenLowe, IPG Mediabrands
5	Dentsu	9,6	Dentsu
6	Hakuhodo	3,06	Hakuhodo
7	Havas	1,71	Havas Creative Group, Havas Media Group, Havas Health & You

anbieten zu können. Die einzelnen Agenturen aus den Networks waren in ihren Ursprüngen mehrheitlich inhabergeführte Unternehmen. In den vergangenen Jahren sind diese Agenturen näher zusammengerückt, und es scheint, als sei eine noch stärkere Konzentration gewollt. Gerade die britische WPP-Gruppe macht immer wieder durch größere Übernahmen von sich reden. So liegt die eigentliche unbestrittene Stärke der großen Netzwerke in der Internationalität und in der Fähigkeit, ein breites Spektrum an Kommunikationsdisziplinen aus einer Hand anzubieten. Sie sind die Vehikel global agierender Konzerne, um internationale Kampagnen umzusetzen. Damit kommen global tätige Großunternehmen um diesen Agenturtypen praktisch nicht herum.

Diese Internationalität hat allerdings auch ihre Kehrseite. Für die einzelne zumal deutsche Landesgesellschaft ist es nicht immer nur erquickend, für internationale Kunden oder für Etats zu arbeiten, die primär bei der im Ausland beheimateten Muttergesellschaft liegen und auch von dieser Gesellschaft gewonnen wurden. Zuletzt zeigten die Network-Agenturen zumindest in Deutschland Wachstumsschwächen. JWT und Young & Rubicam mussten Federn lassen. Ehemals sichere Network-Etats, wie beispielsweise derjenige der Lufthansa landeten zuletzt auffällig häufig bei inhabergeführten Agenturen.

5.3 B-to-B-Agenturen

Die üblicherweise im Alltag wahrzunehmende Werbung richtet sich an Endkunden. Es gibt jedoch auch Marketing-Kommunikation, die sich an Hersteller oder Händler richtet, man spricht in diesem Zusammenhang von Business-to-Business-Kommunikation. Adressaten sind also Unternehmen. „B-to-B"-Kommunikation, wie sie werbisch genannt wird, sieht sich anderen Herausforderungen gegenüber als klassische Endkunden- beziehungsweise „B-to-C"-Kommunikation. Der wesentliche Unterschied liegt in der höheren Erklärungs-bedürftigkeit der Produkte im Bereich B-to-B und der engeren Zielgruppe. Beides hat Auswirkungen sowohl auf die Kreation als auch auf die Media-Strategie. Medien wie Radio oder Fernsehen spielen hier nahezu keine Rolle, stattdessen kommen häufig Anzeigen in (Fach-)Zeitschriften infrage, die sich an die entsprechenden Entscheider wenden. Die enge, aber spezialisierte und kompetente Zielgruppe adäquat anzusprechen gehört zu den speziellen Kompetenzen einer B-to-B-Agentur (vgl. hierzu ausführlich die verschiedenen Jahrgänge des GWA-Jahrbuchs B-to-B-Kommunikation, zuletzt GWA, 2012). Man muss die spezielle Zielgruppe genau verstehen und ihre Fachsprache sprechen. Diese kann von Branche zu Branche sehr verschieden sein.

Im B-to-B-Bereich setzt man in der Kommunikation weniger auf attraktive Verpackung und originelle Kreation als vielmehr auf konkrete Inhalte. Die beworbenen Produkte im B-to-B-Geschäft weisen häufiger als im Konsumgütersegment einen eigenständigen und unverwechselbaren Nutzen auf, entsprechend kann sich die Kommunikation auf konkrete Inhalte stützen und bringt am Ende auch viel eher Ergebnisse, an denen die Agentur dann auch gemessen wird. B-to-B-Agenturen sind in der Regel inhabergeführt. Ausnahmen wie die Stuttgarter Agentur RTS Rieger Team, die zur TBWA-Gruppe gehört, bestätigen diese Regel. Die Agenturen profitieren von dem Umstand, dass im B-to-B-Geschäft die Kundenloyalität sehr viel höher ist als im Endkunden-Geschäft. Außerdem scheinen hier die Kunden bereit zu sein, mehr Geld zu zahlen. Dies führt häufig zu relativ hohen Erträgen, obwohl die Budgets in den allermeisten Fällen im B-to-B-Segment kleiner sind als im B-to-C-Bereich.

Ein weiterer Unterschied zur Werbung im Endverbraucher-Geschäft: Die Beratungsleistung in Agenturen mit Fokus auf B-to-B erfährt in der Regel eine unmittelbare Umsetzung. Hier wird man nur wenige Verantwortliche auf Kundenseite treffen, der ein halbes Jahr auf eine Entscheidung wartet oder die fünfte oder sechste Marktforschung präsentiert, um eine Entscheidung abzusichern. Ein Berater auf Agenturseite hat hier sehr großen Einfluss und erhält meist unmittelbares Feedback. Das Aufgabenspektrum einer B-to-B-Agentur geht häufig weit über die Kreation einer Anzeige hinaus. Oft haben es die entsprechenden Agenturen mit Themen wie Börsengängen, internationalen Markentransfers und Fusions- oder Übernahmeprozessen und den damit einhergehenden Fragen der Markenarchitektur zu tun. B-to-B-Kommunikation erstreckt sich nahezu immer auf mehrere Kommunikationsdisziplinen. Der typische Unternehmer und damit klassische Kunde einer B-to-B-Agentur hat schlicht keine Lust und Zeit, Kommunikationsaufgaben auf mehrere spezialisierte Agenturen zu verteilen und diesen Vorgang dann auch noch zu steuern.

Schwierig ist in diesem Segment, dass das Verständnis für die Bedeutung von Marken auf Unternehmensseite häufig noch unterentwickelt ist. Viele der Unternehmen aus dem B-to-B-Bereich werden von Ingenieuren geleitet, für die Produktpolitik und Vertrieb die weitaus größte Bedeutung unter den Instrumenten des Marketing-Mix haben. Doch hier tut sich etwas. Immer mehr Studien zeigen, dass auch im B-to-B-Bereich starke Marken ein wesentlicher Gewinn- und Werttreiber sind (vgl. die Übersicht von Baumgarth, 2013, S. 34 ff.).

5.4 Branchenspezialisten

Eigentlich verbietet sich derartiges Spezialistentum von selbst. Denn während sich Unternehmensberater durchaus als Experten für bestimmte Branchen positionieren dürfen und dies von deren Kunden sogar ausdrücklich gewünscht wird, gilt in der Werbung die Regel: Jede Agentur betreut je einen Kunden aus einer Branche. Agenturen, die einen Automobilkonzern zum Kunden haben, müssen anderen Fahrzeugherstellern einen Korb geben. Wer mit dieser Regel auf Agenturseite bricht, kann sich mitunter warm anziehen. So war die Berliner Dependance der Agentur Scholz & Friends vor einigen Jahren ihren Telekom-Etat ruck, zuck los, als dem damaligen Marketing-Chef Kindervater zu Ohren kam, dass sich einer der Scholz-Geschäftsführer an einer Wettbewerbspräsentation um einen anderen Etat aus der Telekommunikationsbranche beteiligt hatte. Dennoch gibt es Ausnahmen von dieser von den Werbetreibenden ansonsten recht humorlos gehandhabten Regel. In einigen Branchen wird das Ganze nicht so verbissen gesehen. So hat sich beispielsweise die in Offenbach ansässige Agentur Taste auf den Nahrungsmittelsektor spezialisiert und betreut mehrere Unternehmen dieser Branche, Schwerpunkt der Frankfurter Wefra-Agenturgruppe ist die Pharma-Kommunikation. Auch die Ogilvy-Gruppe unterhält eine eigene auf die Pharmabranche spezialisierte Sparte (Ogilvy Healthworld), ebenso die Agenturgruppe Grey (vgl. die Agenturportraits in GWA, 2016).

Spezialistentum findet sich vor allem in Sektoren mit stark erklärungsbedürftigen Produkten und einem hohen Maß an Regulierung. Beides gilt beispielsweise für den Pharmasektor, daher gibt es auch eine relativ große Zahl spezialisierter Healthcare-Agenturen. Der Markt ist relativ stark reguliert, etwa durch die „Spargesetze und Eingriffe in die Verordnungshoheit des Arztes“. Zudem gibt es den Markt für freiverkäufliche Arzneien und den der verschreibungspflichtigen Produkte mit jeweils völlig anderen Regularien. Zum anderen stehen Apotheken, Krankenhäuser und Ärzte vor großen Veränderungen – Ärztemangel, Apothekerpleiten und die Privatisierung der Krankenhäuser sind Stichworte, die in diesem Zusammenhang zu nennen sind. Eine weitere Besonderheit liegt zumindest momentan noch darin, dass die Werbung treibenden Unternehmen im Pharmamarkt sehr stark vom Außendienst und vom Vertrieb gesteuert ist. Dadurch hat dieser eine relativ gewichtige Position auch gegenüber den Agenturen. Nur wenn der Außendienst Konzepte und Maßnahmen gutheißt, werden sie oft auch umgesetzt.

Die Besonderheiten der Branche schlagen sich auch in den Arbeitsinhalten der Mitarbeiter einer spezialisierten Pharma-Agentur nieder. Hier kommt es vor allem auf genaue Kenntnisse der Produkte an, mit denen es die Agentur zu tun hat. Wie in nur wenigen Branchen muss die Kommunikation hier sachlich und im wissenschaftlichen Sinne richtig sein. Medizinisch-wissenschaftliches Know-how ist also unerlässlich, daher sind studierte Mediziner in diesen Agenturen keine Seltenheit. Dazu kommt eine genaue Auseinandersetzung mit der Zielgruppe. Kreative Höchstleistungen sind in dieser Branche nicht unbedingt das Kernprodukt. Typisch für die Zusammenarbeit zwischen Agentur und pharmazeutischem Unternehmen ist vielmehr, dass Kampagnen in aller Regel durch Pretests abgesichert werden. Ohne einen erfolgreichen Werbemittel-Test gelangt praktisch keine Kampagne an die Öffentlichkeit.

Der generelle Trend zu digitalen Kommunikationsformen ist auch im Pharmasektor klar zu erkennen. Patienten informieren sich heute über Symptome, Krankheitsbilder und Therapieformen immer häufiger im Netz, bevor sie zum Arzt gehen. Daraus ergeben sich sehr interessante Umfelder für Marketing-Kommunikation. In der jüngeren Vergangenheit haben sich auf digitale Kommunikation spezialisierte Agenturen gegründet, die nur für den Healthcare-Bereich arbeiten. Ein Beispiel dafür ist die Agentur Spirit Link in Erlangen.

5.5 Spezialisten für bestimmte Kommunikationsdisziplinen

Eine andere Spezialisierung ist anhand der verschiedenen Kommunikationskanäle beobachtbar. So gibt es Spezialisten beispielsweise für Eventkommunikation, für Digitale Kommunikation und für PR (vgl. hierzu ausführlich Burrack & Nöcker, 2007, S. 32 ff.). Da auch Unternehmen, die gemeinhin als „Werbeagenturen" gelten, zum Teil diese Spezialdisziplinen im Angebot haben, seien sie hier in aller Kürze skizziert.

Digitalagenturen

Gerade die Online- und Digitalspezialisten legen derzeit ein rasantes Wachstum hin und differenzieren sich dabei immer weiter. So gibt es mittlerweile Spezialisten für Social Media, für Mobile Marketing und so weiter. Zugleich gibt es Full-Service-Digitalagenturen, die ein breites Leistungsspektrum anbieten. Auch die Rangliste der größten Anbieter in diesem Segment zeichnet ein sehr heterogenes Bild (siehe Tab. 5.2). Eher technikgetriebene Unternehmen sind ebenso vertreten wie Agenturen, deren wesentliches Nutzenversprechen in der Kreation liegt.

Digitales Marketing ist ein Feld großer Komplexität. Agenturen in diesem Bereich kümmern sich dabei häufig im ersten Schritt um die Entwicklung von Kommunikationsstrategien im digitalen Umfeld. Dazu zählt beispielsweise, sich über die Berührungspunkte der Zielgruppe mit den einzelnen digitalen (und analogen) Kanälen Gedanken zu machen und die richtigen Kanäle aus dem unüberschaubaren Wust auszuwählen. Der Instrumentenkasten ist groß und vielfältig: Neben Werbeformen wie Display Advertising, Bannerwerbung und Streaming Ads treten die Kommunikation in Social Media, in Form von Virals, und zunehmend auf mobilen Endgeräten wie Tablet-Computer, wo Apps und HTML-5-Web-Applikationen eingesetzt werden können. Damit ist aber das

Tab. 5.2 Die Top-10 Digitalagenturen Deutschlands 2020. (Quelle: BVDW https://www.bvdw.org/der-bvdw/gremien/internetagentur-ranking/ranking/, abgerufen 15.2.2021)

	Name	Honorarumsatz in Mio. EUR	Mitarbeiter
1	Reply Digital Experience	138,527	958
2	Pia Group	114,137	915
3	PlanNet	101,503	988
4	Team Neusta	92,044	1099
5	Diva-e	78,288	702
6	Valtech	72,311	478
7	C3 Creative Code and Content	63,811	488
8	Mgm Technology Partners	57,22	405
9	Init AG	54,32	592
10	Fischer Appelt AG	49,65	387

Feld immer noch nicht abschließend beschrieben. Denn Digitalagenturen bieten häufig auch CRM- (Customer Relationship Management) und E-Commerce-Lösungen an. Dazu zählen beispielsweise Konfiguratoren, mit denen ein Kunde etwa im Automobilbereich sein Traumauto am Computer oder Mobiltelefon zusammenstellen kann oder Beratungstools, die ihm bei der Nutzung oder Konfiguration von Produkten helfen. Es geht hier also nicht mehr nur um Kommunikation – Vertrieb und Kundenmanagement schließen sich vielmehr unmittelbar an. Es gibt eben keinen Medienbruch wie in der Klassik. Dort, wo kommuniziert wird, kann auch eingekauft werden. Dabei fallen Daten an, die für Kommunikation und CRM ausgewertet und genutzt werden können. Zudem sind Digitalagenturen auch Technik-Dienstleister, bieten also die für die oben genannten Themen notwendige Technik im Front- und im Backend mit an.

Es gilt allerdings festzustellen, dass die Unterscheidung zwischen „Digital-" und „klassischen" Agenturen zunehmend obsolet wird. Kaum noch eine „klassische" Agentur verzichtet auf das Angebot auch digitaler Kommunikationsformen. Umgekehrt erweitern viele der als reine Digitalspezialisten gestarteten Agenturen ihr Portfolio auch um klassische Kommunikationsangebote.

PR-Agenturen

PR ist zunehmend ein komplexes Geschäft, das weit über die reine Pressearbeit, mit der sie oft verwechselt wird, hinausgeht. Laut einer Standard-Definition bedeutet Public Relations oder Öffentlichkeitsarbeit die „systematische und zielorientierte Pflege der Beziehungen zu seinen internen und externen Anspruchsgruppen mit dem Ziel, den Prozess der Meinungsbildung zu beeinflussen". PR-Agenturen beraten ihre Kunden also bei der Formulierung einer Kommunikationsstrategie und unterstützen sie bei der Presse- und Medienarbeit. Zum klassischen Brot- und Butter-Geschäft einer PR-Agentur gehört also das Identifizieren und Aufbereiten von Themen, die für Presse und Medien interessant sein könnten, sowie die möglichst erfolgreiche Platzierung dieser Themen nebst Nennung des Auftraggebers in den betreffenden Medien. Aufbau und Pflege eines entsprechenden Presseverteilers sowie belastbarer Kontakte zu Presse- und Medienvertretern gehören ebenso zum Handwerk wie das Verfertigen von Pressemitteilungen und das Organisieren von Pressekonferenzen.

Neben diesem Standardangebot gibt es Themen wie Corporate Social Responsibility, Krisenkommunikation oder neuerdings Social Media, die ebenfalls von PR-Agenturen bearbeitet werden. Gerade für die Kommunikation von Unternehmen, die Finanzmärkte in Anspruch nehmen, haben sich PR-Spezialisten herausgebildet, die sämtliche – auch juristische – Fallstricke der Finanzmarktkommunikation kennen und dieses Wissen als Beratungsangebot vorhalten.

PR hat einige Vorzüge gegenüber anderen Formen der Marketing-Kommunikation, wird dies aber niemals ersetzen können. Insbesondere die relativ niedrigen Kosten, die relativ hohe Glaubwürdigkeit der Botschaften sowie die gute Erfolgskontrolle sprechen für PR. Andererseits sind bestimmte Marketing-Ziele mit PR allein nicht zu erreichen, etwa der Aufbau einer Marke oder die erfolgreiche Einführung eines neuen Produkts. Hier kann PR nur flankierend wirken. Vielleicht auch deshalb haben große PR-Agenturen ihr Leistungsangebot zunehmend um andere Disziplinen ergänzt. So sind in der jüngeren Vergangenheit größere PR-Agenturen wie Achtung! oder FischerAppelt mehr und mehr dazu übergegangen, auch andere Disziplinen anzubieten und können somit kaum noch als Spezialisten gelten. Zugleich nimmt die Bedeutung der Spezialisierung auf Digitale Kommunikation in dem Maße ab, in dem auch kundenseitig nicht mehr zwischen „digitaler" und „klassischer" Kommunikation unterschieden wird.

Agenturen für Live-Kommunikation

Live-Kommunikation heißt Kommunikation auf Events wie Messen, Außendienstkonferenzen, Verkaufspräsentationen, Kundenevents, Hauptversammlungen und vieles mehr. Auch die sogenannte „Corporate Architecture", also „Brandparks" und „Flagship Stores", gehört in dieses Feld. Beispiele hierfür sind die Autostadt von Volkswagen in Wolfsburg oder der „Brand Space" der Deutschen Bank in deren Frankfurter Zentrale. Agenturen, die sich auf Live-Kommunikation spezialisiert haben, versuchen, eine Marke in der dritten Dimension erlebbar zu machen. Diese Form der Kommunikation findet direkt und persönlich statt, wodurch sie sich von der klassischen Werbung unterscheidet. Und anders als beim Sponsoring, wo die Marketing-Kommunikation eine bestehende (Sport- oder Kultur-) Veranstaltung nutzt, wird hier der Kommunikationsanlass selbst gestaltet. Allerdings wird das Sponsoring teils dem Bereich Live-Kommunikation zugerechnet (vgl. hierzu ausführlich Famab, 2012, S. 3 f.).

Der Markt für Live-Kommunikation hat ein Volumen von rund 25 Mrd. EUR. Der Großteil hiervon entfällt auf Messen (je nach Erhebung zwischen 12 und 14,4 Mrd. EUR), Events und Unternehmenskongresse schlagen mit 8 Mrd. EUR zu Buche (davon rund 2,5 Mrd. für reine Marketing-Events), Sponsoring hat ein Volumen von rund

4,5 Mrd. EUR, auf „Corporate Architecture“ entfallen 1,5 Mrd. EUR. Das Besondere an Live-Kommunikation liegt in der Zielgruppenansprache. Negativ formuliert erreicht man damit nur sehr wenige Personen. Die Auswahl der Zielgruppe ist also entscheidend. Positiv gewendet erreicht man die Zielgruppe natürlich wesentlich intensiver als über klassische Kommunikationsformen. Die Leute kommen schließlich freiwillig zum Event oder in einen „Markenraum“ und können so dazu gebracht werden, sich intensiv mit der Marke auseinanderzusetzen.

Langfristige Agentur-Kunde-Beziehungen sind im Bereich Live-Kommunikation eher die Ausnahme. Das Projektgeschäft dominiert hier klar. Entsprechend häufig finden Wettbewerbspräsentationen beziehungsweise Pitches statt.

Dialogagenturen

Dialogagenturen sind spezialisiert auf sämtliche Formen der Marketingkommunikation, die sich direkt und persönlich an die jeweilige Zielgruppe richten. Als klassische Form des Dialogmarketing kann der Werbebrief oder neudeutsch das Mailing bezeichnet werden. Grundlage für ein Mailing ist eine möglichst treffsichere und aktuelle Adress-Datenbank. Der Mailing-Prozess umfasst die Gestaltung der Aussendung, die Konfektionierung, das Frankieren, den Versand und die Erfolgskontrolle. In nicht-adressierter Form spricht man hier von Haushaltswerbung. Diese umfasst Prospekte und Broschüren, die ungefragt im Briefkasten landen. Auch das Dialogmarketing findet dabei in zunehmendem Maße in digitalen Medien statt. Beispiel für solche Formen des Dialogmarketing sind E-Mail-Newsletter. Hierbei sind allerdings rechtliche Rahmenbedingungen zu beachten – der Kunde muss sein Einverständnis gegeben haben, dass er solche Werbebotschaften tatsächlich erhalten möchte („Double opt-in“). Zum Dialogmarketing wird weiterhin das Telefonmarketing gezählt, das – jedenfalls in seiner aktiven Form, wenn also das Unternehmen dessen Agentur seine Kunden anruft – ebenfalls engen rechtlichen Restriktionen unterworfen ist.

Exkurs: Mediaagenturen

Warum ein Exkurs über Mediaagenturen und nicht einfach ein eigenes Unterkapitel? Weil sich ihr Geschäftsmodell doch erheblich von demjenigen der anderen Agenturtypen unterscheidet. Media-Agenturen organisieren den Transport von Werbemitteln an die Zielpersonen. Dabei besteht ihre Aufgabe in der Mediaplanung, also in der Auswahl geeigneter Werbeträger und dem Einkauf von Werbefläche (bei Printmedien) oder Werbezeit (bei elektronischen Medien wie Fernsehen, Radio, Websites etc.). Media-Agenturen sind also für die Mediastrategie der Werbung treibenden Unternehmen zuständig. Sie stellen für ihre Kunden unter Beachtung eines vorgegebenen Budgets den Kontakt zu dessen Zielgruppe über Medien her.

Obwohl kaum jemand auch nur von ihrer Existenz weiß, haben wir es hier, nimmt man das Geschäftsvolumen als Maßstab, mit den wichtigsten Unternehmen der Branche zu tun. Trotz dieser Bedeutung kommen sie selbst in Lehrbüchern, die sich ausdrücklich der Medienökonomie widmen, kaum oder überhaupt nicht vor. Die Media-Agenturen nehmen nicht nur wegen der schieren Größe ihrer Umsätze eine Sonderstellung im Agenturgefüge ein. Ihr Nutzenversprechen ist es, ihre Kunden – Werbung treibende Unternehmen – bei der Wahl der Werbemedien zu beraten und Plätze in diesen Werbemedien einzukaufen. Was nach einer harmlosen Dienstleistung klingt, birgt in Wahrheit genügend Sprengstoff für eine länger anhaltende Fehde zwischen Agenturen, deren Kunden, und neuerdings auch der Medien. Warum das so ist, liegt im Geschäftsmodell der Agenturen begründet.

Das Nutzenversprechen der Mediaagenturen ist nämlich ein dreifaches: Zum einen, wie oben erwähnt, Beratung, wie ein Mediabudget bestmöglich einzusetzen ist, zum zweiten der Einkauf von Medialeistung zum bestmöglichen Preis, beides aus Sicht des Werbung treibenden Unternehmens. Hinzu tritt als dritte Säule des Geschäftsmodells die Vermarktung von Naturalrabatten („Kickbacks"). Media-Agenturen erhalten für den Einkauf von Werbeplätzen in Fernsehen und Printmedien freie Sendeminuten oder Anzeigenseiten, die sie an ihre Kunden weiterreichen oder verkaufen. Wenn man kurz darüber nachdenkt, wird klar, dass es hier Reibungen geben muss, und es gibt sie in der Realität tatsächlich. Um Rabatte erwirtschaften zu können, bündeln die Media-Agenturen Einkaufsvolumina. Anschließend geben sie die Rabatte an ihre Kunden weiter – oder auch nicht. Hier ergibt sich ein erster Hauptkritikpunkt der Werbung treibenden Unternehmen an den Media-Agenturen. Es sei aus ihrer Sicht nicht transparent, inwieweit die Rabatte weitergereicht würden oder aber in den Agenturen selbst verbleiben würden, monieren die Unternehmen.

Zweitens knirscht es im Inneren des Geschäftsmodells der Media-Agenturen mitunter. Denn längst nicht immer sind die Plätze in den Medien, die mit großen Rabatten eingekauft werden können, auch die aus Kundensicht besten. Ebenso verhält es sich mit den Werbeplätzen, die den Agenturen als Naturalrabatt überlassen werden, und mit jenen, die sie im Zuge des sogenannten „Trading" erworben haben. Beim Trading kaufen die Mediaagenturen auf eigene Rechnung Werbeplätze und verkaufen diese anschließend an ihre Kunden weiter. Mit dem Beratungsanspruch ist dieser Ansatz, aber auch der Fokus auf das Erzielen von Einkaufsvorteilen nicht immer vereinbar. Häufig genug ist den Werbung treibenden Unternehmen daran aber auch überhaupt nicht gelegen. Sie wählen ihre Media-Dienstleister teilweise schon danach aus, welche Rabatte sie zu erreichen in der Lage sind. Immer weniger sind sie bereit, für Beratungsleistungen der Mediaagenturen zu bezahlen. Media-Agenturen reagieren mit ihrem Geschäftsmodell also häufig schlicht auf Anforderungen ihrer Kunden.

Die Sache wird noch dadurch zusätzlich verschärft, dass der Markt der Media-Agenturen sehr konzentriert ist. Der größte Anbieter in Deutschland, die Group M (zu der beispielsweise die Agenturen MediaCom, Mindshare, Wavemaker und Essence gehören) vereint ungefähr ein Drittel des Einkaufsvolumens auf sich. Die Konzentration des gesamten Media-Einkaufsgeschäfts bei wenigen Anbietern (siehe Tab. 5.3) führt dazu, dass deren Einkaufsmacht erheblich ist – oft zum Nachteil der Werbemedien.

Dass diese Agenturen auch noch zu den großen Werbeholdings wie WPP, Omnicom oder Publicis gehören, macht die Sache aus Sicht der Medien auch nicht unbedingt

Tab. 5.3 Die größten deutschen Mediaagenturen 2019. (Quelle: Recma)

Rang	Mediaagentur	Billings 2019 (in Mio. EUR)	Mitarbeiter
1	Mediacom	3283	950
2	OMD	2997	890
3	Mediaplus	2494	540
4	Carat	2444	886
5	Havas Media	2363	542
6	Wavemaker	1744	647
7	Mindshare	1629	505
8	Zenith	1415	452
9	PHD	1358	417
10	Initiative	1353	366
11	Pilot Media	1005	475
12	Vizeum	948	462
13	Starcom	775	364
14	Crossmedia	555	282
15	Moccamedia	546	282
16	UM	464	261
17	Spark Foundry	410	125
18	Essence	205	55
	Gesamt	26,188	8.602

einfacher. Denn diese Holdings führen ihre Agenturen eisern nach anspruchsvollen Renditezielen.

Die Begründung für die starke Anbieterkonzentration liegt aus ökonomischer Sicht eindeutig in den Economies of Scale, die einzelne Player erzielen können. Die schiere Größe der (gebündelten) Einkaufsvolumina versetzt die etablierten Unternehmen in dieser Branche in die Lage, Rabatte auszuhandeln, die kleinere Mediaagenturen nicht annähernd realisieren können (vgl. Horsky, 2006, S. 373).

5.6 Wertschöpfungskette

Die zweite Komponente eines Geschäftsmodells macht die Wertschöpfungsarchitektur aus. Sie beschreibt, wie der Nutzen für den Kunden generiert werden soll. Es handelt sich bei der Gestaltung der Wertschöpfungsarchitektur also im Prinzip um die Frage, aus welchen Prozessschritten die Erlöse der Agentur im Wesentlichen kommen sollen. Die einzelnen Schritte schaffen jeweils Werte, verursachen aber auch Kosten. Agenturen stehen also vor der Frage, inwieweit die Schritte zu einer Differenzierung im Wettbewerb mit anderen Anbietern führen können und inwieweit sie mit hohen und möglicherweise auch steigenden Kosten verbunden sind. Eine Agentur muss auf dieser Grundlage entscheiden, welche wertschöpfende Aktivität sie selbst in welcher Tiefe und Breite entfalten möchte und welche sie von außen bezieht oder überhaupt nicht anbietet.

Diese Frage wurde früher anders beantwortet als heute. Historisch betrachtet bestand die Wertschöpfungsarchitektur der frühen Agenturen aus der Schaltung von Anzeigen in Printprodukten. Die ersten Werbeagenturen waren also das, was man heute als Mediaagentur bezeichnet. Erst später ergänzten diese damals als „Annoncen-Expeditionen" bezeichneten Anbieter ihr Leistungsportfolio um Kreativleistungen, also die Gestaltung der Anzeigen. Es entstand die „Full Service-Agentur", die von der Kreativstrategie bis zum Mediaeinkauf sämtliche Prozessschritte übernahm. Mit Fortschreiten der Industrialisierung und der Ausweitung des Medienangebots wuchsen die Aufgabenfelder der Agenturen immer weiter. In den achtziger und neunziger Jahren des vergangenen Jahrhunderts spalteten viele Agenturen das Mediageschäft – und damit ihre historischen Wurzeln – ab. Das Kerngeschäft machten Beratung und Kreation aus. Damit entstand der Agenturtyp, der lange Zeit den Normalfall ausmachte. Abb. 5.1 zeigt die Wertschöpfungskette einer „typischen" Werbeagentur.

Heute unterscheiden sich einzelne Agenturen in der Gestaltung ihrer Wertschöpfungsketten zum Teil erheblich voneinander. Dies betrifft etwa die Frage, inwieweit die tatsächliche Produktion der Werbemittel – also etwa die Reinzeichnung, die Filmproduktion oder die Programmierung von digitalen Werbemitteln – zum Angebotsportfolio der Agentur gehört oder nicht. Einige Agenturen haben in Produktionsleistungen – also in Fotografie, Reinzeichnung, bis hin zum Druck von Werbemitteln – den Schwerpunkt ihrer Wertschöpfung. Entsprechend der Aufgaben, mit denen ein solcher Agenturtyp üblicherweise betraut wird, haben Strategie und Beratung hier einen relativ geringeren Stellenwert in der Wertschöpfung. Die Ursachen für diese Positionierung sind vielfältig, sie reichen von den Kundenbedürfnissen über die Historie der Agentur bis hin zu den Kompetenzen der Agenturinhaber und -mitarbeiter.

Andere Agenturen verstehen sich dagegen primär als Berater. Ihr Angebotsportfolio umfasst schwerpunktmäßig Workshops, beispielsweise zur Erarbeitung von Markenkern und -strategie des Kunden, Konzepte und Beratung bis hin in die Kreativstrategie und Kreation, weniger die kreative Umsetzung und Produktion. Viele Agenturen haben ihre Produktion komplett ausgelagert.

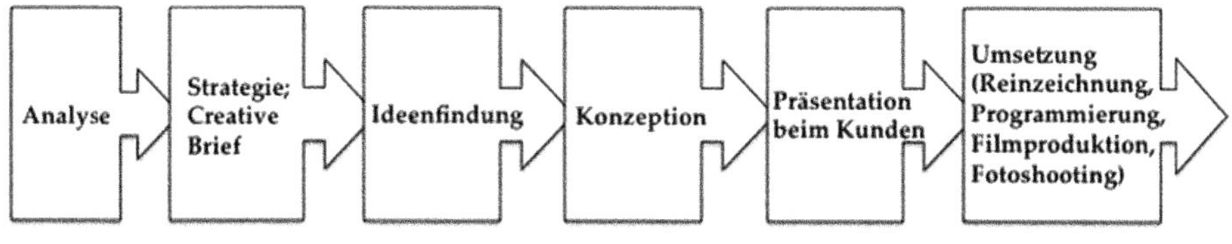

Abb. 5.1 Wertschöpfungskette einer traditionellen Agentur. (Quelle: Eigene Darstellung. Ähnlich Kloss (2012), S. 252)

5.7 Ertragsmodelle

5.7.1 Wie werden Agenturen honoriert?

Das dritte und beileibe nicht unwichtigste Element eines Geschäftsmodells betrifft die Erlös- und Ertragsseite. Hier geht es schlicht um die Frage: Wie verdient ein Unternehmen mit dem, was es tut, Geld? Wir haben gesehen, dass es schwierig ist, mit dem eigentlichen Produkt einer Agentur, der Idee, Geld zu verdienen. In der Vergangenheit beruhte das Geschäftsmodell der Agenturen auf einem „Full-Service-“ Nutzenversprechen. Werbung wurde dabei nicht nur gestaltet, sondern Agenturen kauften zusätzlich die entsprechenden Werbeplätze ein. Das Agenturhonorar bezog sich auf das so entstehende Werbevolumen. Die Agenturen berechneten ihren Kunden 15 % des Einkaufsvolumens als Honorar. Den Teil des Geschäftsmodells, der den Einkauf von Werbeplätzen umfasst, gaben die meisten Agenturen jedoch auf und lagerten sie auf spezialisierte Dienstleister – die Mediaagenturen – aus. In der Folge ergab sich – nicht unbedingt zum Vorteil der Agenturen – eine weitere Ausdifferenzierung der Erlösmodelle, wie in Abb. 5.2 dargestellt.

- **Provisionen:** Die Agentur erhält auf Basis von Erfahrungswerten einen Prozentsatz des geschalteten Mediavolumens (Above-The-Line) als Honorar. Zu Zeiten des Full-Service-Angebots der Agenturen, also des Angebots sowohl von Kreativleistung als auch von Mediaberatung und -einkauf, war dies die gängigste Form der Agenturhonorierung. Aus dieser Zeit rührt die immer noch gebräuchliche Formel der „15-% AE-Provision“. „AE“ meint hier „Annoncen-Expedition“. So hießen Agenturen in der Steinzeit der Branche.
- **Pauschalhonorare**: Die Agentur erhält auf Basis von Erfahrungswerten ein festes Honorar (sogenannte Flatfee). Damit sind alle Aufwendungen der Agentur abgedeckt. Es erfolgt eine jährliche Überprüfung der Höhe des Festhonorars für das Folgejahr

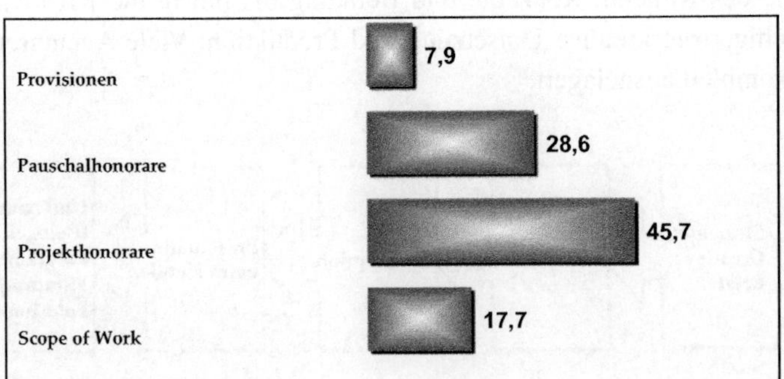

Abb. 5.2 Honorierung von Agenturleistungen. (Quelle: GWA Frühjahrsmonitor, 2012)

auf Basis der Erfahrungswerte des vergangenen Jahres. Sonderereignisse im Laufe des Jahres werden separat kalkuliert.

- **Projekthonorare**: Kunde und Agentur vereinbaren ein Basishonorar für die strategische Betreuung und Koordination. Für ständig wiederkehrende, klar definierbare und spezifizierbare Werbemittel wird ein Festpreis vereinbart. Mehraufwendungen werden über separaten Kostenvorschlag kalkuliert und vorab genehmigt.
- **Scope of Work**: Kunde und Agentur definieren gemeinsam, möglichst detailliert, den Aufgabenumfang (zum Beispiel über die Anzahl der Motive, Broschüren, Mailings, Koordinationsaufwand, Strategische Beratung und so weiter). Auf Basis des vereinbarten Aufgabenumfangs und den Erfahrungswerten der Agentur, oder des Kunden mit der vorherigen Agentur, wird der notwendige Ressourcenbedarf im Hinblick auf die Zeiträume, die Fähigkeiten der Mitarbeiter und deren Funktionen usw. abgeschätzt. Daraus entsteht der Ressourcen Plan für die nächsten zwölf Monate.

Viel diskutiert wird eine **Erfolgsbeteiligung** der Agenturen. Agenturen werden hier im besten Falle am Erfolg, teils aber auch am Misserfolg beteiligt. Die Bedeutung dieses Vergütungsansatzes in der Praxis hinkt allerdings bisher noch hinter derjenigen in der Fachpresse her. Den Anteil am Gross Income, den die Agenturen erfolgsabhängig erhalten, beziffern die Chefs der GWA-Agenturen in einer Umfrage aus dem Jahr 2012 auf knapp fünf Prozent. Eine Studie der Organisation der Werbung treibenden Unternehmen im Markenverband (OWM) nennt einen Anteil von sechs Prozent (vgl. Lace, 2012, S. 37 ff.). Vor allem Agenturen, die relativ vertriebsnahe Dienstleistungen anbieten, werden bisher in nennenswertem Maße erfolgsabhängig vergütet. Ursache hierfür dürften die in Abschn. 3.1.1 geschilderten Mess- und Zurechnungsprobleme bei Kommunikationsmaßnahmen sein, die im vertriebsnahen Bereich natürlich nicht so stark ausfallen.

Ein wichtiges Thema im Rahmen der Vergütung von Agenturen ist die Frage, wie die Übertragung der Nutzungsrechte an den Ideen, Motiven und Konzepten entgolten werden kann. Voraussetzung hierfür sind im Idealfalle urheberrechtlich geschützte Werke. Nun haben wir aber bereits gesehen, dass das Urheberrecht gerade bei Kreativleistungen häufig nicht greift. Um also Nutzungsrechte später geltend zu machen, muss dies bereits im Vertrag geregelt sein, den die Agentur mit ihrem Kunden schließt. Dabei lassen sich Nutzungsrechte auf verschiedene Weise definieren. Man kann sie beschränken etwa auf bestimmte Regionen oder eine bestimmte Dauer (etwa drei Jahre). Das alles ist vergleichsweise einfach. Schwieriger wird es, wenn man über die tatsächliche Höhe der Nutzungsrechte nachdenken muss. Was ist so ein Recht wert? Auch hier gibt es keinen „Markt", auf dem ein Preis entsteht. Es bedarf vielmehr der individuellen Festlegung und damit in der Regel der Verhandlung mit dem Agenturkunden. Häufig wird hier der Stundensatz mit einem bestimmten Faktor multipliziert, der sich aus dem Umfang der Nutzung ergibt. Hier wird teils auch das Media-Volumen, also die Kosten der Schaltung einer Kampagne in verschiedenen Medien, als Orientierung herangezogen.

Es ist jedoch zu erwarten, dass sich hier in naher Zukunft einiges ändert. Denn mit der Digitalisierung der Marketingkommunikation geht auch eine bessere Messbarkeit des Erfolgs solcher Maßnahmen einher. Allerdings gibt es hier ein gewisses Dilemma. Wie wir gesehen haben, besteht ein Messproblem hinsichtlich der Wirksamkeit von Marketing-Kommunikation im zeitlichen Auseinanderfallen von Werbung und Kauf. Die Vergütung im Online-Bereich basiert häufig auf Performance-Kennzahlen. Die Online-Agentur wird also nicht für Kontaktchancen vergütet, sondern für konkrete Ergebnisse wie Umsatz, Leads oder Neukunden, die mit dem Online-Werbemittel erzielt werden. Mögliche spätere Effekte werden meist nicht gemessen und praktisch nie vergütet (vgl. Prognos, 2010, S. 13).

5.7.2 Die Kostensituation von Agenturen

Nun haben wir die Erlös- also Umsatzseite des Agenturgeschäfts beleuchtet. Doch wie sagt Lothar Leonhard, ehemals Chef der Agentur Ogilvy & Mather und damals Präsident des Branchenverbands GWA: „Umsatz ist Eitelkeit, die Wahrheit liegt im Ertrag" (vgl. Bialek, 2013, S. 21). Und zwischen Eitelkeit und Wahrheit liegen die Kosten. In Agenturen zuallererst die Personal- und die Sachkosten. Die seit Jahren stetig wachsenden Kosten sorgen dafür, dass die Rendite der Agenturen sich trotz teils wachsender Umsätze allenfalls seitwärts bewegt (vgl. diverse GWA-Monitore sowie BVR, 2013, S. 4). 67 % der GWA-Agenturen gaben an, ihre Kosten seien zwischen 2011 und 2012 gestiegen. Vor allem die Personalkosten steigen seit Jahren an. Abb. 5.3 zeigt, in welchen Bereichen sich die Kosten auf welche Weise im Jahresverlauf entwickelt haben. Sie kann als durchaus typisch angesehen werden.

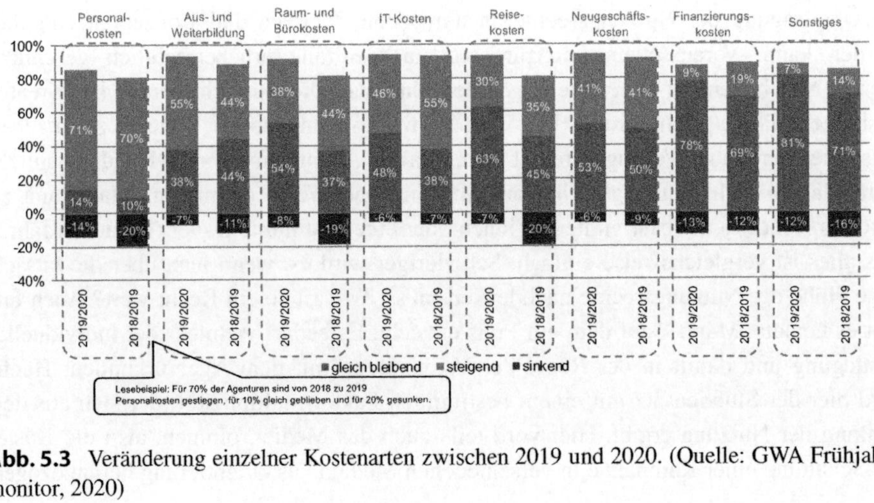

Abb. 5.3 Veränderung einzelner Kostenarten zwischen 2019 und 2020. (Quelle: GWA Frühjahrsmonitor, 2020)

Die große Herausforderung im Kostenmanagement einer Agentur besteht darin, die Kosten der mitunter stark schwankenden Umsatzentwicklung anzupassen. Hier kommt das Phänomen der Kostenremanenz zum Tragen, das heißt, die Kosten nehmen bei abnehmender Beschäftigung nicht im gleichen Maße ab wie die Erlöse. Ursache sind beispielsweise Kündigungsfristen bei Mitarbeitern. Gerade die Personalkosten sind somit viel schneller auf- als abgebaut. Das war so lange kein großes Problem, wie die Kundenbeziehungen einer Agentur von Dauer waren und sogenannte „Retainer“ gezahlt wurden, also feste monatliche Beträge, mit denen die gesamten Agenturleistungen abgegolten werden. Diese Methode und die damit einhergehende Planungssicherheit ist aber heute die große Ausnahme. Wie wir gesehen haben, nimmt das Projektgeschäft in Agenturen tendenziell zu. Damit werden die Agenturen aber auch nur noch mit Projekthonoraren bezahlt, das Geschäft wird zunehmend kleinteilig und damit immer schwieriger kalkulierbar. Dieser schwankenden Erlössituation stehen relativ stabile oder gar steigende Kosten gegenüber – eine schwierige Situation. Agenturen helfen sich hier beispielsweise damit, dass sie in Spitzenzeiten auf Freelancer, also freie Mitarbeiter, zurückgreifen. Eine stabile Kernmannschaft wird also mit einem Netzwerk aus Externen ergänzt, das in Spitzenzeiten dazugebucht wird. Aber Freelancer sind teuer.

Die Agentur ist zudem gefordert, stets für neue Kunden oder für neue Aufträge bestehender Kunden zu sorgen. Auch das ist nicht umsonst zu haben. Gerade wenn ein potenzieller Auftraggeber eine Wettbewerbspräsentation (Pitch) zur Agenturauswahl ansetzt, wird es für die Agenturen, wie erwähnt, richtig teuer. So geben Agenturchefs immer wieder die Kosten für die Gewinnung von Neugeschäft als besonders hoch an. Gerade kleinere Agenturen haben große Probleme, überhaupt neue größere Kunden gewinnen zu können.

5.7.3 Wie weisen Agenturen ihren Erfolg aus?

Ein Sonderthema ist in der Agenturbranche der Ausweis von Zahlen, die den Geschäftserfolg belegen. Auch wer sich in betriebswirtschaftlichen Fragen gut auszukennen glaubt, sieht sich, wenn er das Jahresergebnis einer Werbeagentur begutachten soll, häufig vor große Schwierigkeiten gestellt. Statt der bekannten Begriffe „Umsatz“, „Gewinn“ oder „Ertrag“ wird hier von „Gross Income“ und „Equivalent Billings“ gesprochen. Übersetzt werden diese Begriffe als „betreutes Werbevolumen“ (Billings) sowie „Einnahmen aus Honoraren und Provisionen“ (Gross Income), womit zunächst sicherlich auch nicht jedem sofort klarer wird, was gemeint ist. Zudem bejubeln Agenturen den Gewinn eines „Etats“ in Höhe von x Millionen Euro, wenn sie einen neuen Kunden gewonnen haben. Was steckt nun hinter all diesen etwas esoterischen Begriffen, und warum greift die Werbebranche nicht auf die bekannten traditionellen betriebswirtschaftlichen Größen zurück?

Als „Equivalent Billings“ wird zunächst eine künstliche Erfolgsgröße bezeichnet, die durch Multiplikation des „Gross Income“ mit der Zahl 6,67 ermittelt wird. Was auf den ersten Blick eher etwas mit Alchemie als mit Rechnungswesen zu tun zu haben scheint, besitzt auf den zweiten Blick durchaus eine gewisse Logik. Als „Gross Income" werden die Roheinnahmen einer Agentur bezeichnet, also die Honorare und Provisionen, die die Agentur für ihre originären Leistungen erhält. Anstelle des „Gross Income" veröffentlichen die Agenturen aber meist als Umsatzgröße die „Equivalent Billings". Dabei handelt es sich um eine seit Jahrzehnten international gebräuchliche Kennzahl, bei deren Ermittlung unterstellt wird, dass Werbeagenturen von ihren Kunden 15 % Provision auf alle Schaltkosten (Ausgaben zum Beispiel für Fernsehwerbung oder Anzeigen in Zeitungen/Zeitschriften) erhalten – in der Realität liegt dieser Anteil übrigens deutlich niedriger. Der durch Multiplikation des „Gross Income" mit 6,67 (100 geteilt durch 15) entstehende Wert bildet somit eine durch Konvention ermittelte Größe für das betreute Werbevolumen. Von den „Equivalent Billings" sind die „tatsächlichen Billings" zu unterscheiden (linke Spalte der Tab. 5.4). Letztere beschreiben die Höhe des von der Agentur effektiv bewältigten Volumens und sind identisch mit dem „Werbeetat".

Werbeagenturen beziehen in hohem Maße Fremdleistungen – sie kaufen Werbeplätze in Zeitungen/Zeitschriften sowie Fernsehen und Funk, sie lassen Filme drehen, sie beauftragen Fotografen und Druckereien -, deren Kosten sie anschließend ihren Kunden in Rechnung stellen. Es gibt also in jeder Werbeagentur eine große Zahl durchlaufender Posten, bei denen die Agentur in Vorleistung tritt, die aber letztlich so nicht als Provision oder Honorar in der Agentur verbleiben. Während man also im Industrieunternehmen durch Abzug der Aufwendungen von den Umsatzerlösen zum Rohertrag gelangt, gelangt man analog dazu durch Abzug der Aufwendungen für Fremdleistungen von den „tatsächlichen Billings" zum „Gross Income".

Der Umfang der Fremdleistungen unterscheidet sich aber, je nach betreutem Kunden, sehr stark. Manche Kunden vergeben den kompletten Mediaeinkauf an eine andere Agentur (meist eine Mediaagentur), andere übertragen auch diese Aufgabe an die Werbeagentur, die sie betreut. Eine Agentur, bei der ein großer Kunde den Mediaeinkauf

Tab. 5.4 Typische Varianten im Verhältnis Billings/Gross Income. (Quelle: Ogilvy & Mather)

	Tatsächliche Billings (EUR)	Gross Income (EUR)	Anteil in (%)	Equivalent Billings bei 15 % Provision (Faktor 6,67)
Mediaagentur	10,000	200	2	1334
Klassische Agentur				
Mit Mediaeinkauf	11,600	1160	10	7737
Ohne Mediaeinkauf	1600	960	60	6403
Direktmarketingagentur	500	200	40	1334
Unternehmensberatung	200	200	100	1334

anderweitig vergibt, sähe im Vergleich zu anderen Agenturen sehr klein aus (vgl. Tab. 5.4: „tatsächliche Billings“ von 1600 EUR ohne Mediaeinkauf gegenüber „tatsächlichen Billings“ in Höhe von 11,600 EUR mit Mediaeinkauf). Im Vergleich der Roheinnahmen wirken dagegen beide Agenturen nahezu gleich groß (960 EUR gegenüber 1160 EUR). Beide Vergleiche sind irreführend. Der Posten „Mediaeinkauf“ macht zwar in der Regel einen großen Posten der „tatsächlichen Billings“ aus, bringt der Agentur aber nur einen recht kleinen Teil ihrer Honorare und Provisionen – der Löwenanteil wird an die Anbieter der Werbeplätze beispielsweise im Fernsehen und in Zeitschriften weitergegeben. Daher sind die „tatsächlichen Billings“ – also das effektiv bewältigte Werbevolumen – als Vergleichsgröße ungeeignet. Eine Agentur, die den Mediaeinkauf für ihre Kunden übernimmt, würde im Vergleich der „tatsächliche Billings“ übertrieben umsatzstark wirken. Agenturen, bei denen der Mediaeinkauf regelmäßig nur eine geringe Rolle spielt wie etwa Direktmarketing-Agenturen, verzichten daher zumeist auf das Ausweisen von „Billings“ und berichten lediglich ihr „Gross Income“.

Der Vergleich der Honorareinnahmen (Gross Income) der Agenturen führt jedoch ebenfalls in die Irre. Schließlich erzielt die Agentur, die sich auch um den Mediaeinkauf kümmert, ihre Honorare und Provisionen mit einem erheblich höheren Verwaltungsaufwand als diejenige, die ihren Kunden diese Leistung nicht bietet. Die 1160 EUR „Gross Income“ der Agentur mit Mediaeinkauf im Beispiel sind also mit mehr Mitarbeitern und erheblich höheren Kosten erwirtschaftet als die 960 EUR der Agentur, die auf Mediaeinkauf verzichtet. Ein Vergleich der „Gross Income“ würde also die Größenverhältnisse der Agenturen ebenfalls nicht angemessen darstellen. Da somit beide Größen einen aussagekräftigen Vergleich verschiedener Agenturen nicht zulassen, hat sich die Branche mit der Kunstzahl „Equivalent Billings“ beholfen.

Welcher Zahl soll der allgemein interessierte Zeitgenosse denn nun sein Augenmerk schenken? Jemand, der die eigentliche Leistung der Agentur aus der Bilanz erkennen möchte, sollte auf das Gross Income schauen. Das Gross Income bildet eine verlässliche Ergebnisgröße, welche die tatsächlichen Einnahmen der Agentur widerspiegelt, stellt aber die Größenverhältnisse der Agenturen teilweise falsch dar und verhindert einen Vergleich der Agenturen untereinander und mit anderen Dienstleistern. Nur das Gross Income zu veröffentlichen hieße zudem, die Werbeagenturen in ihrer Bedeutung als Wirtschaftsfaktor zu klein darzustellen. Aus Gründen der Vergleichbarkeit haben sich Agenturen weltweit auf die Kunstzahl Equivalent Billings geeinigt und weisen diese auch in der Regel aus, sofern sie nicht den Sarbanes Oxley Act als Hinderungsgrund hierfür anführen müssen. Die häufig veröffentlichten Etatgrößen sagen dagegen wenig über den Erfolg einer Agentur aus. Entscheidend ist schließlich, was bei der Agentur an Honorar oder Provision hängen bleibt. Zuletzt lag die Rendite der im Gesamtverband Kommunikationsagenturen GWA organisierten Agenturen im Durchschnitt übrigens bei 8,5 %, bezogen auf das Gross Income (laut GWA-Frühjahrsmonitor, 2020).

5.8 Zusammenfassung

- Das Geschäftsmodell einer Agentur besteht aus den Komponenten Nutzenversprechen, Wertschöpfungsarchitektur und Erlösmodell. Es beschreibt also den eigentlichen Zweck eines Unternehmens, die Art und Weise, wie es diesen Zweck erfüllt und wie es damit Geld verdient. Agenturen unterscheiden sich in der Ausgestaltung dieser drei Komponenten zum Teil erheblich voneinander.
- Hinsichtlich des Nutzenversprechens unterscheidet man zunächst Kreativagenturen und Networks. Außerdem gibt es Spezialisten für bestimmte Marktfelder (beispielsweise B-to-B-Agenturen) und für bestimmte Kommunikationsdisziplinen (PR, Digital, Live-Kommunikation etc.)
- Als zweite Komponente eines Geschäftsmodells bestimmt die Wertschöpfungsarchitektur, mit welchen Prozessschritten die Agentur ihre Erlöse erwirtschaftet. Agenturen unterscheiden sich zum Teil erheblich in der Ausgestaltung von Wertschöpfungsketten. Umsetzungs- und produktionsorientierte Agenturen gibt es ebenso wie solche, die ihr Heil überwiegend in der Beratung suchen.
- Dritte Komponente eines Geschäftsmodells ist das Ertragsmodell. Hier wird schlicht die Frage beantwortet, wie die Agentur ihr Geld verdient. Man unterscheidet Fest- und Projekthonorare, das Scope of Work-Modell und das Provisionsmodell. Eine gewisse und möglicherweise künftig wachsende Bedeutung haben erfolgsabhängige Formen der Agenturhonorierung.

Literatur

Baumgarth, C. (2013). Welchen Wert haben B-to-B-Marken? *Marconomy, Mai*, 34–36.

Bialek, C. (2013). Deutsche Werber können aufatmen. *Handelsblatt, 24*(April), 21.

Burrack, H., & Nöcker, R. (2008). *Vom Pitch zum Award. Wie Werbung gemacht wird.* FAZ Buchverlag.

Bundesverband, B. V. R., & der Deutschen Volksbanken und Raiffeisenbanken, (Hrsg.). (2013). *Branchen Spezial Werbeagenturen.* Deutscher Genossenschafts-Verlag.

Famab. (Hrsg.). (2012). *Famab Branchenbrief für die Direkte Wirtschaftskommunikation Bereich Messe/essebau.* Rheda-Wiedenbrück.

Gambel, J. (2016). Neue Agenturmodelle vor dem Hintergrund der Digitalisierung. *Transfer, 4*, 41–44.

GWA. (Hrsg.). (2012). *BtoB Kommunikation: Agenturportraits 2012.* Frankfurter Allgemeine Buchverlag.

GWA. (Hrsg.). (2016). *Healthcare Kommunikation: Agenturportraits 2016.* Frankfurter Allgemeine Buchverlag.

Horsky, S. (2006). The changing architecture of advertising agencies. *Marketing Science, 25*, 367–383.

Kloss, I. (2012). *Werbung. Handbuch für Studium und Praxis.* München: Vahlen.

Lace, J. M. (2012). *Studie Agenturvergütung III. Die Praxis der Werbungtreibenden. OWM Best Practice – Teil 3.* Berlin.

Prognos. (2010). *Werbung und Wirtschaftswachstum. Der Stellenwert der Werbung in Deutschland.* Unveröffentlichte Studie im Auftrag von GWA und OWM.

6 Zukunft der Werbung und der Agenturen

6.1 Was verändert sich?

Wer in Seoul aus der U-Bahn steigt, der kommt sich mitunter vor, als sei er nicht auf einem Bahnsteig, sondern in einem Supermarkt gelandet. Und er liegt damit gar nicht so falsch. Denn was an den Wänden der Station auf täuschend echt fotografierten Regalwänden zu sehen ist, kann man tatsächlich kaufen, und zwar gleich vor Ort. Das Smartphone zücken, die gewünschten Produkte fotografieren, auf „senden" drücken – und schon liefert der Handelskonzern Tesco den Einkauf nach Hause. Ausgedacht hat sich das Ganze die koreanische Werbeagentur Cheil. Zwei Dinge fallen dabei auf: Werbung im herkömmlichen Sinne ist das nicht. Und ohne die technische Entwicklung gerade auf dem Gebiet mobiler Endgeräte wäre so etwas unmöglich. Es zeigt weiter, dass gerade, wenn digitale Kanäle ins Spiel kommen, Kommunikation, Verkauf und Vertrieb näher zusammenrücken. Heute ist es nicht mehr die tolle kreative Idee, die im Rahmen einer „Push"-Botschaft über traditionelle Medien den Käufer für ein Produkt begeistern soll, das er dann eventuell irgendwann und irgendwo kauft. Die Idee heute macht sich vielmehr auf kreative Weise die direkte Verbindung zwischen Kommunikationsplattform und Vertriebskanal im digitalen Umfeld zunutze.

Das (auch schon nicht mehr ganz neue) Beispiel zeigt: Vieles hat sich in den vergangenen Jahren im Kommunikationsmarkt verändert. Vor allem die neuen digitalen Kanäle haben viele Gesetze der Marketingkommunikation außer Kraft gesetzt. Die Zahl der Kommunikationskanäle ist erheblich gewachsen, zunehmend tritt der Dialog mit dem Kunden an die Stelle der reinen Absenderwerbung. Abb. 6.1 gibt einen ungefähren Eindruck von der Zahl und Unterschiedlichkeit der verschiedenen Kanäle und Plattformen, die allesamt unter dem Label „Social Media" laufen. Hier gilt es, erstens den Überblick zu behalten und zweitens jeweils die richtigen Kanäle für die Ansprache der Zielgruppe auszuwählen und auf die bestmögliche Weise zu nutzen.

R. Nöcker, *Ökonomie der Werbung*, https://doi.org/10.1007/978-3-658-33692-9_6

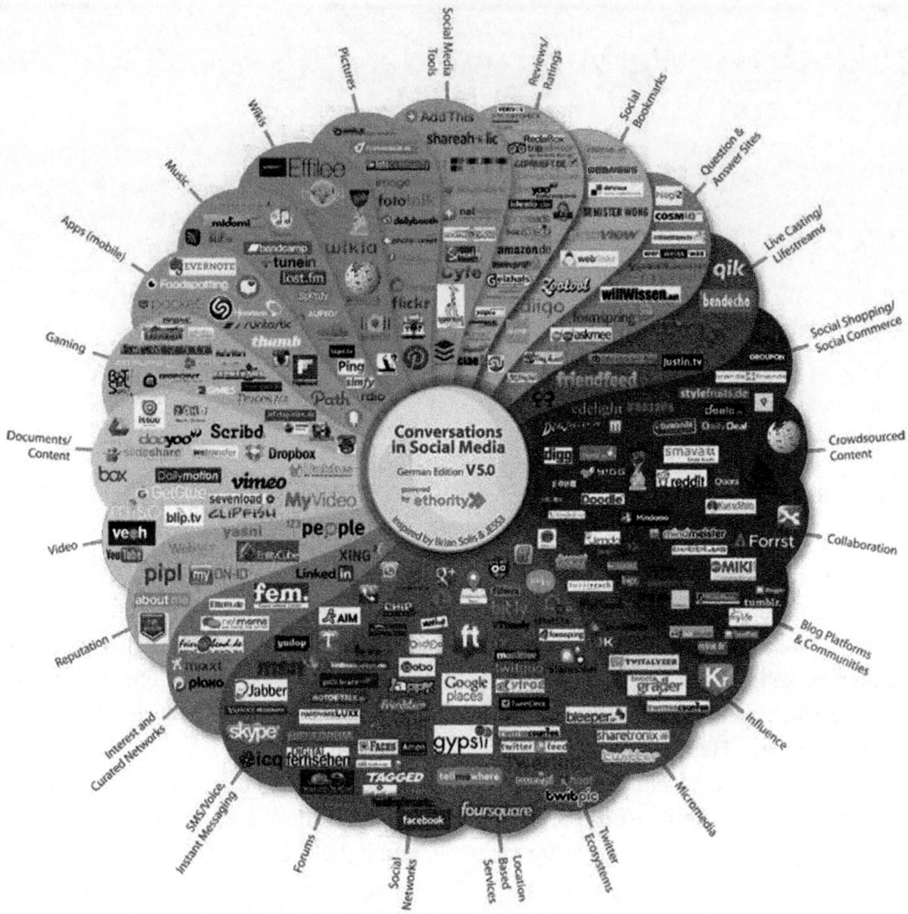

Abb. 6.1 Das Social-Media-Universum. (Quelle: www.ethority.de/weblog/)

Dabei fallen große Datenmengen an, die für die genaue Ansprache immer kleinerer Zielgruppen genutzt werden können. Ein Ende dieser Entwicklungen ist nicht absehbar. Internet und Fernsehen verschmelzen, Tablet-Computer werden Standard – mit jeweils wieder neuen Möglichkeiten der Kundenansprache und des Dialogs. Damit einher geht eine erheblich bessere Messbarkeit des Erfolgs von Kommunikationsmaßnahmen – zumindest theoretisch.

Doch nicht nur diese Veränderungen machen das Geschäft von Kommunikationsagenturen schwieriger. Die Agenturen stehen unter wachsendem Ertragsdruck. Immer häufiger geraten Sie ins Visier von Einkaufsabteilungen, immer häufiger werden sie nur noch projektweise beauftragt. Und auch das alte Ertragsmodell auf Basis fester Honorare funktioniert immer seltener.

Wie sieht angesichts dieser Entwicklungen das Agenturmodell der Zukunft aus? Um es gleich vorweg zu nehmen: Es gibt keine eindeutige Antwort auf diese Frage. Die hiermit angestoßene Diskussion ist dennoch wichtig. Denn wie vielleicht niemals zuvor bewegt die Branche die Frage nach der eigenen Relevanz. Relevant ist eine Dienstleistung dann, wenn das Geschäftsmodell des Dienstleisters stimmt. Und darüber entscheidet allein der Markt.

Es wird sicher auch künftig Agenturen geben, die mit dem Nutzenversprechen Kreation in der traditionellen Form ihre Berechtigung am Markt haben. Im Gegensatz zu den achtziger und neunziger Jahren wird dieses Nutzenversprechen aber die Welt der Kommunikationsagenturen nicht mehr dominieren. Es ist fraglich, ob es überhaupt ein dominierendes Geschäftsmodell geben wird oder ob nicht vielmehr eine noch stärkere Ausdifferenzierung der Angebote zu erwarten ist. Die Wertschöpfungsketten der Agenturen unterscheiden sich bereits heute erheblich voneinander. So gibt es die Full-Service-Anbieter, die ihrem Kunden ein Rund-um-Wohlfühlpaket aus Strategie, Kreation bis hin zu Mediaplanung und -buchung noch anbieten, viele Agenturen haben sich aber von einzelnen Wertschöpfungsstufen – beispielsweise von Media und Produktion – getrennt. Besonders gravierend war und ist der Wandel aber aufseiten des Ertragsmodells: Der Kostendruck steigt kontinuierlich, mit entsprechenden Folgen für die Ertragsseite. Und 15 % vom Mediavolumen erhalten Agenturen nur noch in Ausnahmefällen – laut GWA-Umfragen liegt dieser Anteil durchschnittlich bei nur noch rund 16 %.

Wie wirkt sich dieser Wandel auf die Geschäftsmodelle von Agenturen aus? Beginnen wir mit dem **Nutzenversprechen.** Über alle Agenturtypen in ihren je unterschiedlichen Ausprägungen hinweg lässt sich sicher feststellen, dass Kommunikationsagenturen das Management der Schnittstelle zwischen Unternehmen und deren Kunden als Kernaufgabe übernehmen. Im Mittelpunkt steht dabei nach wie vor die Idee. Agenturen liefern Ideen und deren kreative und mediale Umsetzung. Daran wird sich in Zukunft grundsätzlich nicht viel ändern. Wohl aber in der Gewichtung und an der Komplexität dieser Aufgabe. Folgendes Beispiel zeigt, wie digitale und klassische Elemente einer Kampagne zusammenwirken können. Es zeigt auch, dass Kampagnen heute mitunter ihren Anfang in sozialen Netzwerken nehmen können (vgl. GWA, 2010, S. 106 ff.).

Kampagnen heute – Ritter Sport Olympia

Das Beispiel der (Wieder-)Einführung der Ritter Sport Olympia zeigt anschaulich, wie Kampagnen heute funktionieren und vor allem wie Online- und klassische Kanäle zusammenwirken.

Es ist schon eine seltene, wenn nicht einmalige Comeback-Geschichte. Ein Unternehmen sortiert eines ihrer Produkte mangels Erfolg aus, das Produkt wird von zunächst wenigen, dann immer zahlreicheren Kunden zurückverlangt, daraufhin wieder auf den Markt gebracht, und erweist sich schließlich als Riesen-Erfolg. Und das nicht nur mit Blick auf Ab- und Umsatz, sondern auch auf das Image des gesamten Unternehmens. Dabei half maßgeblich die Kampagne, die mit einem GWA Effie in Gold ausgezeichnet wurde.

Die ungewöhnliche Marken- und Kommunikationsgeschichte begann Mitte des ersten Jahrzehnts durch den von Ritter Sport gefassten Entschluss, die Sorte „Olympia“ aus dem Programm zu nehmen. Dies hatte eindeutige ökonomische Gründe: „Das war damals die schwächste Sorte, mit zweistelligem Absatzminus“, blickt Jürgen Herrmann, Geschäftsführer bei Ritter Sport, zurück. Die im Jahr 1980 eingeführte Schokolade, deren Füllung aus einer Mischung aus Traubenzucker, Joghurt, Nüssen und Honig besteht, war wie so vieles aus den achtziger Jahren einfach unsexy geworden und man verkaufte am Ende nur noch ein Zehntel einer guten Sorte.

Umso überraschter war man bei Ritter Sport, als sich Kunden über die Einstellung der Olympia beschwerten. Die Verwunderung blieb, als die Zahl der Briefe und E-Mails zu diesem Thema mit der Zeit nicht wie üblich ab-, sondern weiter zunahm. „Es gab im Internet regelrechte Petitionen – und das war beeindruckend“, sagt Herrmann. Nachdem die Zahl der Beschwerden unverändert hoch blieb, entschloss sich Ritter Sport im Jahr 2009, die Sorte wieder ins Programm zu nehmen. Die Grundidee der (Wieder-)Einführungskampagne war schnell gefunden. Basis war der Dialog mit den Kunden auf Augenhöhe, den diese ja bereits gestartet hatten, denn das ist entscheidend für eine erfolgreiche Aktion im neuen Medium Internet.

Dieser Dialog macht den Kern der Kampagne aus. Wer einen Brief geschrieben hatte, um die Olympia zurückzufordern, wurde nun seinerseits angeschrieben und sollte Wünsche äußern, wie seiner Meinung nach die Wiedereinführung der Sorte vonstattengehen sollte. Aus den hunderten von Videos, in denen Konsumenten das Comeback der Sorte gefordert hatten, wurde das beste eins-zu-eins übernommen und in die Kampagne integriert. Dies schafft hohe Identifikation mit der Marke: „Die Leute merken, dass etwas passiert, an dem sie beteiligt waren – ‚die Sorte war weg, jetzt ist sie wieder da, weil wir das wollten‘“, sagt Stephan Rebbe, damals Chef der Hamburger Agentur KolleRebbe, die für die Ritter-Sport-Kampagnen verantwortlich zeichnet. Dies äußert sich etwa auch auf den Plakaten zur Einführung der Olympia: „Ihr wollt Sie zurück, ihr bekommt sie zurück!“ hieß es da.

Die Kampagne war nachgewiesen erfolgreich. Sie erreichte rund zwei Drittel der Deutschen, die Bekanntheit der Sorte „Olympia“ nahm in der Zielgruppe der 24 bis 59 Jahre alten nach der Kampagne um 25 % zu. Die Imagewerte der Marke Ritter Sport lagen bei denjenigen, die die Kampagne wahrgenommen hatten, deutlich höher als die Kontrollgruppe. 86 % der Konsumenten mit Werbeerinnerung gaben an, die Marke sympathisch zu finden, verglichen mit 69 % ohne Werbeerinnerung. Ähnliche Werte ergaben sich bei Modernität der Marke (75 zu 64 %) und Innovationskraft (89 zu 67 %). Zudem lag der Absatz der „Olympia“ in den ersten sechs Monaten mit 40,6 % deutlich über anderen neu eingeführten Ritter Sport-Sorten wie der Ritter Sport Erdbeer-Joghurt. ◀

Selbst machen oder zukaufen? Eine immer wichtiger werdende Frage ist die nach der Einbindung externer Kräfte in die Agenturarbeit (vgl. Jelden, 2012, S. 19 ff.). Denn die Agenturen sind aus zwei Gründen zu einer **Wertschöpfungsarchitektur** gezwungen, die höhere Flexibilität ermöglicht. Zum einen kostenseitig, denn immer seltener sind Agentur-Kundebeziehungen langfristiger Natur, das Projektgeschäft nimmt deutlich zu. Dieser flexiblen Inanspruchnahme von Leistungen seitens der Agenturkunden muss die Agentur ein entsprechend flexibles Leistungsangebot gegenüberstellen. Zum anderen erfordern die Kommunikationsprobleme von Werbung treibenden immer häufiger Lösungen, die nicht allein mit den Agenturressourcen sinnvoll und kosteneffizient erbracht werden können. Agenturen werden also mehr als in der Vergangenheit auch mit dem Management eines Netzwerks externer Zulieferer beziehungsweise Kooperationspartner betraut sein. Dies zeigt sich insbesondere im Online-Sektor. Die hier erforderlichen technischen Kompetenzen sind vielfältig und unterliegen einem starken Veränderungsdruck. Derartige Kompetenzen selbst vorzuhalten, ist oft nicht sinnvoll.

Bezogen auf die Wertschöpfungskette einer Agentur ergeben sich noch weitere weitreichende Veränderungen. Vereinfacht gesagt folgte das Erarbeiten einer Kampagne in früheren Tagen in aller Regel einem relativ linearen Prozess (siehe Abb. 5.1). Am, Ende des Prozesses erblickte die Kampagne das Licht der (Medien-)Welt und man schaute im Anschluss, was dabei idealerweise in Form gesteigerter Absatzzahlen herausgekommen ist. Gerade im digitalen Umfeld sieht die Sache heute teils ganz anders aus. Lineare Prozesse gibt es hier ebenso wenig wie eine „Kampagne" mit definiertem Anfang und Ende. Hier werden die Kampagnenelemente vielmehr immerfort „getrackt" und auf Basis der so erhaltenen Erkenntnisse angepasst – und das fortwährend. Dies führt zum einen zur Notwendigkeit vollkommen neuer Formen des Projektmanagements. Gerade die verschiedenen Spielarten des „agilen" Projektmanagement wie „Scrum" erfreuen sich wachsender Beliebtheit gerade in Agenturen mit digitalem Fokus. Zum anderen führt dies zu einem neuen Kunde-Agenturverhältnis. Denn wo keine definierte Kampagne, da auch kein Projektauftrag. Dauerhafte Kunde-Agenturbeziehungen dürften auf Basis dieser Erkenntnisse an Bedeutung zunehmen – also ist ein Trend zu „hybriden" Formen der Koordination im Zusammenwirken von Agentur und Kunde zu erwarten.

Es stellt sich damit die Frage, wie man mit all dem Geld verdient. Die Frage nach dem **Ertragsmodell** ist dabei die vielleicht anspruchsvollste und hängt natürlich mit den beiden anderen Komponenten des Geschäftsmodells unmittelbar zusammen. Die Idee als wesentlicher Output von Agenturen ist aus ökonomischer Sicht ein schwieriges Gut – sie ist ein immaterielles, nicht-stoffliches Produkt, dessen isolierter Wert sowohl ex ante als auch ex post schwierig zu ermitteln ist. Agenturen verdienen ihr Geld daher auch nie mit der Idee allein, sondern auch mit ihrer medialen und kreativen Umsetzung. Ein Blick auf die derzeitige Situation offenbart, dass Projekthonorare die dominierende Vergütungsform für Agenturleistungen darstellen. Es gibt wenig Grund anzunehmen, dass sich dies künftig ändert. Hinzu tritt ein Trend zu erfolgsabhängiger Honorierung. Denn die Digitalisierung der Kommunikation führt auch zu mehr Messbarkeit. Ob diese Flut an zusätzlichen Daten tatsächlich auch relevante Informationen liefert, wird sich noch zeigen. Immerhin knapp fünf Prozent der Honorarerlöse der GWA-Agenturen werden bereits erfolgsabhängig gezahlt. Beides stellt die Agenturen vor erhebliche Herausforderungen gerade beim Thema Liquiditätsmanagement.

6.2 Agenturmodelle der Zukunft?

Folgende drei Beispiele zeigen, in welche Richtungen sich die Geschäftsmodelle künftig ausdifferenzieren könnten. Die Beispiele sind zwar teils Zukunftsmusik, dabei aber nicht völlig aus der Luft gegriffen. Für jedes Modell lassen sich am Markt bereits Beispiele finden, wenn auch teilweise in einem noch frühen Entwicklungsstadium. Die skizzierten Modelle stellen außerdem eine Art Reinform dar, Elemente dieser Modelle finden sich auch heute schon in zahlreichen etablierten Agenturen.

6.2.1 Modell Eins: Kreative Berater

Das Nutzenversprechen liegt hier in der Beratung in Marketing-Kommunikationsfragen in weitestem Sinne. Dahinter steht die Idee, dass es für Unternehmen von Wert ist, wenn sie das kreative Potenzial ihrer Agenturen nicht allein für die Kommunikationsaufgaben einsetzen, sondern auch weit darüber hinaus – bis hin zur Produktentwicklung. Das Nutzenversprechen wird also, so könnte man leicht überspitzt sagen, so umgewandelt, dass es eine Bewegung von einem Markt (Agenturen) in einen anderen Markt (Beratungen) ermöglicht.[1] Kreative Unternehmensberater stellen dabei ihre Problemlösungskompetenz sowie ihr Markt-Know-how in den Vordergrund. Ansprechpartner von Unternehmen dieses Typus soll im Idealfalle auch die oberste Geschäftsleitungsebene sein, nicht allein das Marketing. Die Wertschöpfungsarchitektur ist schlank, die Beratung steht im Vordergrund, Kreation wird als Umsetzung der Beratung mitgeliefert. Das Ertragsmodell ähnelt demjenigen der traditionellen Unternehmens- beziehungsweise Strategieberatungen, Kreative Unternehmensberater wollen also mit Tagessätzen honoriert werden.

Tendenziell, so ist zu erwarten, dürfte das Geschäft der allermeisten Agenturen künftig beratungsintensiver werden. Im Zuge dessen muss jede Agentur für sich entscheiden, worin sie künftig ihre Kernkompetenz sieht: Beratung oder kreative Umsetzung. Oder, wie Sven Becker, ehemals CEO von TBWA Deutschland formuliert: „Creative Companies als strategisch-kreative Berater werden durch hoch-effiziente Maschinenräume ergänzt, die das Volumengeschäft der Umsetzung und Adaption übernehmen. Jede Agentur muss heute überlegen, ob ihre Zukunft die einer Creative

[1] Wobei festzuhalten ist, dass dieser Schritt nicht wirklich groß ist. Schon heute entfällt ein Großteil der Wertschöpfung vieler Agenturen auf Beratungsleistungen.

Company ist oder die eines Maschinenraums“ (vgl. Jelden, 2012, S. 34). Viele Verantwortliche in Agenturen sehen in der „kreativen Unternehmensberatung“ ein Zukunftsmodell. In der Befragung von Botzenhardt und Pätzmann gaben 55 von 79 Befragten an, die Zukunft der Werbeagentur liege in diesem Modell (vgl. Botzenhardt und Pätzmann, 2012, S. 155 ff.).

So bedeutend das Modell vielleicht einmal werden wird – bisher hält sich der Erfolg der aktiv so positionierten Agenturen in Grenzen. Die Agentur DDB hat eigens eine Tochtergesellschaft namens „Hubble“ gegründet, die aber bisher nicht durch übermäßigen Erfolg von sich reden macht. Andererseits ist die auf Design spezialisierte Agentur IDEO ein Beispiel, wie eine aus dem Kreationsbereich stammende Kernkompetenz in ein Beratungsangebot ausgebaut werden kann.

6.2.2 Modell zwei: Kreative Generalunternehmer

Vereinzelt klagen Kunden über die Komplexität ihrer Agenturbeziehungen. Gerade große Unternehmen beschäftigen nicht nur eine Agentur, sondern bedienen sich eines Netzes vieler auf Einzelthemen spezialisierter Anbieter. Dies erhöht jedoch aus Unternehmenssicht den Abstimmungsbedarf erheblich, erst recht dann, wenn die Unternehmens-kommunikation integriert erfolgen soll. Zu den Transaktionskosten gesellen sich also relativ hohe Koordinationskosten. – Eine solche Form der Organisation wird in der Transaktionskostentheorie als „hybrid“ bezeichnet. Sie befindet sich zwischen den Koordinationsformen „Markt“ und „Hierarchie“ (vgl. dazu Husman, 2003). Einzelne Agenturen reagieren hierauf, indem sie sich als eine Art „Kreative Generalunternehmer“ positionieren. Wesentliches Kennzeichen ist die geringe Wertschöpfungstiefe der Agentur. Kreative Generalunternehmer sind in diesem Punkt mit Bauunternehmen zu vergleichen. Sie steuern ein großes und differenziertes Netzwerk aus Dienstleistern verschiedener Disziplinen und führen deren Leistungen zu einem Gewerk zusammen. Neben dieser Schnittstellenkompetenz verfügen Kreative Generalunternehmer häufig über hohes kreatives Potenzial und Kompetenzen in der strategischen Beratung. – Henderson bezeichnet solche Agenturmodelle als „Fluide Netzwerke“ (vgl. Henderson, 2010, S. 81 ff.)

Das wesentliche Nutzenversprechen entspricht also beinahe demjenigen traditioneller Kreativagenturen. Der entscheidende Unterschied besteht in der Wertschöpfungsarchitektur. Denn kreative Generalunternehmer sind extrem schlank aufgestellt, es handelt sich im Prinzip um ein fast schon virtuelles Unternehmen mit hohem Fremdleistungsanteil. Sie fokussieren sich auf die Wertschöpfungselemente Projektleitung, Kundenberatung und Konzeption, den Rest delegieren sie an spezialisierte Freelancer. Damit sind sie theoretisch flexibel und schnell, haben es aber andererseits mit aufwendigem Management zahlreicher Schnittstellen zu tun. Das Wachstumspotenzial dieses Typus dürfte damit eher begrenzt ausfallen. Als Ertragsmodell dominieren Projekthonorare, je nach Aufgabenstellung sind aber auch Tagessätze realisierbar.

Bezüglich des Ertragsmodells weisen die Generalunternehmer eine Besonderheit auf: Da sie ihrerseits Verträge mit zahlreichen Lieferanten abschließen müssen, um Projekte zu realisieren, müssen sie im Vorhinein im Kundengespräch sehr genau darüber Klarheit geschaffen haben, was genau realisiert werden soll. Nachträgliche Änderungswünsche des Kunden sind in diesem Modell praktisch nicht vorgesehen, da der Generalunternehmer in diesem Falle die Verträge mit seinen Lieferanten ändern oder im Extremfalle sogar neu aushandeln müsste. Das Schöne hieran aus Sicht des Generalunternehmers ist, dass er auf diese Weise Mehraufwand sehr genau spezifizieren und dem Kunden gegenüber in Rechnung stellen kann – er präsentiert ihm schlicht die Rechnungen, die er selbst von seinen Lieferanten für die Mehrarbeit erhalten hat. In einer „normalen" Kunden-Agentur-Beziehung, bei der die Agentur die wesentlichen Teile der Wertschöpfung selbst übernimmt, geht das so nicht. Folge ist hier häufig, dass die Kosten wegen nachträglicher Anpassung auf Kundenwunsch aus dem Ruder laufen.

Die Kundenanforderungen sind aber nur ein Treiber dieses Modells. Agenturen, die sich auf digitale Markenkommunikation spezialisiert haben, geraten in die Rolle des Generalunternehmers, ohne dies als strategische Positionierung so geplant zu haben, sondern weil sie aufgrund der Breite der in der Agentur erforderlichen Kompetenzen dazu mehr oder weniger genötigt werden. Diese Breite der technischen und gestalterischen Fähigkeiten, die für digitale Kommunikation gebraucht wird, kann kaum eine Agentur vorhalten. Das vergleichsweise hohe Tempo, in dem Wissen auf diesem Gebiet veraltet, würde zudem dazu führen, dass Agenturen ständig in hohem Maße in die Weiterbildung ihrer Mitarbeiter investieren müssten. Also bedient man sich eines Netzes freier Spezialisten. Hinzu kommt, dass die Steuerung eines Netzwerks aus externen Spezialisten dank digitaler Kommunikationstechnik erheblich leichter geworden ist. Längst ist es beispielsweise möglich, dass mehrere Mitarbeiter gleichzeitig an ein und demselben Dokument oder einer Präsentation arbeiten.

In diesem „Kernteam plus Netzwerk"-Ansatz sehen einige Experten das Agenturmodell der Zukunft (vgl. Jelden, 2012, S. 20 ff.). Damit es zu diesem Modell kommen kann, müssen Agenturen allerdings hinsichtlich ihrer strategischen Ressourcen ordentlich umdenken. Bisher werden die Kooperationspartner, die freien Mitarbeiter und externen Spezialisten noch zu wenig als Asset der Agentur betrachtet und das Netzwerk zu wenig einem aktiven Management unterworfen. Fraglich ist auch, inwiefern es Agenturen dieses Modells gelingen kann, durch Aufbau strategischer Ressourcen (siehe Abschn. 4.4) tatsächlich Wettbewerbsvorteile aufzubauen. Viele der mutmaßlich besonders wichtigen Ressourcen traditioneller Agenturen (wie etwa Kultur und Standort) lassen sich in solchen virtuellen Gebilden schwerlich bis überhaupt nicht aufbauen.

Angesichts dieser Situation stellt sich aus Sicht der Werbung treibenden Unternehmen allerdings auch die Frage nach der „Make-or-Buy"-Entscheidung neu. Denn der Mehrwert der Agenturdienstleistung ist damit relativ gering, wenn nicht andere Ressourcen dazu treten (vgl. hierzu die Ausführungen in Kap. 4 zum Transaktionskostenansatz und Resource-based-View). Schließlich könnte auch die Marketing-Abteilung selbst sich die gesunkenen Transaktionskosten zunutze machen und nun ein Netzwerk von

Spezialisten managen. Man wird sehen, inwieweit sich auch die Gestaltung der Schnittstellen zwischen Unternehmen und ihren Kommunikations-Dienstleistern wegen der Digitalisierung verändern werden.

6.2.3 Modell drei: Kreative Datenverwalter

Die Digitalisierung der Kommunikation berührt die Agenturleistungen wie kaum eine andere Veränderung zuvor. An die Stelle der Ein-Wege-Kommunikation tritt mehr und mehr der Dialog mit dem Kunden, insbesondere über digitale Wege. Die Wertschöpfung der Agenturen muss dadurch mehr und mehr in Richtung Messen und Analysieren ergänzt werden, erst recht dann, wenn sich Social Media tatsächlich auch mittelfristig als für die Marketing-Kommunikation wichtiges Thema erweisen sollte, womit zu rechnen ist. Eine Begleiterscheinung dieser Entwicklungen besteht darin, dass agenturseitig große Datenmengen anfallen (vgl. hierzu ausführlich Bloching et al., 2012). Diese transaktionalen Daten bergen natürlich wertvolle Informationen sowohl zur Effektivität einer Kampagne als auch zum Kaufverhalten der Zielgruppe in sich.

Das Nutzenversprechen kreativer Datenverwalter besteht nun darin, dass sie derartige Daten analysieren und – angereichert mit Kreationsleistung – zur gezielten Ansprache genau definierter Kundensegmenten nutzen können. „Traditionelle" Digitalagenturen nutzen solche Daten zur Entwicklung von Kampagnen zwar auch schon, ihre Haupt-Wertschöpfung ist jedoch die Kreation. Kerngeschäft der Datenverwalter ist dagegen die Analyse großer Datenmengen und daraus entstehende Dienstleistungen wie Customer Relationship Management (CRM) und Online-Vertrieb. Es ist zu erwarten und in Teilen auch bereits zu beobachten, dass Anbieter aus gänzlich anderen Marktumfeldern – beispielsweise aus dem IT-Beratungsumfeld – in den Agenturmarkt drängen. Ein Beispiel ist das IT-Beratungsunternehmen Sapient, das durch Zukauf des Kreativ-Netzwerks Nitro nun als kreativer Datenverarbeiter im Agenturmarkt unterwegs ist und mittlerweile zur Publicis-Gruppe gehört. Andere Unternehmen stehen in den Startlöchern oder orientieren sich bereits in Richtung Agenturmarkt. Der Geschäftsführer Marketing der IT-Beratung Accenture antwortete auf die Frage, in welchen Geschäftsfeldern sein Unternehmen künftig agieren wird: „Zum Teil in der klassischen Managementberatung, teilweise aber auch in Dienstleistungen, die man bisher vor allem von Agenturen kennt" (vgl. Sturm, 2013). Es wird eine relativ umfassende Wertschöpfung angeboten – eben Kreation plus Datensammlung und -analyse. Tendenziell erfolgt die Honorierung auch hier über Tagessätze und über Projekthonorare.

Man wird sehen, inwieweit sich die skizzierten Modelle durchsetzen und das vorhandene Agenturangebot ergänzen werden und welche anderen Modelle sich herauskristallisieren. Fest steht, dass auch die etablierten Kommunikationsagenturen sich auf die zahlreichen neuen Anforderungen einstellen müssen. Sicherlich werden viele Agenturen Elemente der drei vorgestellten Modelle übernehmen oder haben dies bereits getan. Die beschriebenen Herausforderungen bieten schließlich auch Chancen für die

Agenturen, sich durch ein spezifisches Angebot am Markt zu positionieren. Welche der Agenturtypen sich letztlich durchsetzen, entscheidet der Markt. Diese Frage wird auch dadurch entschieden, inwieweit die verschiedenen Agenturtypen ihren Nutzenbeitrag und den Wert ihrer Dienstleistung tatsächlich auch nachweisen können.

6.3 Zusammenfassung

- Das Umfeld, in dem Marketing-Kommunikation stattfindet, hat sich in den vergangenen zwanzig Jahren dramatisch verändert. Insbesondere die Digitalisierung hat für eine Revolution gesorgt.
- Nicht nur die Zahl der für Marketing-Kommunikation nutzbaren Kanäle hat zugenommen, auch die Qualität der Kommunikation hat sich grundlegend verändert. An die Stelle einer Ein-Weg-Kommunikation tritt zunehmend der Dialog zwischen Werbung treibenden Unternehmen und Kunden.
- Agenturen müssen sich den Veränderungen stellen. Drei mögliche Agenturmodelle mögen ein Weg hierfür sein: Der kreative Berater, der kreative Generalunternehmer und der kreative Datenverwalter.
- Der kreative Berater nutzt seine Kernkompetenz Kreativität auch über Aufgaben der Marketing-Kommunikation hinaus. Kreative Berater setzen früher an und beanspruchen Mitsprache auch bei Themen wie Produktentwicklung und Marketing-Strategie.
- Der kreative Generalunternehmer hat zwei Kernkompetenzen: Zum einen Kreativität und zum anderen Projektmanagement. Vor allem letztere unterscheidet ihn von anderen Agenturen. Der kreative Generalunternehmer ist selbst schlank aufgestellt, steuert aber ein Netzwerk aus spezialisierten Zulieferern, das je nach Kundenerfordernissen immer neu konfiguriert wird.
- Der kreative Datenverwalter hat ebenfalls zwei Kernkompetenzen: Kreativität und die Fähigkeit, mit großen Datenmengen umzugehen. Das Thema „Bis Data“ ist ihm nicht fremd, er kann sehr genaue Zielgruppenanalysen, -segmentierungen und -ansprachen vornehmen.

Literatur

Bloching, B., Luck, L., & Ramge, T. (2012). *Data Unser. Wie Kundendaten die Wirtschaft revolutionieren*. Redline.

Botzenhardt, F., & Pätzmann, J. U. (2012). *Die Zukunft der Werbeagenturen. Strategische Planung als Innovationsmotor*. Springer Gabler.

Jelden, J. (2012). Agenturen der Zukunft. E-Book. www.agenturenderzukunft.de.

GWA (Hrsg.) (2010). GWA Effie 2010. Die effizientesten Kampagnen des Jahres.

Henderson, T. (2010). *Fluid networks: The next agency model? Master?s Thesis*. Berlin School of Creative Leadership.

Husman, T. B. (2003). *Long live the ?Hybrid?: What transaction costs economics left unseen.* Paper presented at the Druid PhD Winter Conference Aalborg.

Sturm, A. (2013). Wir forcieren diese Themen. *Horizont, 18*, 16.

7 Fazit: Die Zukunft der Forschung

Angesichts der großen Bedeutung, die Werbung hat, wundert man sich über die insgesamt eher geringe Forschungstätigkeit zu diesem Thema. Dies gilt nicht ganz so drastisch für die Vereinigten Staaten, für Deutschland aber allemal. Vor allem die Frage, wie Werbung aus volkswirtschaftlicher Sicht zu beurteilen ist, stieß in der Vergangenheit an deutschen Lehrstühlen für Mikro- oder Makroökonomik eher auf Desinteresse.

Die Marketing-Kommunikation von Unternehmen ist derzeit dem wohl massivsten Wandel aller Zeiten unterworfen. Die Digitalisierung der Kommunikation hat hier zu einem wahren Paradigmenwechsel geführt. In dieser Entwicklung stehen wir noch ganz am Anfang. Erforscht ist hier wenig bis nichts. Erst langsam beginnen Ökonomen, sich mit Fragen wie beispielsweise der Verbreitung viraler Kampagnen zu beschäftigen.

Viele Fragen zu den ökonomischen Aspekten der Werbung sind noch nicht hinreichend beantwortet. Hier eine kleine Auswahl der Forschungsthemen, die noch weitgehend der Klärung harren:

- Wie ist der genaue Zusammenhang zwischen Investitionen in Marketing-Kommunikation und betriebswirtschaftlichen Kennzahlen wie dem Cash-Flow? Wie ist der Zusammenhang zwischen Metriken und KPIs?
- Wie müssen Agenturen heute und in Zukunft hinsichtlich Leistungsversprechen und Organisation aufgestellt sein?
- Wie genau sieht die Arbeitsteilung von Marketingabteilungen in Unternehmen und Agenturen heute und in Zukunft aus?
- Wie wirkt Marketing-Kommunikation in digitalen Kanälen? Wie reagieren Konsumenten auf das wachsende Kommunikationsangebot?
- Wie wirken sich die Veränderungen im Umfeld auf die Geschäftsmodelle international tätiger Agenturen aus?

R. Nöcker, *Ökonomie der Werbung*, https://doi.org/10.1007/978-3-658-33692-9_7

Vor allem die Frage nach der Wirkung von Marketing-Kommunikation auf den Unternehmenserfolg wird an Bedeutung in den Unternehmen massiv weiter zunehmen und macht weitergehende Forschung erforderlich. Im Marketing ist die Frage nach dem Return on Marketing Investment derzeit eins der vorherrschenden Themen. Davon sind natürlich auch die Agenturen als Dienstleister in starkem Maße betroffen.

Ferner wird es interessant sein zu sehen, welche Ergebnisse die künftige Forschung mit Blick auf „Informative", „Persuasive" und „Complementary View" erzielen wird. Welche Perspektive ist denn nun die Richtige, wenn man digitale Kommunikationskanäle betrachtet? Beispiel „Informative View": Macht das Netz informierende Werbung überflüssig, weil es die Suchkosten dramatisch senkt? Stimmt das überhaupt? Oder sind nicht viele der „Informationen", die das Netz enthält, nicht selbst schon wieder verklausulierte Werbebotschaften? Was ist in diesem Zusammenhang beispielsweise von den angeblich neutralen „Produktbewertungen" zu halten? Hier ist nach unserem Kenntnisstand noch nicht viel wissenschaftlich erforscht worden.

Doch nicht nur die Untersuchungsgegenstände ändern sich, auch die zur Klärung solcher Fragen herangezogenen Forschungsansätze werden sich wandeln und um neue Ansätze ergänzt werden. Das vorliegende Buch hat sich vor allem mit der industrieökonomisch geprägten Forschung und deren Aussagen zu Werbung und Werbewirkung beschäftigt. Die Veränderungen in der Art, wie Marketing-Kommunikation heute funktioniert, erfordern aber möglicherweise auch veränderte Forschungsansätze. Vor allem die auch in die Praxis immer mehr Einzug haltenden Forschungen der Neuro-Economics, die sich mittels Hirnforschung unter anderem der Bildung menschlicher Präferenzen widmet, und die Netzwerktheorie, mit der soziale Netze beschrieben und untersucht werden können, scheinen als Kandidaten geeignet, die ökonomische Seite der Werbung künftig genauer unter die Lupe zu nehmen.

7.1 Werbewirkung: Neuro-Economics

Die drei in der Literatur behandelten Perspektiven auf die Werbung hatten eine Frage zum Gegenstand: Wie reagieren Konsumenten auf Werbung? Jeder „View" gab darauf eine bestimmte Antwort, mit zum Teil widersprüchlichen Resultaten. In den aktuellen Diskussionen in der Ökonomie schaut man sich nun den Konsumenten immer genauer an. Dabei gilt es zwei Forschungszweige zu unterscheiden. Die Verhaltensökonomie oder „Behavioral Economics" bedienen sich der Erkenntnisse der (vor allem experimentellen) Psychologie, um den Realitätsgehalt ökonomischer Modelle zu erhöhen. Der andere Forschungszweig, die Neuroökonomie oder „Neuro-Economics", erfreut sich seit einigen Jahren wachsender Beliebtheit. Es verbindet ökonomische Forschung mit den Erkenntnissen der Neuro-Wissenschaften, die sich der Hirnaktivität widmet und daraus Schlussfolgerungen insbesondere zur Frage zu ziehen versucht, auf welche Weise Entscheidungen von Menschen eigentlich zustande kommen (vgl. Camerer et al., 2005, S. 9 ff. sowie Braeutigam, 2005, S. 355 ff.). Neuro-Ökonomie verbindet dabei die eher breite Perspektive der Wirtschaftswissenschaften, denen es, wie gesehen, um Zusammenhänge auf Branchenebene oder auf Ebene der Gesamtwirtschaft geht, mit der Ebene des Individuums. Sie räumt, gestützt auf Erkenntnisse der Hirnforschung, beispielsweise mit der in der Ökonomie gerne unterstellten Gleichförmigkeit der Verhaltensweisen von Individuen auf.

So untersuchen beispielsweise die Ökonomen Ernst Fehr (Universität Zürich) und Armin Falk (Universität Bonn) mit Hilfe von Computer-Tomographen, inwieweit der Mensch tatsächlich der „Homo oeconomicus" ist, als den ihn die Wirtschaftswissenschaften jahrzehntelang modelliert haben (er ist es wohl eher nicht). Einige Studien aus dem Gebiet der Neuro-Economics mit Hilfe von Computer-Tomographen zeigen beispielsweise, dass es mit unserer Rationalität nicht so weit her ist, wie viele vielleicht denken. Wenn sich beispielsweise im Experiment Proband und Forscher einen Geldbetrag teilen sollen, dann lehnt das Hirn die Zahlung ab, wenn es sich allzu sehr benachteiligt fühlt. Wenn also der Forscher 80 % und Proband nur 20 % einer Summe erhalten sollen, weist das Hirn des Probanden diesen Betrag zurück, weil es sich unfair behandelt fühlt. Das ist natürlich komplett irrational, denn die 20 % sind allemal besser als nichts. Andere Experimente ergaben, dass wir wesentlich riskanter entscheiden, nachdem wir einen Verlust erlitten haben, als nach einem Zugewinn – auch das nicht sehr rational (vgl. Braeutigam, 2005, S. 356).

Es liegt nahe, neuroökonomische Ansätze auch bei der Frage einzusetzen, wie Konsumenten auf Werbung reagieren. Insbesondere der „Pursuasive View", nach dem Werbung die Präferenzen der Konsumenten verändert und Markenloyalität erzeugt, macht ja implizite Annahmen hierüber, ohne diese Annahmen wissenschaftlich belegen zu können (vgl. Bagwell, 2005, S. 143). Dies könnte die Neuro-Ökonomie prinzipiell leisten. Erste Forschungsergebnisse zeigen immerhin, dass unterschiedliche Hirnregionen aktiv werden, je nachdem, ob es sich um eher informierende oder um emotionale Werbebotschaften handelt.Die bisher verfügbaren Erkenntnisse der Neuro-Ökonomie in Bezug auf Werbung sind allerdings überwiegend sehr praxisnah und weniger geeignet, die theoretische Diskussion zu befruchten (vgl. beispielsweise Schreier & Held, 2010; für Ausnahmen von dieser Regel siehe Braeutigam, 2005, S. 357). Auch zur Markenloyalität liegen einige neuroökonomischen Studien vor.

7.2 Werbewirkung/Agenturstruktur: Netzwerk-Theorie

Vieles, was im vorliegenden Buch behandelt wurde, hängt noch einem relativ traditionellen Bild von Werbung nach. Das in der verfügbaren Literatur zugrunde liegende Kommunikationsmodell ist häufig ein simples Sender-Empfänger-Modell, also Ein-Wege-Kommunikation. Wie gesehen wurde geforscht vor allem hinsichtlich der Frage, wie diese Art von Werbung bestimmte ökonomische Parameter wie den Umsatz einer Branche beeinflusst. Es ist fraglich, ob diese Sichtweise im Marketing-Kontext künftig noch Relevanz haben wird. Damit stehen die bisher angewandten Erklärungsansätze und deren theoretische Grundlagen auf dem Prüfstand.

Ein wesentliches Merkmal der neueren digitalen Kommunikationsmittel ist nämlich ja gerade, dass sie eine Mehrwege-Kommunikation vorsieht. Diese ist geprägt durch Dialoge und Vernetzung. Entscheidend für den Erfolg von Marketing-Kommunikation wird daher immer weniger sein, wie man erfolgreich mit einer „Sendung" eine Zielgruppe trifft, sondern, inwieweit man Netzwerke versteht und diese für die Marketing-Kommunikation nutzbar macht. Hier steht die ökonomische Forschung noch ganz am Anfang. Sie wird sich dazu ein Stück weit neu erfinden müssen. Obwohl über Netzwerke vor allem mit Blick auf Organisationsstrukturen bereits seit längerem geforscht wird, werden diese bisher nur sehr selten auch mit Blick auf Gesetzmäßigkeiten in der Marketing-Kommunikation untersucht. Auf welche Weise führt man eine „virale" Marketing-Kampagne zum Erfolg? Wie funktionieren soziale Medien wie Facebook? Diese Fragen sind aus Sicht der Marketing-Forschung noch weitgehend unbeantwortet. Um hier zu tragfähigen Erkenntnissen zu gelangen, werden sich die Ökonomen wohl oder übel in Nachbardisziplinen umschauen müssen. So gibt es beispielsweise in der Soziologie schon eine längere Tradition hinsichtlich der Untersuchung sozialer Netzwerke (vgl. beispielsweise Granovetter, 1973).

Erste Forschungsarbeiten gibt es aber bereits. Hinz et al. haben sich beispielsweise mit der Frage beschäftigt, wie genau „virale" Kampagnen umzusetzen sind, damit sie den gewünschten Erfolg zeitigen (vgl. Hinz et al., 2011).[1] Sie haben dazu verschiedene „Seeding Strategies" untersucht, also verschiedene Wege, bestimmte Zielpersonen so auszuwählen, dass die Weiterleitung der Kampagnen in einem Netzwerk aus Personen möglichst optimal funktioniert. So zeigt sich, dass gut vernetzte Personen („Hubs") zwar über viele Kontakte zu anderen Personen verfügen, aber auch tendenziell mehr Informationen aus ihrem Netzwerk erhalten und verarbeiten müssen. Damit sinkt die Wahrscheinlichkeit, dass solche Personen Kampagnen weiterleiten, und damit auch deren Attraktivität für virale Kampagnen.

Die Erforschung sozialer Netzwerke wird also gerade mit Blick auf Marketing-Kommunikation im digitalen Umfeld immer wichtiger. Doch nicht nur das macht die Untersuchung von Netzwerken für die Agenturbranche zu einer lohnenden Sache – auch die Agenturen selbst werden zunehmend zu Netzwerk-Strukturen. Feste Unternehmensgrenzen sind für sie immer weniger typisch. In seiner Studie zur Agentur der Zukunft stellt Jelden fest: „Agenturen sind immer weniger in der Lage, ihre Aufträge allein umzusetzen. (…) Je breiter sich das Leistungsspektrum von Agenturen ausdehnt, desto weniger können sie mit den bisherigen Strukturen arbeiten und desto stärker müssen sie die Logiken der Netzwerkgesellschaft übernehmen" (Jelden, 2012, S. 7).

---

[1] Ein Blick in das Literaturverzeichnis zeigt, dass, obwohl der Artikel im „Journal of Marketing" erschienen ist, die Literatur keineswegs nur aus dem Bereich Wirtschaftswissenschaften stammt. Die Forschung hier ist, so scheint es, notwendigerweise interdisziplinär angelegt.

Zu hybriden Strukturen wie Unternehmensnetzwerken gibt es eine große Menge Literatur, die zum Teil auf der Transaktionskostentheorie basiert (vgl. beispielsweise Håkansson & Johanson, 1993, S. 35 ff. und Sydow, 2009). In Bezug auf Agenturen und deren künftige Strukturen bleiben aber noch viele Fragen offen. Wie führt eine Agentur beispielsweise ein solches Netzwerk so, dass es zu einer vorteilhaften Wettbewerbsposition führt? Was unterscheidet eigentlich „Agentur" von „Netzwerk" und wo sind jeweils deren Grenzen? Wie sind solche Netzwerkstrukturen zu gestalten, um einerseits Zusammenhalt zu gewährleisten, andererseits aber Flexibilitätsvorteile nicht zu gefährden? Hier gibt es in Theorie und Praxis noch vieles zu erforschen.

Literatur

Bagwell, K. (2005). *The economic analysis of advertising*. Columbia University. Department of Economics. Discussion Paper Series. Discussion Paper No.: 0506-01.

Braeutigam, S. (2005). Neuroeconomics – From neural systems to economic behaviour. *Brain Research Bulletin, 67*, 355–360.

Camerer, C., Loewenstein, G., & Prelec, D. (2005). Neuroeconomics: How neuroscience can inform economics. *Journal of Economic Literature, 43*(3), 9 – 64.

Granovetter, M. S. (1973). The strength of weak ties. *American Journal of Sociology, 78*(6), 1360–1380.

Håkansson, H., & Johanson, J. (1993). The network as a governance structure: Interfirm cooperation beyond markets and hierarchies. In G. Grabher (Hrsg.), *The embedded firm* (S. 35–51). Routledge.

Hinz, O., Skiera, B., Barrot, C., & Becker, J. U. (2011). Seeding strategies for viral marketing: An empirical comparison. *Journal of Marketing, 75*(11), 55–71

Jelden, J. (2012). Agenturen der Zukunft. E-Book. www.agenturenderzukunft.de.

Scheier, C., & Held, D. (2010). *Wie Werbung wirkt. Erkenntnisse des Neuromarketing*. Haufe Mediengruppe.

Sydow, J. (Hrsg.). (2009). *Management von Netzwerkorganisationen*. Gabler.

Die führenden deutschen Agenturen

Die Mitgliedsagenturen im Gesamtverband Kommunikationsagenturen GWA.

Agentur	Anschrift	Ort	Telefon	E-Mail
2k kreativkonzept	Virchowstraße 12–14	76133 Karlsruhe	0721-9721-30	info@2-k.de
Achtung!	Straßenbahnring 3	20251 Hamburg	040-450 210 -500	info@achtung.de
Add2	Kaistraße 16a	40221 Düsseldorf	0211-54038-0	info@add2.de
Agenta	Königsstraße 51–53	48143 Münster	0251-53050	dialog@agenta.de
AKQA	Monbijouplatz 4	10178 Berlin	030-991916100	info@akqa.com
Ansel & Möllers	König-Karls-Straße 10	70372 Stuttgart	0711-9254520	j.ansel@anselmoellers.de
BALLHAUS WEST	Potsdamer Straße 87	10785 Berlin	030 2809999-0	agentur@ballhaus-west.de
BARTENBACH	An der Fahrt 8	55124 Mainz	06131-910980	mail@bartenbach.de
BBDO Group Germany	Königsallee 92	40212 Düsseldorf	0211-13790	info@bbdo.de
Beaufort 8	Kriegsbergstr. 34	70174 Stuttgart	0711-25773-0	info@beaufort8.de
Bernstein	Konsul-Smidt-Str. 8j	28217 Bremen	0421-339160	hello@bernstein.de
Bilekjaeger	Rotebühlstraße 87 E	70178 Stuttgart	0711-784860	info@bilekjaeger.de
Brand Lounge	Rosenstraße 58 A	40479 Düsseldorf	0211-6219-0	mail@brandlounge.de

R. Nöcker, *Ökonomie der Werbung*, https://doi.org/10.1007/978-3-658-33692-9

Agentur	Anschrift	Ort	Telefon	E-Mail
BSS Brand Communication Sachse Gerlach	Seewiesenstraße 2	74321 Bietigheim-Bissingen	07142-5910	info@bss-brand.com
BUTTER	Kronprinzenstr. 87	40217 Düsseldorf	0211-86797-0	contact@butter.de
CarlNann	Am Sandtorkai 50 (S-Kai)	20457 Hamburg	040-2881-0	info@carlnann.com
Counterpart Group	Kamekestraße 21	50672 Köln	0221-9514410	big-hit@counterpart.de
CREATIVTEAM COMMUNICATIONS	Goseriede 4	30159 Hannover	0511-676698-0	info@creativteam.com
CROSSMEDIA	Hildebrandt-str. 24 A	40215 Düsseldorf	0211-86652-0	info@crossmedia.de
Cyperfection	Im Zollhof 1	67061 Ludwigshafen	0621-587104-0	info@cyperfection.de
DAMM & BIERBAUM	Hanauer Landstraße 174–176	60314 Frankfurt am Main	069-789105-0	info@dammbierbaum.de
Das Hochhaus	Maastrichter Straße 21–23	50672 Köln	0221 569 108 12	info@dashochhaus.de
David+Martin	Tal 26	80331 München	089-5404113-0	mail@davidundmartin.com
DDB Group	Friedrichstraße 200	10117 Berlin	030-240840	info@de.ddb.com
DES WAHNSINNS FETTE BEUTE	Am Zollstock 3	57439 Attendorn	027 22 63 99-0	info@fette-beute.com
DIE CREW	Heinestraße 41 A	70597 Stuttgart	0711-13545-0	info@diecrew.de
Die Gruppe	Bernhäuser Straße 3	70771 Leinfelden Echterdingen	0711-72847-0	info@diegruppe.de
Dievision Agentur für Kommunikation	Rosenthaler Str. 48	10178 Berlin	0511-288791-0	info@dievision.de
DIE KAVALLERIE	Rosentalstraße 8/1	72070 Tübingen	07071-40729 0	info@diekavallerie.de
Eberle	Goethestraße 115	73525 Schwäbisch Gmünd	07171-92529-0	eberle@eberle-werbeagentur.de
Elbkind	Palmaille 33	22767 Hamburg	696 323 -600	contact@elbkind.de

Agentur	Anschrift	Ort	Telefon	E-Mail
Ellusion	Frauenstraße 30	80469 München	089-5526355-0	info@ellusion.de
Familie redlich	Gustav-Meyer-Allee 25	13355 Berlin	030 81 87 77-0	kontakt@familie-redlich.de
Finc3	Mönkedamm 11	20457 Hamburg	040-60590170	impressums-kontakt@finc3.de
FischerAppelt	Waterloohain 5	22769 Hamburg	040 - 899 699-0	info@ fischerAppelt.de
Follow red	Waldburgstr. 17/19	70563 Stuttgart	711-90140-0	info@followred.com
Frahm und Wandelt	Mühlenkamp 63 A	22303 Hamburg	040-227200-0	moin@ frahmundwandelt.de
FULLHAUS	Maxhüttenstr. 12	93055 Regensburg	0941-460704-0	info@fullhaus.de
Gabler	Motorstraße 70	70499 Stuttgart	0711-139966-0	post@werbe-gabler.com
Geometry Global	Kaiser-Wilhelm-Str. 85	20355 Hamburg	040 - 30 300 - 0	info-germany@ geometry.com
GGH MullenLowe	Schützenstraße 21	22761 Hamburg	040-2880260	info@ggh-mullenlowe.de
Grabarz & Partner	Schaartor 1	20459 Hamburg	040-37641-0	info@ grabarzundpartner.de
GRACO	Marienburger Str. 16	10405 Berlin	030-44 32 40 40	info@graco-agentur.de
Grey Germany	Platz der Ideen 1	40476 Düsseldorf	0211-3807-0	contact@grey.de
Greyhealth Group	Dornhofstraße 44–46	63263 Neu-Isenburg	06102 7993500	info@ghgroup.de
Häppy	Poggenmühle 1	20457 Hamburg	040-307070-0	hello@hppy.de
Hauser lacour	Senckenberganlage 10–12	60325 Frankfurt	069-80909990	info@hauserlacour.de
Havas	Toulouser Allee 25	40211 Düsseldorf	0211-99160	thomas.funk@ havas.com
Heimat	Segitzdamm 2	10969 Berlin	030-61652-0	hi@heimat-berlin.com
HETTENBACH	Werderstraße 134	74074 Heilbronn	07131-79300	kontakt@ hettenbach.de

Agentur	Anschrift	Ort	Telefon	E-Mail
Heye	Blumenstraße 28	80331 München	089-66532-00	anfrage@heye.de
Husare gmbh	Sinningerstraße 44	48282 Emsdetten	02572-9363-0	info@husare.de
Huth+Wenzel	Auf Naxos Waldschmidt-straße 19	60316 Frankfurt am Main	069-971208-0	info@huth-wenzel.de
INNOCEAN Worldwide Europe	Schwedler-straße 6	60314 Frankfurt am Main	069-941759301	info@innocean.eu
Jung von Matt	Glashütten-straße 79	20357 Hamburg	040-4321-0	info@jvm.com
Kastner Frankfurt	Nordring 82 A	63067 Offen-bach am Main	069-677299-0	info@kastnernetwork.de
Kl, company	Stievestraße 9	80638 München	089-171111-0	info@kl-company.de
KNSK	An der Alster 1	20099 Hamburg	040-4418901	info@knsk.de
Kolle Rebbe	Dienerreihe 2	20457 Hamburg	040-325423-0	hallo@kolle-rebbe.de
Kopfkunst	Am Mittelhafen 10	48155 Münster	0251 9 79 17 - 0	info@kopfkunst.net
LässingMüller	Renzwiesen 6	70327 Stuttgart	0711-2489210	info@lmwa.de
Leagas Delaney Hamburg	Eimsbütteler straße 64	22769 Hamburg	040-54804-0	info@leagasdelaney.de
Leo Burnett	Ferdinand-Happ-Straße 53	60314 Frankfurt am Main	069-78077-0	info@leoburnett.de
LINGNER.COM	Rosenberg 1	74072 Heil-bronn	07131 - 642 90 30	info@lingner.com
Markenzeichen	Schwedler-straße 6	60314 Frankfurt am Main	069 710 4880-0	kontakt@marken-zeichen.de
M/e brand communication	Peter-Müller-straße 14	40468 Düssel-dorf	0211-173010	team@me-dus.com
McCann Worldgroup Germany	Großer Hasen-pfad 44	60598 Frankfurt am Main	069-60507-0	info@mccann.de
MEDIA CONSULTA	Wassergasse 3	10179 Berlin	030-65000-0	www.mcgroup.com/contact/

Agentur	Anschrift	Ort	Telefon	E-Mail
Mediaman	Quintinstraße 16	55116 Mainz	06131-21200	hallo@mediaman.de
Muehlhausmoers corporate communications	Spichernstr. 6	50672 Köln	0221-951533-0	info@muehlhausmoers.com
Ogilvy	Darmstädter Landstraße 112	60598 Frankfurt am Main	069-96225-0	info@ogilvy.de
Pahnke	Ludwigstraße 14	20357 Hamburg	040-248212-0	markenmacherei@pahnke.de
PEIX Healthcare Communication	Adalbertstraße 20	10997 Berlin	030-616507-0	info@peix.de
Philipp und Keuntje	Bei St. Annen 2	20457 Hamburg	040-2800700	kontakt@philippundkeuntje.de
PINK CARROTS	Solmsstraße 14	60486 Frankfurt am Main	069-42726140	hello@pinkcarrots.com
PIONEERS	Weißlilien-gasse 3	55116 Mainz	06131-3270510	hello@pioneers.agency
Port-neo	Relenberg-straße 80	70174 Stuttgart	0711-123500-0	mail@port-neo.com
Digitas Pixelpark	Heidi-Kabel-Platz 2	20099 Hamburg	040-341010	info@digitaspixelpark.com
REINBOLDROST	Joseph-Beuys-Allee 6 I	53113 Bonn	0228-3 50 18 0	neugierig@reinboldrost.de
REINSCLASSEN	Mittelweg 161	20148 Hamburg	040-2269270	info@reinsclassen.de
Ressourcenmangel	Schlesische Straße 26/C4	10997 Berlin	030-59 00 370	das.original@ressourcenmangel.de
RUESS GROUP	Lindenspür-straße 22	70176 Stuttgart	0711/16446-0	info@ruess-group.com
RosenbauerSolbach	Moorfuhrtweg 11	22301 Hamburg	040-822229-0	agentur@rosenbauersolbach.de
RTS Rieger Team	Bunsenstraße 7–9	70771 Leinfelden-Echterdingen	0711-97520	info@rts-riegerteam.de
Saatchi & Saatchi	Louis-Pasteur-Platz 3	40211 Düssel-dorf	0211- 1781-0	info@saatchi.de

Agentur	Anschrift	Ort	Telefon	E-Mail
Sahler Werbung	Klosterstraße 24–28	40211 Düssel-dorf	0211- 82825-0	
Sapera	Kurfürsten-damm 194	10707 Berlin	030 221 83 68 0	info@sapera.com
SCHACHZUG – Agentur für Marken-kommunikation	Loewenichstr. 3	91054 Erlangen	09131 97616 -0	info@schachzug.de
Schindler Parent	Uferprome-nade 3–5	88709 Meers-burg/ Bodensee	07532-43010	kontakt@ schindlerparent.de
Schlasse	Bahnstraße 50	40699 Erkrath	0211-520323-0	hello@schlasse.de
Schmittgall	Albstraße 14	70597 Stuttgart	0711-41136730	info@schmittgall-gruppe.de
Scholz & Friends	Im Zeisehof, Friedensallee 11	22765 Hamburg	040-376810	info@s-f.com
Selinka/Schmitz	Weinsberg-straße 118a	50823 Köln	0221-952970-0	mail@selinka-schmitz.de
Serviceplan	Haus der Kommunika-tion Brienner Str. 45 a-d	80333 München	089-2050 20	info@serviceplan. de
Sparkassen-Finanz-portal	Friedrichstraße 50	10117 Berlin	030 24636-720	service@spar-kassen-finanzportal. de
Spirit Link	Paul-Gordan-straße 13	91052 Erlangen	09131-977920	info@spiritlink.de
STAGG & FRIENDS	Fürstenwall 172	40217 Düssel-dorf	0211-5502930	info@stagg-friends. de
VMLY&Rx	Dornhofstraße 44–46	63263 Neu – Isenburg	06102-7993-100	info@sudler.de
SYNEKTAR	Herzog-Heinrich-Straße 38	80336 München	089-32 66 73 47-0	info@synektar.de
Taste!	Frankfurter Straße 111	63067 Offen-bach	069-98193-0	hallo@taste-werbe-agentur.de
TBWA Deutschland	Schanzen-straße 56	40549 Düssel-dorf	0211-86435-0	info@tbwa.de
Thjnk	Vorsetzen 32	20459 Hamburg	040-413499-0	info@thjnk.de
Torben, Lucie und die gelbe Gefahr	Paul-Lincke-Ufer 39/40	10999 Berlin	030 - 81 61 601 40	zentrale@tlgg.de

Agentur	Anschrift	Ort	Telefon	E-Mail
UGW	Kasteler Strasse 22–24	65203 Wiesbaden	0611-97777-0	info@ugw.de
VASATASCHRÖDER	Spitalerstraße 16	20095 Hamburg	040-4328660	info@vs-hh.de
Wächter & Wächter	Lindwurm-straße 88	80337 München	089-747242-0	neugierig@waechter-waechter.de
WDD Dr. Faltz & Partner	Driburger Straße 4	44143 Dortmund	0231-51690-0	info@wdd.de
WE DO Communication	Chaussee-straße 13	10115 Berlin	030-526852-0	ask@we-do.com
WEFRA LIFE CORPORATE	Mitteldicker Weg 1/ WEFRA-Haus	63263 Neu-Isenburg	069-695008-62	info@wefra.de
WERBEWELT	Tübinger Straße 63–65	70178 Stuttgart	0711-90036-0	info@werbewelt.de
WERBUNG etc.	Teckstraße 70	70190 Stuttgart	0711-28538-0	info@werbungetc.de
Wob	Werner-Heisenberg-Straße 6a-10	68519 Viernheim	06204-970-0	info@wob.ag
Wunderman Thompson	Darmstädter Landstraße 112	60598 Frankfurt am Main	069 7502701	frankfurt@wunderman.com
WVP	Alexander-straße 153	70180 Stuttgart	0711-601767-0	info@wvp.de
Zebra group	Kaßberg-straße 35	09112 Chemnitz	0371 539 170	chemnitz@zebra.de
ZEPTER&KRONE	Heerstraße 86	14055 Berlin	030 254690–500	info@zepterundkrone.de
Zuk	Brüsselerstr. 89–93	50672 Köln	0221-92417-0	u.eiden@zuk.de

Links

Verbände	
www.gwa.de	Seite des deutschen Agenturverbands
www.adc.de	Website des Art Director's Club. In diesem Personenverband sind die Kreativen nicht nur der Werbebranche organisiert
www.bvdw.de	Bundesverband digitale Wirtschaft
www.ddv.de	Deutscher Dialogmarketing Verband
www.famab.de	Fachverband für direkte Wirtschaftskommunikation
www.ipa.co.uk	Seite des britischen Agenturverbands
www.eaca.be	Seite des europäischen Dachverbands European Association of Communications Agencies
www.markenverband.de	Seite des Verbands der deutschen Markenunternehmen
www.zaw.de	Seite des Dachverbands der deutschen Werbewirtschaft. Informativ vor allem für alle Werberechtlichen Fragen
Zeitschriften	
www.adage.com/	Amerikanisches Fachmagazin
www.page-online.de	Deutsches Fachmagazin mit Fokus auf Kreation
www.campaignlive.co.uk	Britisches Fachmagazin
www.luerzersarchive.net/	Jede Menge Kampagnen- und Kreationsbeispiele
www.horizont.net	Deutsches Fachmagazin
www.wuv.de	Deutsches Fachmagazin
www.absatzwirtschaft.de	Deutsches Fachmagazin
Schulen	
https://school-of-ideas.hamburg	Vormals Texterschmiede, Fachschule, die Texter ausbildet
www.good-school.de/	Fachschule vor allem für den Bereich Digital
www.miamiadschool.de	Private Hochschule, die Kreativ-Profis ausbildet
Awards	

R. Nöcker, *Ökonomie der Werbung*, https://doi.org/10.1007/978-3-658-33692-9

www.euro-effie.com/	Seite der Euro-Effie-Awards, des Effektivitätspreises für europäische Kampagnen
www.clioawards.com	Seite des Clio Awards, eines amerikanischen Kreativ-Preises, der seit 1960 vergeben wird
http://www.canneslions.com/	Seite des Kreativfestivals in Cannes
Sonstiges	
http://wfoa.wharton.upenn.edu/	Projekt der Wharton School an der University of Pennsylvania zur Zukunft der Werbung
http://agenturenderzukunft.de/	Umfangreiche Seite des Agenturforschers und -beraters Jörg Jelden mit E-Book, Präsentation und vielem mehr
www.themasb.org	Seite des amerikanischen Marketing Accountability Standards Board. Das Board beschäftigt sich unter anderem mit der Standardisierung von Marketing-Kennzahlen
www.werbeblogger.de	Blog zu allen möglichen Agenturthemen. Darin auch eine Liste weiterer Blogs zum Thema
www.recma.com	Seite des Marktforschungsinstituts Recma, das sich im Wesentlichen mit Mediaagenturen
www.warc.com	Informationsquelle für alle Fragen des Marketing
http://fluidnetwork.de/2011/09/22/die-agentur-der-zukunft/	Seite zu Netzwerkstrukturen von Agenturen

Weitere nützliche Quellen

Auch außerhalb des akademischen Umfelds kann man sich zur Ökonomie der Werbung informieren. Hier kommen einige ausgewählte Informationsquellen:

- Wer wissen will, wie es in einer Agentur zugeht, dabei noch köstlich unterhalten werden will und zugleich auch noch etwas über die amerikanische Geschichte der fünfziger und sechziger Jahre des zwanzigsten Jahrhunderts lernen möchte, dem sei die amerikanische Fernsehserie Mad Men empfohlen (Mad Men, Staffeln eins bis fünf sind als DVD auf Deutsch erschienen).
- Dazu passend gibt das Buch „Advertising in the Mad Men Era", erschienen im Taschen Verlag. Das zweibändige Werk gibt einen Überblick über Werbekampagnen der fünfziger und sechziger Jahre.
- Einen etwas klischeehaften, aber dabei durchaus kritischen Blick auf die Werbung und das Agenturgeschäft liefert der Roman „39,90" des Franzosen Frederic Beigbeder, der auch verfilmt wurde.
- Eine erstklassige Informationsquelle zum Thema Werbung stellen Kreativfestivals dar. So vermittelt das Kreativ-Festival des Art Director's Club (ADC) alljährlich im Rahmen von Kongress, Ausstellung und Preisverleihung eine Übersicht über den aktuellen Stand der Kreation (siehe beispielsweise http://www.adc.de/festival/adc-festival-2013.html).
- Wer es internationaler mag, der reise zum Werbefestival nach Cannes. Dort zeigen Kreative aus aller Welt, was an Kampagnen machbar ist (http://www.canneslions.com/). Das Festival ist das wichtigste Stelldichein der internationalen Agenturszene und zeigt stets die aktuellen Trends in der Marketing-Kommunikation.
- Einen erhellenden und dazu noch kostenfreien Online-Kurs zu Werbung und Agenturprozessen hat der europäische Agenturverband EACA mit dem „European Advertising Certificate" ins Leben gerufen (zu finden unter http://certificate.eaca.be/). Der Online-Kurs vermittelt Einsteigern, was eine Agentur ist und was sie tut. Lediglich das Zertifikat ist kostenpflichtig.

R. Nöcker, *Ökonomie der Werbung*, https://doi.org/10.1007/978-3-658-33692-9

Stichwortverzeichnis

A
ADC (Art Director's Club), 77, 78, 109, 128
Adorno, Theodor W., 8
Akerlof, George, 127
Angebotsfunktion, 25
Annoncen-Expedition, 83, 87, 154
Aperto, 17
Apple, 30
Arrow, Kenneth, 85
Art Director's Club, 77, 78, 128
Association of National Advertisers, 20
Augmented Reality, 10
Austrittshürde, 126

B
Bain, Joe, 28–30
Bannerwerbung, 10, 37
Becker, Gary S., 35
Behavioural Targeting, 11
BIP (Bruttoinlandsprodukt), 4, 53, 54
Boston Consulting Group, 4, 58, 60
B-to-B-Agentur, 132, 144, 145, 160

C
Cannes, 77, 109, 110, 128
Cash-Flow, 75, 173
CFO (Chief Financial Officer), 75, 76
Chamberlin, Edward, 28
Change Communication, 17
Cheil, 95, 161
Chief Financial Officer, 75, 76
Chief Marketing Officer, 75
China, 122–124
Clio, 79
Clooney, George, 35
CMO (Chief Marketing Officer), 75
Coase, Ronald, 89
Complementary View, 29, 35, 46, 47
Convenience Goods, 64
Cookies, 7, 11
Corporate Architecture, 149, 150
Customer Insights, 16, 122
Customer Journey, 34, 36
Customer Relationship Management, 16, 169

D
Datenschutz, 7, 8, 11
Datenschutznovelle II, 6
Datenverwalter
  kreativer, 169, 170
DDOW (Deutscher Datenschutzrat Online-Werbung), 7
Dentsu, 115, 144
Destatis, 16
Deutscher Datenschutzrat Online-Werbung, 7
Dialogagentur, 150
Dialogfeld, 17
Digitalagentur, 147, 148, 169
Divergenz, 78, 79
Dorfman-Steiner Modell, 41
Dunning, John, 113

E
Economies
  of Scale, 69, 90, 95, 115, 120, 152
  of Scope, 94

R. Nöcker, *Ökonomie der Werbung*, https://doi.org/10.1007/978-3-658-33692-9

Equivalent Billings, 157, 159
Erfolgsbeteiligung, 155
Ertragsmodell, 141, 160, 162, 165–167
Experience Goods, 33
Export, 112, 114, 119

F
Facebook, 15, 16, 52, 73, 176
Fischer Appelt, 17
Five-Forces-Modell, 125
Florida, Richard, 108
Foursquare, 11
Freelancer, 91, 105, 134, 157, 167
Full-Service-Agentur, 83, 97, 153

G
Galbraith, Kenneth, 31
Gefangenendilemma, 43–45, 135, 136
General Electric, 95
Generalunternehmer
  kreativer, 167
Gesamtverband Kommunikationsagenturen, 55, 159
Geschäftsmodell, 13, 105, 107, 141, 150, 151, 154, 160, 163
Globalisierungsthese, 115
Goodwill, 69
Google, 11, 37, 72, 136
GPS, 10
Grenzerlös, 41
Grenzkosten, 41, 85
Gross Income, 17, 94, 155, 157–159
Gunn Report, 76
Güter
  öffentliche, 85
GWA Effie, 72, 78, 164

H
Handelsmarke, 58
Healthcare-Agentur, 146
Homo oeconomicus, 25, 175
Horkheimer, Max, 8

I
Industrieökonomik, 28, 29, 46, 124
Informationsparadoxon, 86
Informative View, 29, 31–34, 38, 46, 62, 63, 65–67, 69
Inhouse-Agentur, 93–95
Institutionenökonomie, 28, 84
Internalisierungsvorteil, 113, 120
IPA, 76, 78

J
Jung von Matt, 17, 72, 104, 131, 142

K
Keyword-Advertising, 11
Kolle Rebbe, 17
Konjunkturzyklus, 59
Konkurrenzausschluss, 107
Koordinationskosten, 89, 91–93, 96–98, 167
Kostenführerstrategie, 136
Kreativagentur, 97, 133, 142
Kreativwettbewerb, 77

L
Lead Offices, 119
Leon Walras, 27
Lintas, 111
Live-Kommunikation, 149, 150, 160
Lizenzvergabe, 112, 114
Location-based Services, 10

M
Madison Avenue, 115
Mad Men, 78
Mailing, 150
Make-or-Buy-Entscheidung, 91, 168
Marcuse, Herbert, 8
Markenloyalität, 57, 62, 63, 69, 175
Marketing Accountability Standards Board, 76
Markteintrittsbarriere, 29, 30, 46, 55, 63, 65, 69, 70, 129, 130, 132

McKinsey, 54, 76, 133
Mediaagentur, 13, 94, 97, 150–152, 154
Media Consulta, 17
Monopol, 40
Murphy, Kevin M., 35
My Space, 15

N
Nachfragefunktion, 26, 41
Nachweisführung, 72, 78
Nayaradou, Maximilien, 18, 53
Network, 112, 115, 119, 121, 123, 143, 144, 160
Netzwerktheorie, 174
Neuro-Economics, 174, 175
Nicht-Rivalität im Konsum, 85
Nutzenversprechen, 141–143, 147, 151, 154, 160, 163, 166, 167, 169
Nutzungsrecht, 155

O
Oligopol, 39, 40, 43–45, 47
Online-Werbung, 7, 10, 15
Ownership Advantage, 113, 115, 116, 120

P
Packard, Vance, 8, 31
Palmer, V.A., 83
Pauschalhonorar, 154
Picasso, Pablo, 86
PIMS (Profit Impact of Market Strategies), 63
Pinterest, 15
Pitch, 135, 157
Planer
  strategischer, 122
Porter, Michael E., 64, 124
PR (Public Relations), 2, 18, 133, 147–149, 160
Preiselastizität, 41, 43, 46, 63, 67
Preismechanismus, 25–27
Produktdifferenzierung, 3, 27, 29, 30, 40, 46, 55, 57, 130
Produktlebenszyklus, 59, 60, 66
Produktqualität, 33, 35, 42, 47, 61, 62, 65–67, 69, 80
Prognos, 18, 53, 55, 56
Projekthonorar, 155
Provision, 154
Publicis, 16, 143, 144, 151
Pulitzer Preis, 77
Pursuasive View, 29–32, 38, 46, 55, 62, 63, 65, 175

R
Rabattgesetz, 7
Relevanz, 11, 15, 78, 79, 92, 163, 176
Reputation, 69, 101, 104–106, 109, 142
Ressourcenansatz der Strategieforschung, 98
Retainer, 98
Ritter Sport, 164
Routine, 100, 102, 103, 109, 137

S
Sarbanes Oxley Act, 17, 159
Schöpfungshöhe, 88
Scope of Work, 155
Scrum, 165
Search Engine Advertising, 11
Search Engine Optimization, 11
Search Goods, 33
Second-Life, 15
Seeding Strategies, 176
Serviceplan, 17, 97, 105
Signalling, 35, 128
Smith, Adam, 25, 27, 46, 84
Social Media, 10, 16, 19, 73, 147, 149, 161, 169
Sorrell, Martin, 122
Spezifität, 90
Sponsoring, 2, 18, 149
Springer & Jacoby, 103, 104, 110, 111
Standard & Poor's-Aktienindex, 4
Standort, 101, 107, 109, 110, 168
Standortvorteil, 113
Strategie der Fokussierung, 137
Strategieforschung
  Ressourcenansatz, 98
strategische Planer, 122
Structure-Conduct-Performance-Paradigma, 29, 34
Suchmaschine, 11, 15, 34, 37, 136
Suchmaschinen-Marketing, 11
Suchwortmarketing, 10

T

Tablet-Computer, 10, 147, 162
Tacit Knowledge, 103
Telefonwerbung, 7
Tesco, 161
Thompson, J. Walther, 83, 112
Trading, 151
Transaktionskosten, 27, 89–93, 96, 98, 167, 168
Transaktionskosten-Theorie, 89, 93
Trommsdorff, Volker, 76

U

Unternehmensberater
kreativer, 166
Unternehmenskultur, 103, 137
Urheberrecht, 7, 87, 155

V

Variety Seekers, 31
Verkaufsförderung, 2, 18
VW Käfer, 38, 39

W

Wanamaker, John, 50
Wechselkosten, 131, 136
Werbeagentur, 22, 83, 93–95, 98, 126, 127, 129–131, 142, 153, 157, 158, 161
Werbeelastizität, 43
Werbeerinnerung, 71, 73–75, 164
Werbeträger, 10, 13–15, 150
Werbeverbot, 5
Werbung, 7, 8, 11, 30, 31, 42, 69, 83, 130, 160, 165, 174
Wertschöpfungsarchitektur, 152
Wertschöpfungskette, 97, 132, 152, 153, 165
WPP, 16, 122–124, 143, 144, 151

Z

ZAW, 4, 6, 7, 15, 16

Printed by Printforce, the Netherlands